Handbuch Direktvermarktung

Paul Pottebaum

Handbuch Direktvermarktung

Neue Wege für den Absatz landwirtschaftlicher Produkte

2., überarbeitete Auflage

VERLAGSUNION AGRAR

Landwirtschaftsverlag Münster-Hiltrup
BLV Verlagsgesellschaft München
DLG-Verlag Frankfurt (Main)
Österreichischer Agrarverlag Wien
BUGRA SUISSE Wabern-Bern

Umschlag: Walter Werbegrafik, Gundelfingen

Illustrationen: Produkt + Markt, Wallenhorst/Heinz Grundel, Osnabrück

Layout: Atelier des Landwirtschaftsverlages GmbH, Münster-Hiltrup

Gesamtherstellung: Druckerei des Landwirtschaftsverlages GmbH, Münster-Hiltrup

ISBN 3-7843-1308-6

Vorwort

Mit dem „Handbuch Direktvermarktung“ halten Sie ein Buch in den Händen, von dem sich Herausgeber und Verlag erhoffen, daß es möglichst vielen Landwirten bei der Suche nach Einkommensalternativen hilft. Als der Verlag die Idee zu diesem Buch in die Tat umsetzen wollte, stellte er sehr schnell fest, daß hier weitgehend Neuland betreten wurde. Fachkundige Autoren waren nur schwer zu finden. So sind wir sehr dankbar, daß wir von Anfang an auf die Unterstützung des Bayerischen Bauernverbandes und der Landwirtschaftskammer Westfalen-Lippe zählen durften. Herausgeber und Verlag fanden hier die fachkundige Hilfe, die für die Erstellung eines solchen Handbuches unabdingbar ist.

So bleibt dann nur zu hoffen, daß dieses Handbuch zu einem Handbuch im wirklichen Sinne des Wortes wird. Möge es der Leser häufig und zum Nutzen in die Hand nehmen.

Der Verlag

Vor einigen Tagen organisierten einige Landwirte in der Nähe von Iserlohn gemeinsam einen Bauernmarkt. Es soll Teilnehmer gegeben haben, die nicht mit 50 Besuchern rechneten. Die Realisten planten schon eher mit 2 000 bis 3 000. Am Ende gar erschienen fast 15 000 Besucher. Schon mittags waren fast alle Stände ausverkauft!

Ja, das Einkaufen auf dem Bauernhof ist „in“. Manchem Landwirt eröffnen sich ungeahnte Chancen für die betriebliche Entwicklung.

Dieses Buch soll Ihnen eine Anleitung geben. Lassen Sie sich anregen, motivieren. Finden Sie neue Ideen. Erkennen Sie aber auch die Gefahren, wenn Ihnen im Markt der Wind um die Nase bläst.

Direktvermarktung ist nicht die Lösung der agrarpolitischen Probleme, ganz gewiß auch keine Alternative zu den bestehenden privaten und genossenschaftlichen Vermarktungsformen. Ich sehe auch nicht, daß die Direktvermarktung bestehende Vermarktungsorganisationen und -abläufe stören muß – vorausgesetzt, daß beide fair miteinander umgehen und nicht mit unlauteren Methoden gegeneinander kämpfen.

Direktvermarktung ist ein Weg für Betriebe, die aufgrund ihres Standortes, ihrer innerbetrieblichen Situation und der Mentalität der in diesen Betrieben tätigen Menschen in der Lage sind, Marktnischen zu erschließen und zu bedienen. Wobei sich natürlich mancher darüber im klaren sein muß, daß es für ihn kein Zurück mehr gibt, daß er sich entscheiden muß, ob er seine Produkte über die Vermarktungsorganisationen absetzt oder ob er sich ganz allein darum kümmern will. Auch dazu will dieses Buch Anleitung geben: Wer diesen Weg beschreitet, sollte ihn nicht halbherzig gehen.

Ich habe versucht, Erfahrungen und Ideen zusammenzutragen, die andere Direktvermarkter gemacht haben (und über die zum Teil in der Presse berichtet wurde), die wir auf zahlreichen Seminaren gemeinsam mit den teilnehmenden Landwirten gesammelt haben und die wir auch selbst bei PRODUKT + MARKT in der einzelbetrieblichen Beratung von Landwirten mitnehmen konnten. Das gesammelte Material füllt Ordner. Alles konnte hier nicht verarbeitet werden. So fehlen beispielsweise Detailhinweise zu wichtigen Produkten (wie Wein, Fischen, speziellen Obst- und Gemüsesorten, zu Schafen und Ziegen und den entsprechenden Verarbeitungsprodukten). Weit über 100 Produkte werden heute von landwirtschaftlichen Betrieben verkauft. Es ist kaum möglich, das ganze Spektrum abzudecken. Es blieb nur der Kompromiß, den Schwerpunkt des Buches auf die allgemeingültigen Aspekte zu legen und am Beispiel einzelner – willkürlich ausgewählter Produkte – die Überlegungen und Planungsschritte etwas zu vertiefen. Wer sich bzw. sein Produkt nicht wiederfindet, möge mir dies verzeihen; er findet hoffentlich in den allgemeinen Teilen genügend Tips und Anregungen, die er auf seine spezielle Situation übertragen kann.

Ich habe mich natürlich nicht ohne Absicherung auf dieses Glatteis begeben. Gestützt und vor dem Ausrutschen bewahrt haben mich zwei erfahrene und fachkundige Berater: Dr. Thomas Zinke von der Landwirtschaftskammer Westfalen-Lippe, der schon 1974 seine Doktorarbeit zu diesem Thema abgefaßt hat und der seitdem wohl zu den besten Kennern der Szene gehört; und Franz Moser vom Bayerischen Bauernverband, der in den letzten Jahren mit viel Initiative und Kreativität einen erfolgreichen bayerischen Weg entscheidend mitgestaltet. Ihnen beiden herzlichen Dank. Wir haben über die Jahre hinweg immer einen außerordentlich positiven Gedankenaustausch gehabt. Und sie haben mit Tips und vielen Hilfestellungen bei der Abfassung des Buches geholfen, schließlich das Ganze mit kritischen Augen vor der Drucklegung noch einmal durchgesehen.

Ein herzliches Dankeschön gilt auch den Kollegen bei PRODUKT + MARKT, die während der Abfassung des Buches meine andere Arbeit tun mußten, sich um die Schreibarbeiten gekümmert haben und mir bei der Stoffsammlung und Bearbeitung mit ihren Beiträgen zur Werbung und mit vielen anderen kleinen Hilfen unter die Arme gegriffen haben.

Hätte der Landwirtschaftsverlag in Münster das Thema nicht aufgegriffen und hätte er nicht permanent auf die Fertigstellung gedrängt, dann läge wohl vieles jetzt noch in den Schubladen. Es wäre auch wohl nichts daraus geworden, wenn ich nicht in den Mitarbeitern des Verlages verständnisvolle und hilfsbereite Kooperationspartner gefunden hätte, die auf der gleichen Wellenlänge lagen, mit denen sehr unbürokratisch, konstruktiv und in einem angenehmen Klima zusammengearbeitet wurde. Herzlichen Dank allen dort!

Paul Pottebaum

Inhalt

1

Vermarkten macht Spaß

„Es fing alles ganz harmlos an, eigentlich war es ein Hobby von mir. Dann kamen immer mehr Leute. Jetzt haben wir ein Geschäft auf dem Hof", berichtet Renate F. in „top agrar".

Immer mehr Landwirte entdecken ihre Neigung zur Direktvermarktung: Den einen zwingen Kosten- und Einkommensdruck, nach neuen Wegen Ausschau zu halten; der andere hat ganz einfach Unternehmerinitiative, für ihn ist es das „Natürlichste" auf der Welt, daß er seine Produkte an den Verbraucher weitergibt, wie von alters her. Gerade für viele kleinere Betriebe ist die Direktvermarktung eine Möglichkeit, eine positive Entwicklung in der Landwirtschaft mitzuerleben.

Warum betreiben Sie dieses Geschäft? Oder warum wollen Sie es anfangen?

Sicher deshalb, weil Ihnen das Vermarkten der von Ihnen selbst erzeugten Produkte einfach Spaß macht, oder? Dann haben Sie die besten Voraussetzungen, es mit Erfolg zu betreiben.

Also dann, an die Arbeit!

Vor Ihnen liegt kein Roman sondern ein Arbeitshandbuch. Lesen Sie es deshalb nicht in einem Zuge durch, sondern beschäftigen Sie sich intensiv mit jedem einzelnen Kapitel.

Lesen Sie es ruhig mehrmals. Schreiben Sie hinein, was Ihnen einfällt, notieren Sie sich gute Ideen!

Sie sollen in diesem Handbuch Hinweise finden, wie Sie vorgehen müssen, an was Sie denken müssen, wo Sie aufpassen müssen. Sie sollen vor allen Dingen aber Ideen finden und angeregt werden, selbst über Ihre Situation und Ihre Möglichkeiten nachzudenken.

Es gibt so viele Möglichkeiten in der Praxis, aber auch Probleme und Fragen, daß nicht jede einzelne Frage beantwortet werden kann. Sie werden aber feststellen, daß Sie gut zurechtkommen, wenn Sie die Wegweiser beachten.

Fahren lernt man nur, wenn man sich selbst ans Steuer setzt!

Gut, daß es so viele Wege gibt!

In der Direktvermarktung gibt es viele Verkaufsformen und sehr unterschiedliche Absatzwege. Vom Ab-Hof-Verkauf über den Streckenverkauf mit dem Fahrzeug, den Wochenmarkt bis hin zur Belieferung des Lebensmitteleinzelhandels und von Großküchen bieten sich für jeden interessierten Betrieb individuelle Chancen.

Bis auf wenige Ausnahmen sind fast alle Produkte direkt an den Mann bzw. die Frau zu bringen.

Neben den bekannten Produkten wie Eier, Kartoffeln, Spargel, Obst und Gemüse kommen in jüngster Zeit vor allen Dingen auch Milch und Fleisch ins Gespräch. Daß Hähnchen, Suppenhennen, Puten, Wein, Honig – auch Butter, Käse und Brot – vermarktet werden, ist hinlänglich bekannt.

Für das jeweilige Produkt den richtigen Absatzweg zu finden, ist für den einzelnen Landwirt nicht immer einfach.

Übersicht 1: Verschiedene Wege führen zum Verbraucher

Möglichkeiten der Direktvermarktung	Vorteile	Nachteile
1. Verkauf ab Hof	weniger gesetzliche Vorschriften kann „nebenbei" betrieben werden (kein zusätzliches Personal notwendig, man ist ständig auf dem Hof anwesend) zum Teil ohne größere Investitionen möglich	Erfolg ist standortabhängig zum Teil hohe Marketing-Kosten für Gewinnung der Kunden bei Saisonware schlechte Kundenbindung, zum Teil Investitionen zur Verbesserung des äußeren Erscheinungsbildes des Hofes notwendig ständig Kunden auf dem Hof
2. Verkauf an der Straße	man kann sich ein festes Einzugsgebiet sichern häufig ist eine bessere Erhöhung der Kundenzahl möglich als beim Verkauf ab Hof (Beispiel Eier) gezielte Kundenwerbung möglich auch für marktferne Erzeuger möglich	Investitionen in Fuhrpark notwendig permanente Abwesenheit vom Betrieb (bzw. fremdes Personal notwendig) zum Teil harter Wettbewerb sehr aufwendig, wenn Einkaufsintensität der einzelnen Kunden nachläßt Notwendigkeit der Sortimentsergänzung macht sorgfältige Sortimentsplanung notwendig
3. Verkauf auf dem Wochenmarkt	hohe Kundenfrequenz (wenn großer Wochenmarkt) Routine wenig Investitionen erforderlich	Abwesenheit vom Betrieb oder Fremdpersonal notwendig abhängig von der Größe und Qualität des Wochenmarktes nicht für alle Artikel möglich gute Wochenmarktstände nur noch schwierig zu erhalten
4. Verkauf an gewerbliche Abnehmer (Lebensmitteleinzelhandel, Großküchen, Gastronomie)	rationelle Vermarktung (größere Absatzmengen pro Kunde) geringe Investitionen für die Vermarktung notwendig zum Teil ideal für Spezialitäten (wie Wild, Pilze usw.)	schwieriger Verkauf bei Konzentration der Nachfrage (z.B. im Lebensmitteleinzelhandel) oft größerer Preisdruck als beim Verkauf an den Verbraucher für Produkte des täglichen Bedarfs bessere Absatzmöglichkeiten über andere Vertriebswege hohe Ansprüche der Geschäftspartner bezüglich Lieferservice, Qualität, Absatzförderung usw.

4 wichtige Voraussetzungen

Ob ein Landwirt erfolgreich Direktvermarktung betreibt bzw. betreiben kann, hängt von folgenden Rahmenbedingungen ab:

(1) Betriebliche Voraussetzungen
(2) Gesetzgeberische Grenzen
(3) Markterschließungsmöglichkeiten
(4) Marketing.

An **betrieblichen** Voraussetzungen müssen folgende „stimmen":

Der **Standort** ist entscheidend dafür, für welches Produkt ich welchen Absatzweg wählen kann. Von den Verbrauchern relativ häufig eingekaufte Produkte (wie Milch, Eier, Obst und Gemüse, d. h. alles, was kurzfristig frisch verzehrt wird) können beispielsweise im Ab-Hof-Verkauf nur erfolgreich an guten, verbrauchernahen Standorten verkauft werden. Andernfalls eignen sie sich nicht oder aber der Betrieb muß andere Absatzwege dafür suchen.

Produkte, die unregelmäßiger und in größeren Mengen gekauft werden (z. B. Fleisch zum Einfrieren, Erdbeeren zum Selbstpflücken, Obst zum Einmachen, Kartoffeln) können beispielsweise auch im Ab-Hof-Verkauf erfolgreich über größere Entfernungen (z. B. 20 bis 50 km) vermarktet werden. Auch für selten angebotene Spezialitäten, wie Ochsenfleisch oder Wildschwein, legen Liebhaber weitere Einkaufsstrecken zurück.

Bei den Betriebsleitern, d. h. im Grunde genommen in der gesamten Familie, muß die persönliche **Neigung** zum Direktabsatz vorhanden sein. Wer nicht wirklich mit Menschen umgehen will und dauernd umgehen kann, wer eine Scheu davor hat, den Kunden anzusprechen, an fremden Haustüren zu klingeln, sollte sich gut überlegen, ob dies eine richtige Alternative für ihn ist.

„Ab-Hof-Verkauf" läßt sich nur von attraktiven Betrieben aus über einen längeren Zeitraum betreiben; möglicherweise sind hierzu größere **Investitionen** not-

wendig, um den Betrieb „auf Vordermann" zu bringen und möglicherweise Zusatzangebote für den Verbraucher (wie Tiere, Spielmöglichkeiten für die Kinder, Sehenswürdigkeiten aus der landwirtschaftlichen Technik u. a.) anzubieten.

Mit den **Gesetzen** kann der Landwirt auf vielfältige Weise in Konflikt geraten:

- er muß selbstverständlich alle Anforderungen erfüllen, die sich aufgrund des Lebensmittel- und Bedarfsgegenstände-Gesetzes an den Verkauf von Nahrungsmitteln stellen
- wer eine feste Verkaufseinrichtung hat, muß das Ladenschlußgesetz kennen und einhalten
- wer sich mit seinem Fahrzeug zur Kundschaft bewegt, muß unter gewissen Bedingungen einen Reisegewerbeschein haben
- wer zukauft oder Produkte verarbeitet, kann mit Gewerberecht, Steuerrecht und Handwerksordnung in Konflikt geraten.
- wer fertig verpackte Produkte anbietet, muß die Fertigpackungsvorschriften der Lebensmittelkennzeichnungsverordnungen kennen und beachten
- für don Wochonmarkt-Verkauf gelten die Handelsklassenverordnungen
- für die Produktion von Milch und Fleisch sind neben einer Reihe anderer Gesetze und Verordnungen vor allen Dingen die Hygienevorschriften zu beachten.

Das Spektrum ist so vielfältig und kompliziert, daß die Landwirte kaum alles wissen können, geschweige denn beachten können. Es ist deshalb immer empfehlenswert, vor Beginn der Direktvermarktung mit dem zuständigen Veterinäramt und den zuständigen Ordnungsämtern die wichtigsten Anforderungen durchzusprechen und festzulegen.

Wer seinen **Markt** nicht kennt, kann keine vernünftige Produktions- und Absatzplanung machen. Eine Reihe wichtiger Fragen sind zu klären:

- Wieviel Verbraucher bzw. Haushalte wohnen in meinem Einzugsgebiet?
- Wie viele dieser Haushalte sind überhaupt bereit, die von mir angebotenen Produkte zu kaufen?
- Wie hoch wird etwa der Anteil sein, den diese Haushalte (gemessen an ihrem Gesamtkonsum) überhaupt beim Landwirt kaufen?
- Wie oft werden diese Menschen auf meinen Betrieb kommen?
- Wie stark ist der Wettbewerb in meinem Einzugsgebiet?
- Welches Absatz-Potential ergibt sich daraus für mich?

Marketing heißt, das Denken über den Verbraucher in den Mittelpunkt stellen, die Einstellungen, Verhaltensweisen und Erwartungen der potentiellen Kunden zu durchschauen.

Es heißt auch, sich in den Augen der Abnehmer zu profilieren und positiv von der Konkurrenz abzuheben, z. B. durch das Firmenbild, Prospekte, Werbung u. a.

Und man muß den Kunden überzeugen, z. B. durch bessere Qualität, andersartige Produkte (jedes vom Landwirt verkaufte Produkt muß in seiner Eigenart in irgendeiner Hinsicht eine bessere Qualität versprechen als die vergleichbaren Produkte in anderen Absatzkanälen).

Die Probleme des Kunden sind zu lösen, z. B. die Preise noch so günstig ansetzen, daß der Verbraucher auch einen ökonomischen Nutzen davon hat, den Aufwand auf sich zu nehmen.

Nicht reagieren, sondern agieren, heißt die Devise: früher als andere am Markt sein, aktive Werbung betreiben.

Marketing heißt ganz einfach: Nicht erst warten, was auf uns zukommt, was die anderen tun, sondern selbst die Initiative ergreifen!

Ein langweiliges Produkt interessant machen:

Die Kartoffel und ihre Variationen:

- Saubere Kartoffeln als Pellkartoffeln anbieten
- Kartoffeln für die Kartoffelsuppe
- Schmackhafte Frühkartoffeln = junge Kartoffeln
- Die Kartoffel zum frischen Spargel
- Kinderkartoffeln (besonders klein) oder auch als Partykartoffel
- Große Kartoffeln, gut geeignet für Kartoffelpuffer (gut zum Reiben)
- Kartoffelschnaps
- Feste Kartoffeln
- Geschnetzelte als Bratkartoffeln

Da liegen zwei Betriebe in einem Ort dicht beieinander. Sie haben vor 20 Jahren etwa die gleichen Voraussetzungen gehabt. Und doch ist der eine sehr viel erfolgreicher als der andere. Woran liegt das? Wo liegen die Ursachen? Hat der Erfolgreichere seine Produktion besser im Griff? Arbeitet er kostengünstiger? Hat er einfach mehr Glück? Oder liegt die Ursache darin, daß er sich nicht wie viele Durchschnittsmenschen damit abfinden konnte, daß alles nach dem gleichen Schema ablaufen muß („so wurde es immer gemacht"), sondern sich klar darüber wurde, daß es keine guten oder schlechten Betriebe gibt, sondern nur Menschen, die die Möglichkeiten nicht sehen, die sich ihnen bieten.

In vielen Betrieben haben die Zaghaften die Überhand, die erst den Erfolg sehen wollen, bevor sie handeln. Sie machen es ähnlich wie der Mann, der vor einem kalten Ofen saß und sagte: „Komm Ofen, wärme mich, dann werde ich Dir auch Holz geben."

Erfolgreiche Menschen gehen mutiger an die Probleme heran, vor allem an neue. Und hierzu gehört gerade das aktive Vermarkten.

Prüfen Sie Ihre Einstellung!

Erfolg – eine Frage der richtigen Einstellung? Ja! Können Sie beispielsweise folgende Fragen mit „ja" beantworten?

- Kann ich mit Menschen umgehen?
- Mag ich fremde Menschen ansprechen?
- Akzeptiere ich es, daß die Leute mich von der Arbeit abhalten?
- Daß sie mir die Freizeit stehlen?
- Bin ich bereit, meinen Betrieb, die Abläufe, die Arbeitsverteilung auf die Notwendigkeiten im Verkauf auszurüsten, möglicherweise alles zu ändern, was ich bisher getan habe?
- Glaube ich an die Überzeugungs- und Zugkraft der Werbung?
- Bin ich bereit, neue Anbautechniken und Verarbeitungstechniken zu lernen?

Jeder Betrieb hat seine eigene Geschichte, sein Produktionsprogramm, besondere technische Voraussetzungen; er vermarktet seine Ware traditionell, auf eingefahrenen Absatzwegen, der Betriebsleiter besitzt sein persönliches „Know how".

Diese Voraussetzungen lassen sich nicht von heute auf morgen radikal verändern. Wichtig ist deshalb, daß sich jeder vor der Entwicklung seiner eigenen Marketing-Politik ein klares Bild über seinen Betrieb macht und seine Ausgangssituation und die damit verbundenen Stärken und Schwächen abschätzt.

Bei diesen Überlegungen spielt auch der gegebene Handlungsspielraum eine Rolle. Welche Bedingungen können den Entscheidungsspielraum einengen, die weder mittelfristig, noch langfristig zu verändern sind?

Jetzt heißt es: Vor- und Nachteile abwägen!

Checkliste

Bedenken Sie folgende Punkte:

1. Standort: welcher Absatzweg bietet sich für Ihren Betrieb an?

Liegt Ihr Betrieb in der Nähe von Ortschaften?

Handelt es sich bei den nahegelegenen Ortschaften um städtische oder ländliche Gemeinden?

Wie weit liegt die nächste Ortschaft entfernt, in der ein Wochenmarkt stattfindet?

Gibt es in Ihrer unmittelbaren Nähe Landwirte, die ebenfalls direkt vermarkten? Welche Produkte haben diese?

2. Produktionsschwerpunkte

Hat sich Ihr Betrieb auf die Produktion weniger Produkte spezialisiert?

Ist Ihr Betrieb in der Lage, ein breites Angebot eigenerzeugter Produkte aufzustellen?

Können Sie Produkte erzeugen, für die eine Marktlücke besteht?

Müßten Sie, um Sortimentsvielfalt zu haben, Produkte zukaufen?

3. Produktionsbedingungen

Haben Sie die Möglichkeit, Ihre Erzeugnisse das ganze Jahr über anzubieten (z. B. Gewächshäuser für Gemüse)?

Oder können Sie nur saisonal anbieten?

Können Sie auf Ihrem Betrieb selbst schlachten?

Verfügen Sie über geeigneten und ausreichenden Lager-/Kühlraum?

Stehen Ihnen ausreichende technische Einrichtungen zur Verfügung, die effektive Produktion, Aufzucht, Ernte, Schlachtung und Verkauf garantieren?

4. Arbeitskraftauslastung bzw. -Besatz

Sind Sie in der Lage, die für die Direktvermarktung – egal, ob Ab-Hof-Verkauf oder Fahrverkauf – notwendigen Arbeitskräfte zu stellen?

Können Sie Familienmitglieder einspannen oder sind Sie auf fremde Personen angewiesen?

Können Sie allein mit Hilfe Ihrer Familienmitglieder die Arbeit bewältigen?

Organisieren Sie sich rechtzeitig eine Helfertruppe (Nachbarsfrauen, die nach telefonischer Aufforderung beim Spargelstechen helfen!)?

5. Persönliche Neigungen

Gehen Sie gern mit Menschen um?

Macht es Ihnen Spaß, Ihre Produkte zu verkaufen?

Sind Sie bereit, Zeit aufzuwenden, z.B. für Marktpflege, Werbung, Produktpflege oder auch für die eigene Schulung und Weiterbildung?

6. Investitionsfähigkeit

Welchen finanziellen Spielraum haben Sie, um die notwendigen Investitionen, die die einzelnen Absatzwege erfordern, zu tätigen?

– Kühltruhen

– Verkaufsraumgestaltung, Bau

– Verkaufswagen

7. Attraktivität des Betriebes
(Notwendige Voraussetzungen für Ab-Hof-Verkauf)

Lage, keine zu weiten Entfernungen

Wie sieht Ihr Hof aus, was müssen Sie tun? (Sauberkeit/Parkplätze)

Öffnungszeiten, Verkaufszeiten

Wird immer jemand auf dem Hof angetroffen?

Lädt Ihr Hof zum längeren Aufenthalt ein? (Spielplätze für Kinder/Streichelwiese/Aufenthaltsmöglichkeiten, z.B. Bänke)

2 Konsequenzen für Betrieb und Familie

Die wenigsten Menschen, auch die wenigsten Direktvermarkter schaffen es, mit weniger Arbeit mehr Geld zu verdienen. Die zusätzlichen Aufwendungen sind bei den verschiedenen Vermarktungs-Alternativen unterschiedlich hoch. Gleiches trifft für die auf die Produktion, Warenaufbereitung und Vermarktung entfallenden Anteile zu (und die sind wiederum bei den einzelnen Produkten sehr unterschiedlich).

Man kann hier keine Regeln angeben. Ermittlungen der Kosten in der Praxis sind auch deshalb noch häufig sehr schwierig, weil die Betriebe oft keine klare Trennung der Aufwendungen zwischen den „normal" anfallenden Tätigkeiten und den speziell in der Direktvermarktung anfallenden Stunden angeben können.

Die folgenden Zahlen können deshalb nur als Orientierung dienen. Sie sollen die Problematik generell aufzeigen.

Wer nicht etwas vollkommen Neues anfängt (z. B. Erdbeerplantagen anlegt, Hühner für den Eierverkauf hält, die er sonst nicht hatte), sondern seine üblicherweise produzierten Nahrungsmittel an den Verbraucher statt an den Handel absetzt, hat in der Produktion häufig nicht mehr als 10 bis 20 % höhere Aufwendungen (z. B. durch Umstellung der Produktionsverfahren, wie mechanische Unkrautbekämpfung anstelle von chemischen Mitteln usw.).

Je umfangreicher Produkte verarbeitet werden (z. B. Fleisch, Wurstherstellung) und je häufiger die Verkaufstätigkeit außerhalb des Hofes stattfindet (z. B. auf dem Wochenmarkt oder mit dem Fahrzeug), desto höher sind zwangsläufig die Vermarktungskosten. Sie können bis zu 80 % der gesamten Auslastung der Arbeitskraft betragen.

Der Ab-Hof-Verkauf erspart dagegen in erheblichem Umfang Aufwendungen für die Vermarktung. Die Belastungen der Betriebsleiterehefrau (die in der Regel diese Arbeit verrichtet) liegen in diesem Bereich häufig bei etwa 20 bis 30 % ihrer gesamten Arbeitszeit. In geringem Umfang werden zusätzlich auch die Stunden von Auszubildenden beansprucht. Wer dagegen sein Geschäft jeden Tag durchgehend geöffnet hat und einen so großen Kundendurchlauf hat, daß er permanent anwesend sein muß, wird auch hier nicht ohne zusätzliche Aufwendungen durch Einstellen von Fremdpersonal auskommen.

Am geringsten ist die Arbeitsbelastung bei ausschließlichem Saisonverkauf (z. B. Beerenobst, Gänse, Blumen usw.), beim Verkauf auf Bestellung und ähnlichen Formen unregelmäßigen Absatzes. Hier gibt es zwar in der Verkaufssaison Höhepunkte mit starker Auslastung, auf das gesamte Jahr hin bezogen aber halten sich die Werte in Grenzen von häufig unter 20 % (des Betriebsleiters bzw. der Betriebsleiterehefrau).

Wer diesen Personalaufwand durch Einsatz der eigenen Arbeitskraft und Einsatz mithelfender Familienangehöriger (Eltern, heranwachsende Kinder) abdekken kann, ist zunächst in einer glücklichen Lage. In diesen Fällen (auch wenn beispielsweise Praktikanten eingesetzt werden) stellt sich noch nicht so sehr das Problem der Personalauslastung durch die Direktvermarktung. Wer aber in seiner Arbeitszeit selbst schon an der Grenze der Auslastung angelangt ist, muß Fremdpersonal einstellen. Soweit dieses Personal stundenweise in Arbeitsspitzen

beschafft werden kann, wird sich auch bei einigermaßen guter Kalkulation die Beschäftigung dieses Personals rentieren.

Problematisch dagegen ist die Dauerbeschäftigung fremden Personals, wenn die Verkaufstätigkeit nicht so umfangreich ist, daß dieses Personal gut ausgelastet ist. Dies trifft vor allen Dingen für den Ab-Hof-Verkauf zu. Erfahrene Direktvermarkter wissen, daß zum Wochenende hin (am Donnerstag abend, Freitag nachmittag und am Samstag) die Nachfrage in der Regel sehr viel größer ist als an den anderen Wochentagen, an denen häufig Leerlauf entsteht.

Aber auch beim Fahren von Touren muß das Problem der Auslastung gesehen werden. Wenn in bestimmten Zeiten nicht genügend Kunden erreicht werden und der Tagesumsatz pro Fahrzeug zu gering ist, werden auch schnell Verluste eingefahren.

Dies ist die ökonomische Seite. Hinzu kommt die soziale Komponente. Beide Aspekte hängen eng miteinander zusammen.

Direktvermarktung kann viele positive Auswirkungen haben; zum Beispiel:

- höhere Zufriedenheit der Personen, die hier die Verantwortung haben (Betriebsleiterehefrau, Altenteiler)
- Selbstverwirklichung durch die eingebrachte Kreativität und die Gelegenheit, über alle Vermarktungsfragen wie Preisfindung, Produktpolitik, Vertrieb und Werbung selbst zu entscheiden
- zusätzliches Einkommen für zusätzliche Ausgaben (mehr Luxus)
- Kontakt zu anderen Menschen erweitert den Lebensraum, den Horizont.

Aber sie kann auch den ganzen Betrieb durcheinander bringen:

Geht die Frau auf den Wochenmarkt, muß der Mann einen Teil der häuslichen Pflichten miterledigen.

Für die Kinderbetreuung (Schularbeiten!) ist weniger Zeit verfügbar.

Dauernd sind fremde Menschen auf dem Hof (man muß mehr auf Sorgfalt und ein gepflegtes Erscheinungsbild achten).

Familienangehörige wollen evtl. die ihnen übertragenen Arbeiten nicht übernehmen.

Evtl. müssen für bestimmte Arbeiten Fremdleistungen in Anspruch genommen werden (z. B. Wäschepflege, Beaufsichtigen von Kleinkindern, Reinigen im Haushalt usw.).

Bestimmte Arbeiten müssen möglicherweise mit höherem technischen Aufwand verrichtet werden, z. B. Geschirr spülen.

Der Lebensrhythmus in der Familien verändert sich (z. B. Mahlzeiten).

Tätigkeiten im Betrieb (z. B. Melken während der Verkaufszeit usw.) müssen umverteilt, umorganisiert werden.

3 Der Verbraucher, ein unbekanntes Wesen?

Die richtige Absatzstrategie zu finden, ist nicht gerade leicht, wenn man nicht weiß, wen man als Verbraucher ansprechen will. Im Idealfall müßte der Direktvermarkter folgende Informationen haben:

- Welche Verbraucherschichten sind überhaupt bereit, beim Landwirt zu kaufen?
- Wer ist bereit, zum Bauernhof zu fahren, wer möchte beliefert werden bzw. kauft auf dem Wochenmarkt?
- Welche Erzeugnisse möchten die Verbraucher angeboten haben?
- Warum kaufen die Verbraucher beim Landwirt?
- Was sind sie bereit zu bezahlen?
- Wo und wie sind sie am besten anzusprechen?

Leider gibt es zur Zeit kaum verläßliche Informationen zur Beantwortung dieser Fragen. So muß man sich wohl auf Erfahrungen verlassen und Beobachtungen sorgfältig analysieren, die jeder von uns machen kann (denn wir sind ja alle schließlich Verbraucher).

Wer im Verkauf tätig ist, hat viele Gelegenheiten, den Verbraucher zu beobachten und zu analysieren. Er muß nur Augen und Ohren offen halten. Auf folgende Aspekte sollte der Direktvermarkter dabei besonders achten.

Allgemeine Trends im Verbraucherverhalten

Die Menschen geben einen immer höheren Anteil ihres Einkommens für andere Dinge aus als für Lebensmittel (z. B. für Urlaub, Reisen, Kultur, Sport, Hobby, Wohnungseinrichtungen usw.). In absoluten Beträgen geben aber Haushalte mit höherem Einkommen auch mehr Geld für Nahrungs- und Genußmittel aus.

Die Verbraucher werden immer anspruchsvoller, sie wollen „etwas Beson-

Häufig und regelmäßig eingekaufte Produkte sind

- Kartoffeln
- Eier
- Frischmilch
- Brot
- Butter
- Käse
- Wurstwaren
- ganzjährig angebotene Obst- und Gemüsesorten
- Fisch.

Wer nicht einen guten Standort in günstiger Verbrauchernähe hat, sollte auf jeden Fall nach den Möglichkeiten des Verkaufs auf einem Wochenmarkt und/ oder dem Verkauf vom Fahrzeug aus (Fahrverkauf) Ausschau halten.

Lebensmittel, die in größeren zeitlichen Abständen und/oder nur saisonal gekauft werden, sind

- Saisonobst (Äpfel, Birnen, Pflaumen, Beerenobst usw.)
- Saisongemüse (vor allen Dingen Spargel).

Bei diesen Produkten ist der Verbraucher auch häufig bereit, etwas weiter zu fahren. Der Standort eines Betriebes ist also nicht so ausschlaggebend. Selbstverständlich lassen sich aber solche Produkte auch auf dem Wochenmarkt verkaufen und man kann sie den Verbrauchern schließlich ins Haus bringen (wobei jedes Jahr wieder frühzeitige Kontaktaufnahme, Information und Belieferungsabsprachen notwendig sind).

deres" und sind auch bereit, dafür mehr Geld auszugeben.

Bei normalen Alltagsprodukten, die relativ häufig eingekauft werden, achtet der Verbraucher sehr oft auf die Preisgünstigkeit. Er wird hierzu ja auch von den großen Handelsunternehmen tagtäglich erzogen.

Je mehr Auswahl dem Verbraucher geboten wird, desto kritischer wird er. Es ist für ihn nahezu eine Selbstverständlichkeit, hochwertige Waren preisgünstig einzukaufen.

Die Menschen haben immer mehr Freizeit; sie können und wollen diese Zeit sinnvoll nutzen. Hierbei ist eine höhere Mobilität (z. B. durch Pkw-Besitz) sehr vorteilhaft.

Gesundheit und Natürlichkeit spielt in der Ernährung eine große und zunehmende Rolle.

Dem Verbraucher fällt es heute sehr leicht, seinen Bedarf an Lebensmitteln auf relativ bequeme Weise zu decken. Er wird Unbequemlichkeiten nur in Kauf nehmen, wenn ihm dafür etwas Besonderes geboten wird.

Der Verbraucher wird heute von vielen Seiten mit Informationen bombadiert. Man muß schon gute Argumente haben, eine deutliche Sprache sprechen und diese Informationen interessant verpacken, um den Verbraucher zu erreichen.

Lebensmittel, die regelmäßig eingekauft werden, in größeren Mengen aber auch in Abständen auf Vorrat:

- Fleisch
- Obst
- Gemüse
- Geflügel
- verarbeitete Produkte (z. B. Wurst in Gläsern oder Dosen, Marmelade, Nudeln usw.)

Auch hier ist es in erster Linie eine Standortfrage, ob man solche Produkte mit Erfolg dauerhaft ab Hof verkaufen kann, ob man ein regelmäßiges Angebot zur Verfügung hat oder stärker zur Saison oder bestimmten Verkaufszeiten anbietet.

Produkte, die zufällig bzw. impulsiv gekauft werden, sind

- Honig
- besondere Käsesorten (z. B. Ziegenkäse)
- Fleischwaren-Spezialitäten (z. B. Schinken)
- Marmelade
- alkoholische Getränke (z. B. Eierliköre, Obstschnäpse usw.)
- Blumen
- bunte Eier
- Gebrauchsgegenstände
- Geschenkartikel.

Solche Produkte muß man einfach anbieten, sie lassen sich als Zusatzartikel bei jeder Art des Absatzes gut verkaufen.

Einkaufs- und Verzehrsverhalten der Verbraucher

Nach dem Einkaufs- und Verzehrsverhalten der Verbraucher lassen sich die Nahrungsmittel, die der Verbraucher auch beim Landwirt kaufen kann, in Gruppen einteilen (siehe nebenstehende Übersicht).

Nicht ganz einfach ist die Einordnung von Gemüse: Die meisten Gemüsearten und -sorten fallen zwar in der Freilandkultur saisonal an. Aufgrund der Importe und der Unter-Glas-Kulturen aber werden die meisten dieser Produkte auch regelmäßig außerhalb der Saison im Handel angeboten. Der Verbraucher hat sich daran gewöhnt und kauft diese Produkte auch häufiger ein.

Dadurch wird in vielen Fällen ein massiver Absatz (wie er beispielsweise bei Erdbeeren und Spargel möglich ist) erschwert (z. B. bei den Kohlarten, Möhren, Kräutern usw.).

Warum kauft jemand beim Bauern?

Dem Verbraucher wird heute im Lebensmittelhandel ganzjährig ein breites Sortiment an Produkten angeboten. Die Regale quellen über, es fehlt an nichts. Warum also finden immer mehr Menschen trotzdem den Weg zum Bauern?

Wer sich mit Verbrauchern darüber unterhält, findet eine Vielzahl von Antworten, wie etwa

- weil die Ware frischer ist
- weil die Qualität besser ist
- weil man weiß, wo es herkommt
- weil es Spaß macht, dort einzukaufen
- weil man zufällig darauf gestoßen ist
- weil die Kinder gerne mal dahin wollen
- weil es billiger ist usw.

Wenn man die unterschiedlichsten Beweggründe der Verbraucher etwas ordnet, findet man sehr schnell Verbrauchertypen, die sich durch ihre speziellen Beweggründe zum Einkaufen beim Bauern folgendermaßen charakterisieren (siehe Kästen).

Maria, das Landkind

hat seit jeher Bezug zur Landwirtschaft, will diesen erhalten bzw. wieder aufbauen

ist auf dem Lande aufgewachsen und damit groß geworden, Milch, Gemüse usw. beim Bauern zu kaufen

kauft sehr rational ein: Qualität und Preis sind wichtig und werden miteinander verglichen

gibt sich aufgeklärt, informiert, stellt keine kritischen Fragen über Produktionsmethoden, Chemieeinsatz, Haltungsformen usw.

entwickelt sich zum typischen Gewohnheitskäufer, zum unproblematischen Kunden.

ÖKO-Annette

aus Gesundheits- und Umweltbewußtsein überzeugte Chemiegegnerin

negative Einstellung zu herkömmlich produzierten Nahrungsmitteln, im Extrem positive Einstellung zu alternativ produzierten Nahrungsmitteln

politisch aktiv, will biologisch/alternativen Landbau und die vermuteten politischen Richtungen stützen

sehr emotional in ihrer Haltung, für Gegenargumente kaum aufgeschlossen

sehr kritisch, sucht Beweise, daß die angebotenen Produkte ihren Anforderungen, Erwartungen entsprechen

geht bewußt zum Landwirt, sucht sich die geeigneten Betriebe aus

Otto Normal-Verbraucher

nutzt Angebote, soweit sie für ihn vorteilhaft sind

hat Spaß daran, etwas Besonderes zu bekommen

nutzt Gelegenheiten, größere Mengen und gute Qualität preisgünstig einzukaufen

hat wegen des geringen Problembewußtseins oberflächliche Argumente, die leicht zu entkräften sind

empfindet es als besonderes Gefühl, zu einer besonderen Gruppe von Kunden zu gehören, braucht diesbezüglich Bestätigung

ist relativ bequem, nimmt größere Anstrengungen nicht in Kauf

Rainer Zufall

wird durch äußere Reize angeregt (Anzeigen, das soziale Umfeld, Schilder usw.)

entscheidet relativ spontan, ist entschlußfreudig, reagiert auf Impulse

ist offen, bereit sich überzeugen zu lassen

Welche Möglichkeiten hat der Direktvermarkter, seine Kunden zu erkennen und so auf deren spezifische Bedürfnisse einzugehen?

Er kann das Einkaufsverhalten beobachten, oder versuchen, den Kunden und seine Wünsche im persönlichen Gespräch kennenzulernen (Wie haben Sie mich gefunden? Was hat Sie veranlaßt, zu uns zu kommen? Was interessiert Sie besonders? Haben Sie Fragen?).

Wer sich als Direktvermarkter mit diesen Verbrauchertypen und ihren Wünschen etwas mehr auseinandersetzt, wird sehr schnell feststellen, daß er im Verkaufen ein Universalist sein muß. Er kann sich ja die Kunden nicht aussuchen, sondern muß in der Lage sein, jeden Kunden richtig anzusprechen.

Dem traditionell der Landwirtschaft verbundenen Kunden muß er das Gefühl geben, daß „alles noch so ist wie früher" (wenn auch mit etwas moderneren Methoden gewirtschaftet wird).

Mit dem Chemie-Feind/Naturfanatiker muß er sich über alternative und integrierte Produktionstechniken unterhalten können.

Den normalen Kunden muß er schnell und häufig bedienen (nicht jeder will stundenlange Gespräche führen).

Den Zufallskunden muß er informieren, ihm muß er Bestätigung geben, daß er wiederkommt.

Das alles hat Konsequenzen für die Produktionstechnik, die Angebotsweise, die Selbstdarstellung des Landwirtes sowie die Information und Werbung, die sich an den Kunden richtet. Jeder, der in diesem Geschäft tätig ist, sollte sich darüber im klaren sein, daß er die Ansprüche an sich selbst, seinen Betrieb und seine Produktion nicht hoch genug setzen kann:

Die Produkte, die ich anbiete, können frischer, natürlicher, aromatischer, schmackhafter sein (es gibt kein Lebensmittel, welches man nicht noch besser produzieren kann, als es im Handel heute angeboten wird).

Der Hof, das Fahrzeug, der Wochenmarktstand sind sauber und gepflegt, sie haben Beschriftungen, die auf den Landwirt hinweisen; man muß spüren, daß hier jemand hinter seinem Betrieb steht, überzeugt von seinem Angebot ist und dem Kunden etwas Wertvolles verkaufen will.

Der Bauer und die Bäuerin, auch das Personal sind Garant für die Erfüllung der Verbrauchererwartungen. Sie sind freundlich, sprechen mit dem Kunden, lassen ihn merken, daß man ihn gerne bedient.

Wie Sie Ihren Kunden kennenlernen können

Beobachten Sie ihn beim Einkauf:

- Ist er wählerisch?
- Ist er vorsichtig?
- In welchen Mengen kauft er ein?
- Was kauft er ein?
- Kauft er impulsiv?
- Läßt er sich von Angeboten hinreißen?
- Schaut er aufs Geld?
- Wie häufig kommt er?
- Fragt er nach, wenn er etwas nicht findet?
- Unterhält er sich gern?
- Wieviel Zeit verbringt er mit dem Einkauf, wieviel auf dem Hof?

Unterhalten Sie sich mit Ihren Kunden. Mögliche Themen:

- Wie sind Sie zu mir gekommen?
- Haben Sie die Schilder gesehen?
- Hat jemand mich empfohlen (fragen: Wer? Sich bedanken)?
- Warum kaufen Sie Produkte vom Bauernhof? Was bevorzugt?
- Haben Sie Wünsche (Zusatzleistungen)?
- Können wir Ihnen die Ware zubereiten?
- Sind Sie mit unseren Preisen zufrieden?
- Was unterscheidet den Einkauf auf dem Bauernhof von anderen Einkaufsmöglichkeiten?
- Wie viele Personen hat der Haushalt?
- Bringen Sie Ihre Familie doch mit!

Fünf wichtige Verbraucher-Erwartungen

Neben allen Unterschieden zwischen den Menschen gibt es fünf Bedürfnisse, die eigentlich für jeden Kunden zutreffen. Wer sich diese fünf Bedürfnisse merkt, findet viele Anregungen für den Verkauf. Es sind die Bedürfnisse nach

- Sicherheit
- Abwechslung
- Selbstbestätigung
- Anerkennung
- Nützlichkeit.

Werden diese Bedürfnisse befriedigt, steigt die Lebenszufriedenheit. Zufriedene Kunden sind treu, empfehlen mich weiter, sichern meinen Umsatz, weil sie mehr kaufen.

Dem Bedürfnis nach Sicherheit trage ich Rechnung durch

- qualitativ hochwertige Produkte
- die Qualität meiner Produkte
- Referenzen, Untersuchungsergebnisse
- Informationen zu Produktionstechniken
- mein eigenes, sicheres Auftreten
- mein Firmenzeichen, Gütezeichen
- die Ausstrahlung des Betriebes, Sauberkeit, Hygiene usw.
- absolute Pünktlichkeit, Lieferzuverlässigkeit
- persönliche Kontakte, einen freundlichen und zuvorkommenden Kundenumgang (dem Kunden das Gefühl geben, daß er kein Fremder ist).

Dem Bedürfnis nach Abwechslung kann man durch folgende Maßnahmen begegnen:

- breite Produktpalette
- gute Präsentation der Produkte
- Anregungen und Hinweise für Verwendungszwecke/Rezepte
- Rezepte und Tips für die Verarbeitung
- Angebot von Freizeitaktivitäten (insbesondere für Kinder)
- Wettbewerbe für die Kunden
- kleine Feste für und mit den Kunden

Selbstbestätigung erhält der Kunde, indem ich ihn

- aufmerksam behandle
- ernst nehme
- individuell bediene
- fühlen lasse, daß ich Zeit für ihn habe
- für sein Engagement, seinen guten Geschmack usw. lobe

Es ist nützlich für den Kunden, wenn er

- bei mir günstig einkaufen kann
- die Ware in einer Form aufbereitet bekommt, daß er sie ohne Mühe zu Hause verwenden bzw. einfrieren kann
- die Ware zu einer Zeit, einer Menge, in einer Verpackung, Qualität und Haltbarkeit bekommt, wie er sie wünscht
- Hilfestellung für die Verarbeitung und den Konsum der Produkte erhält
- nicht für einzelne Produkte zu weit fahren muß, sondern möglichst viel bei einem Einkauf mitnehmen kann

Dem Bedürfnis des Kunden nach Anerkennung werde ich gerecht, indem ich

- dem Kunden das Gefühl gebe, daß er der „König" ist
- Stammkunden gesondert und bevorzugt anspreche
- ihm kleine Aufmerksamkeiten, Geschenke und Zugaben zuteil werden lasse
- seine Sonderwünsche berücksichtige, darauf eingehe, auch wenn es Mühe macht

4 Wieviel kann ich verkaufen?

Die Frage ist nicht einfach zu beantworten. Sie verlangt detaillierte Kenntnisse über den Markt, das Verbraucherverhalten, sowie die Absatzmengen und die Möglichkeiten aller anderen Anbieter, die ähnliche Produkte wie Sie verkaufen. In der Regel fehlen diese Informationen und man muß sich auf gute Schätzungen verlassen.

Eine pauschale Beantwortung der Frage ist auch deshalb schwer, weil die Bedingungen auf den verschiedenen Absatzwegen sehr unterschiedlich sind. Hierzu einige Beispiele:

Wer seine Ware zum Verbraucher hinfährt (z. B. der Eier-Vermarkter), kann ja über weitere Entfernungen größere Einzugsgebiete erschließen. Seine Absatzmöglichkeiten werden z. B. sehr stark davon beeinflußt, ob schon andere Direktvermarkter dort tätig sind, wo er beginnen will. Er müßte unter Umständen immer weiter suchen, um noch nicht erschlossene Gebiete zu finden.

Hat ein solcher Direktvermarkter allerdings ein bestimmtes Gebiet besetzt (z. B. einen Stadtteil), kann er sehr wohl aufgrund der vorhandenen Haushalte und des geschätzten Mengenbedarfs der Haushalte ausrechnen, ob er in der Vergangenheit gut oder schlecht verkauft hat, ob er zusätzliche Haushalte gewinnen kann.

Wer seine Produkte auf dem Wochenmarkt verkauft, müßte die Zahl der Besucher kennen (worüber es aber in der Regel keine Informationen gibt), um unter Berücksichtigung der Größe und der Zahl der Anbieter gleichartiger Produkte den auf ihn selbst entfallenden Marktanteil zu berechnen.

Wer überregional an Lebensmittelgeschäfte, Kantinen, Hotels und Gaststätten verkauft, kann seinen Markt selten exakt abgrenzen; denn er ist ja mit dem Fahrzeug nicht an eine festgelegte Region gebunden.

Wer nur Gemüse ab Hof verkauft, erreicht in der Regel sehr viel weniger Kunden als jemand, der auch andere Produkte mitanbietet (insbesondere Eier).

Wer zu den vorhandenen zusätzliche Plantagen zum Erdbeer-Selbstpflücken anlegen will, müßte die Zahl der Haushalte kennen, die zum Pflücken auf die Felder kommen. Diese Zahl aber schwankt von Jahr zu Jahr (je nach Witterungsbedingungen), so daß sehr schnell Fehlschätzungen gemacht werden können.

Was kann man tun? Zumindest immer dann, wenn aufgrund eines festliegenden Standortes oder auch nur einer Entscheidung, daß man in einem bestimmten Gebiet absetzen will, das Einzugsgebiet räumlich abgrenzbar ist, lassen sich bei Anwendung des gesunden Menschenverstandes gute Schätzungen über Markt- und Absatzpotentiale machen.

Bevor wir darauf eingehen, müssen drei Begriffe erklärt werden, über die man nachdenken muß:

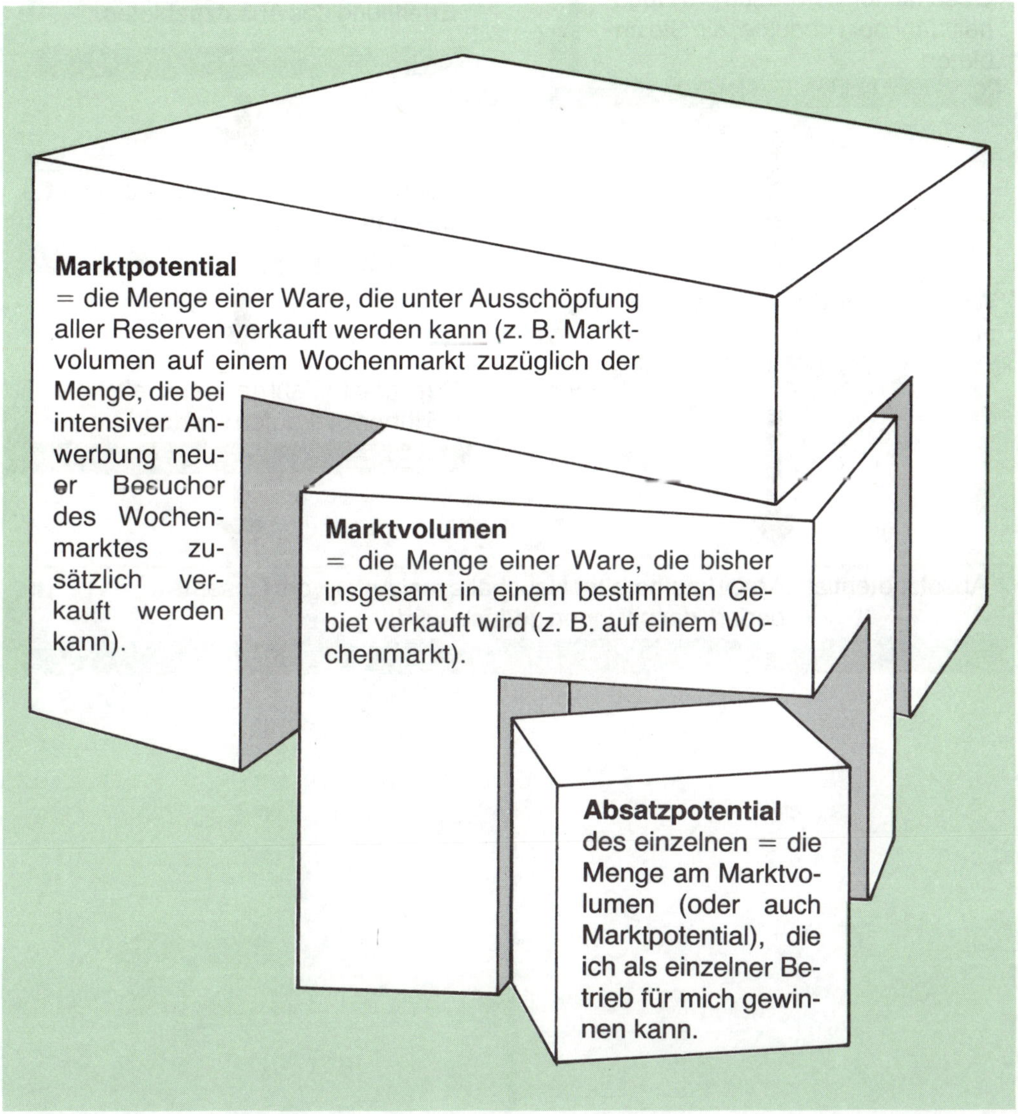

Arbeitsschritte zur Schätzung von Absatzpotentialen

Nehmen wir an, Sie planen die Errichtung eines Verkaufsraumes auf dem Hof. Dann sollten Sie systematisch die folgenden Arbeitsschritte durchgehen, um zu einer realistischen Schätzung über Ihre Absatzchancen zu kommen.

Geschätzter Verbrauch pro Haushalt/Jahr der Produkte, die Sie anbieten.

↓

Wieviel % des Gesamtbedarfs wird bei Ihnen gedeckt?

↓

Ermittlung des Absatzgebietes.

↓

Zahl der Haushalte im Absatzgebiet bestimmen bzw. schätzen.

↓

Geschätzte Zahl der Haushalte, die bei Ihnen einkaufen werden.

↓

Absatzpotential: Anteil kaufbereiter Haushalte mal Anteil vom Gesamtbedarf, der bei Ihnen gedeckt wird.

1. Zeichnen Sie Ihr Absatzgebiet auf einer Karte ein, und zwar unter Berücksichtigung folgender Überlegungen:

Wenn Sie in einer Gemeinde oder Stadt – nur Randgebiete erreichen können, müssen Sie auch in den entsprechenden Stadtplänen sogar straßenweit eine Abgrenzung vornehmen.

Bedenken Sie dabei, daß es natürliche Grenzen gibt, die für die Bewegung der Bevölkerung im lokalen Raum eine große Rolle spielen können (z. B. Eisenbahnlinien, Flüsse, Schwerpunkte der Arbeitstätigkeit, Einkaufszentren usw.).

Ziehen Sie die Grenzen Ihres Einzugsgebietes nicht zu weit (es ist besser, Sie gewinnen später mehr Kunden als geplant, als daß Sie sich zu Anfang überschätzen).

2. Holen Sie sich vom Einwohnermeldeamt bzw. statistischen Amt der Stadt die Information, wieviel Menschen in diesem Einzugsgebiet wohnen und wieviel Haushalte dies sind (wenn Sie nur die Personenzahlen erhalten, teilen Sie diese vereinfacht durch den Wert 3, so erhalten Sie eine ungefähre Schätzung der Zahl der Haushalte – wo Sie große Häuserblöcke vorfinden, müßten Sie die Personenzahl eher durch 2 teilen, bei hohen Anteilen von Einfamilienhäusern eher durch 3,5).

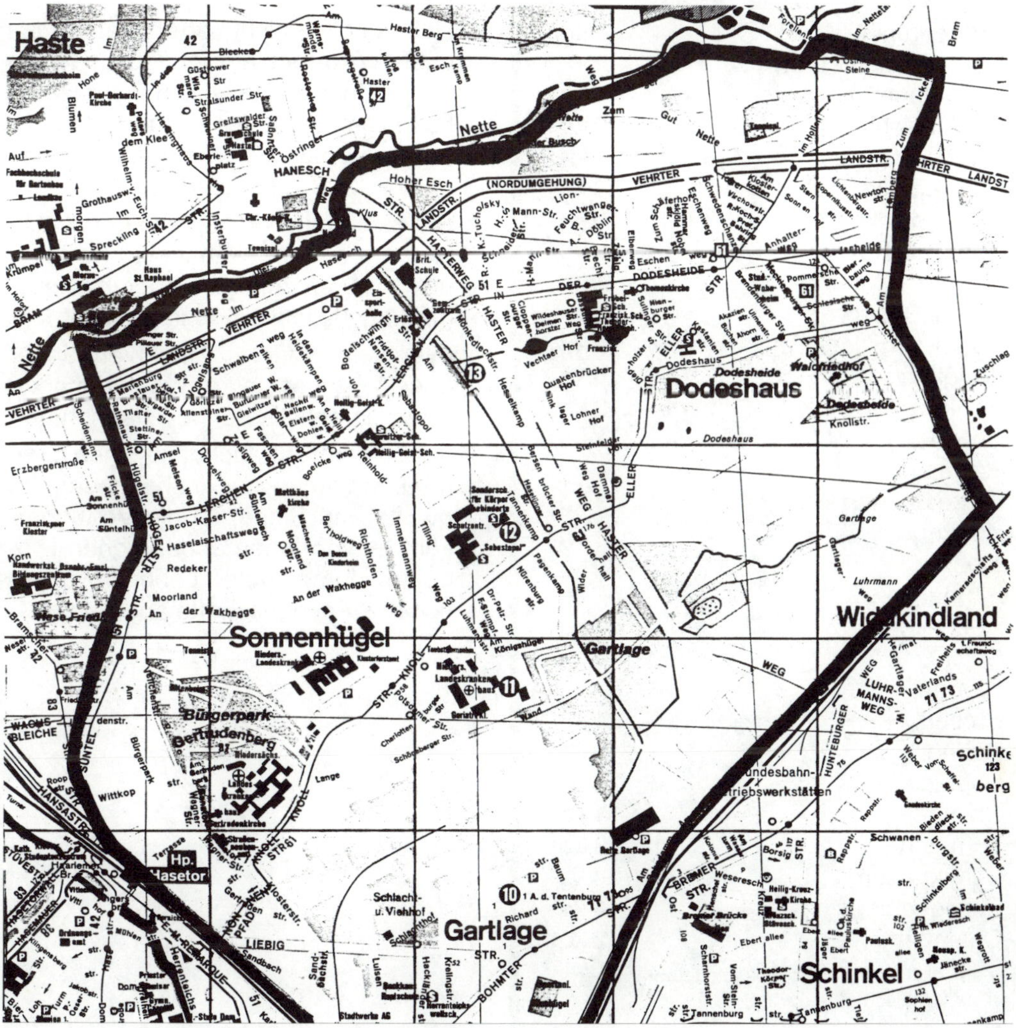

Pro-Kopf-Verbrauch der Haushalte für bestimmte landwirtschaftliche Nahrungsprodukte (entsprechen nicht exakt der amtlichen Statistik, da für diesen Zweck der Potentialschätzung grobe Anhaltswerte ausreichend sind)

Kartoffeln	50 kg
Frischmilch	60 l
Äpfel	30 kg
Birnen	7 kg
Kirschen	4 kg
Pflaumen, Zwetschen, Mirabellen, Renekloden	7 kg
Aprikosen, Pfirsiche	4 kg
Johannis-, Stachel-, Himbeeren	4 kg
Erdbeeren	2 kg
Brom-, Heidel- und Preiselbeeren	1 kg
Rindfleisch*	20 kg
Kalbfleisch*	2 kg
Schweinefleisch*	60 kg
Geflügelfleisch	10 kg
Jungmasthühner	6 kg
Hühner, Althähne	1 kg
Enten, Gänse	1 kg
Puten, sonstiges Geflügel	2 kg
Weißkohl	5 kg
Rotkohl, Wirsingkohl, Grünkohl	3 kg
Sellerie	1 kg
Porree	1 kg
Dicke Bohnen	1 kg
Kohlrabi	1 kg
Möhren	4 kg
Blumenkohl	3 kg
Rosenkohl	1 kg
Spinat	1 kg
Spargel	1 kg
Erbsen	1 kg
Bohnen	2 kg
Kopfsalat	3 kg
Chicorée	1 kg
Tomaten	13 kg
Schälgurken	4 kg
Einlegegurken	2 kg
Champignons	2 kg

* auf der Basis der ausgeschlachteten Tiere, 50 % Fleisch, 50 % Wurst

3. Schreiben Sie alle Produkte auf, die Sie verkaufen wollen und schätzen Sie die Jahresverbrauchsmenge dafür pro Haushalt. Sie finden hierzu

- entweder Hinweise in der amtlichen Statistik (Statistisches Bundesamt, ZMP-Informationen)
- oder indem Sie sich einfach einmal mit Hausfrauen über deren Einkäufe unterhalten.

4. Überlegen Sie jetzt, wieviel Prozent der vorhandenen Haushalte denn wohl bei Ihnen einkaufen werden. Berücksichtigen Sie dabei, daß

- nicht alle Haushalte alles essen (z. B. kein Wild)
- sich bei allen nicht verarbeiteten Produkten (Kartoffeln, Eier, Obst, Gemüse) tendentiell wesentlich mehr Haushalte zum Einkaufen auf dem Bauernhof finden als bei verarbeiteten Produkten (z. B. wie Fleisch)
- Sie nicht bei allen Haushalten als Direktvermarkter bekannt sind (wohl einen 100-prozentigen Bekanntheitsgrad auch nicht erreichen werden)
- eventuell andere Direktvermarkter oder leistungsstarke Wochenmärkte Ihnen potentielle Kunden wegnehmen
- je weniger Verbraucher zu Ihnen kommen, um so besser (insbesondere im qualitativen Sinne) ist die Verfügbarkeit der von Ihnen angebotenen Produkte durch gute Lebensmittelgeschäfte, Fachgeschäfte abgesichert.

Teilnehmer eines Direktvermarktung-Seminares schätzten folgende Einkaufsmengen:

	Haushalte, die beim Bauern kaufen %	Anteil am Bedarf, der beim Bauern gekauft wird %	beim Bauern gekaufe Menge
Eier	30	50	270–280 Stück
Kartoffeln	50	75	73 kg
Schweinefleisch	2–5	50	51 kg
Rindfleisch	1–3	50	20 kg
Damwild	2–5	80	0,5–1 kg
Hasen/Kaninchen	2–5	80	5 Stück
Gänse	2–5	80	1,5 Stück
Puten	3–5	80	1 Stück
Spargel	20	80	10 kg
Erdbeeren	20–30	80	5–10 kg
Milch	1–3	80	200 ltr.
Himbeeren	15	80	2–3 kg
Salat	20–30	50–70	2–4 Kopf
Pilze	1	40	5–8 kg
Weihnachtsbäume	20–30	100	1 Stück
Fische	5	30–50	8–10 kg
Honig	2–5	80–100	5 Gläser
Getreide (Bio)	<1	80–100	100 kg

5. Schätzen Sie jetzt, welchen Teil Ihres Gesamtbedarfes die Haushalte wohl bei Ihnen abdecken werden. Berücksichtigen Sie dabei, daß

– dieses Volumen bei aktionsweise angebotenen Produkten und Saisonprodukten (z. B. Äpfel, Beeren, Spargel, Einkellerungskartoffeln, Stallkaninchen, Gänsen), aber auch bei Produkten im Fahrverkauf (z. B. Eier) sehr hoch sein kann (bis zu 100 %)
– das Volumen bei allen Produkten, die der Haushalt regelmäßig in gewohnten Einkaufsstätten (wie Milch, Fleisch, zum Teil auch Gemüse, im Lebensmittelsortimentshandel bzw. in Fachgeschäften) kauft, wesentlich niedriger ist.

6. Aus der Multiplikation des Anteils der „kaufbereiten" Haushalte mit den Anteilen der potentiell beim Landwirt eingekauften Mengen am Gesamtbedarf errechnen Sie dann Ihre Absatzpotentiale.

Eine solche Berechnung kann natürlich nur Anhaltspunkte geben. Sie ist aber sehr wichtig, damit man sich in seinen Marktmöglichkeiten nicht verschätzt und rechtzeitig Weichenstellungen für veränderte Planungen erstellen kann.

Die Angaben beruhen nicht auf statistischen Erhebungen oder Verbraucherbefragungen, sondern auf Erfahrungen von Direktvermarktungen in der Praxis.

Die Vorgehensweise einer solchen Berechnung ist im Prinzip oft auf die Analyse anderer Absatzwege übertragbar. Nur eine Bedingung muß gegeben sein: Man muß eine realistische Schätzung darüber vornehmen können, wieviel Kunden man erreichen kann.

Beispiel: Verkauf von Schweinefleisch

(Verbrauchsdaten auf Produktionswert = Zweihälftengewicht umgerechnet)

Geschätzter Verbrauch von Schweinefleisch pro Haushalt und Jahr:

pro Kopf = 60 kg pro Haushalt = 60 kg x 4 = 240 kg

davon ca. 120 kg Frischfleisch, ca. 120 kg Wurst

↓

Bedarf an Schweinefleisch, der beim Direktvermarkter gedeckt wird: ca. 35 % = 42 kg Frischfleisch = 42 kg Wurst

Ermittlung des Absatzgebietes

↓

Zahl der Haushalte:

10 000 Einwohner = 3 500 Haushalte

↓

geschätzte Zahl der Haushalte, die Sie maximal erreichen

von 3 500 ca. 200 bis 350 Haushalte

↓

Absatzpotential für Schweinefleisch: 8 400 kg Frischfleisch = 105 Schweine
8 400 kg Wurst = 105 Schweine

5 Wer soll das bezahlen?

Direktvermarktung „kostet” in erster Linie Zeit. Das weiß jeder, der damit angefangen hat. Sie kann aber auch (was nicht heißen soll: muß) Geld kosten.

Hier einige Kosten-Beispiele, mit denen Sie rechnen müssen:

- Zusätzliche Pflegemaschinen
- Zusätzliches Personal
- Fahrzeug zum Ausfahren
- Verkaufsraum
- Kühlraum
- Schlachtraum
- Hoferneuerung
- Verpackungsmaterial und -aufwand
- Geldstrafen/Bußgelder
- Gebühren für Untersuchungen der Lebensmittelkontrolle
- Gegenstände für Warenpräsentation
- Waagen
- Preisauszeichnungsgeräte
- Besondere Kleidung
- Reinigungs- und Pflegemittel
- Werbung
- Erträge durch anderweitige Flächennutzung

usw.

Spaß am Verkaufen genügt also nicht, auch nüchternes Kalkulieren gehört dazu.

Die folgenden Kalkulationsschemen von der DLG helfen Ihnen bei der Planung.

Ermittlung der Wirtschaftlichkeit bei der Verarbeitung und Direktvermarktung landwirtschaftlicher Produkte

Art des Produktes: ______________________________

1. Beschreibung der Vermarktung und Herstellung

Ausgangsdaten zur Vermarktung

Standort z. B. Großstadtnähe, Beschreibung der Vermarktung, Kombination mit anderen Produkten, Verkaufserlös, Werbung usw.

....

....

....

....

....

....

....

....

Ausgangsdaten zur Herstellung

Rezept mit Mengenangaben, Häufigkeit der Herstellung im Jahr, Beschreibung des Arbeitsverfahrens usw.

....

....

....

....

....

....

....

2. Ermittlung des Kapitalbedarfs

Investitionen	Anschaffungspreis DM	Kosten			
		Abschreibung je Jahr		Instandhaltung je Jahr	
		v. H.	DM	v. H.	DM
Bauliche Maßnahmen					
Neubau		3		1	
Umbau/Ausbau		5		1	
Instandsetzung vorhandener Räume		5		1	
Installationen		4		2	
Maschinen und Geräte		10		3	
Summe		–		–	

Finanzierung		Zinsansatz in %		Zinsen DM/Jahr
Eigenkapital: ______	DM × 0,5 von	______	=	______
Fremdkapital: ______	DM × 0,5 von	______	=	______
		Summe	=	______

3. Zusammenstellung der Kosten

3.1 Feste Kosten

	DM/Jahr
Kapitalkosten	
Abschreibung	______________
Zinsen	______________
	______________
Sonstige Kosten	
Werbung	______________
Versicherung	______________
Verschiedenes	______________
	______________
	______________
	______________
Feste Kosten insgesamt	______________

3.2 Veränderliche Kosten

	Menge je Einheit/ Vorgang	Preis je Einheit/ Vorgang*) DM	Kosten je Einheit/ Vorgang DM	Anzahl Einheiten/ Vorgänge je Jahr	Kosten insgesamt DM/Jahr
Materialkosten					
(Ausgangsprodukte und Zutaten)					
Betriebskosten					
Instandhaltung					
Energiekosten					
Hilfsstoffkosten (Verpackungsmaterial, Wasser u. a.)					
Nebenkosten (Löhne, Porto, Telefon, Kraftfahrzeug u. a.)					
Veränderliche Kosten insgesamt					

*) Bei Naturalentnahme Erzeugerpreis, bei Zukauf Einzelhandels- bzw. Großhandelspreis

4. Zusammenstellung der Arbeitszeit

	Arbeitszeit je Vorgang in Min.			Anzahl der Vorgänge/ Jahr	Arbeitszeit insgesamt Std./Jahr
	Pers. 1*)	Pers. 2*)	Pers. 3*)		
Vorbereiten					
Verarbeiten					
Reinigen des Arbeitsplatzes und der Arbeitsgeräte					
Verpacken					
Werbung					
Schriftwechsel Absatz; Verkauf					
Sonstiges					
Arbeitszeit insgesamt					
abzüglich Arbeitszeit entlohnter Arbeitskräfte					
Arbeitszeit unbezahlter Arbeitskräfte					______

*) entlohnte Arbeitskräfte kennzeichnen, ihr Lohn ist unter „Betriebskosten-Nebenkosten" anzugeben.

5. Ermittlung des Einkommensbeitrages

Einnahmen Produkt	Preis je Einheit DM	Anzahl/ Einheiten/Jahre	insgesamt DM/Jahr
______	______	______	______
______	______	______	______
______	______	______	______
______	______	______	______
Einnahmen insgesamt			______
Kosten		DM	
Feste Kosten		______	
Veränderliche Kosten		______	
Kosten insgesamt			______
Einkommensbeitrag insgesamt (Einnahmen abzüglich Kosten)			______

Einkommensbeitrag insgesamt	DM ______	
Arbeitszeit unbezahlter Arbeitskräfte	DM ______	
Einkommensbeitrag je Arbeitsstunde	DM/Std.	______

6 Ab-Hof-Verkauf

Die einfachste (zumindest hinsichtlich vieler rechtlicher Bestimmungen) und vielseitigste Form der Direktvermarktung ist der Ab-Hof-Verkauf:

Man kann die Arbeitszeit flexibler nutzen, z. B. nebenher auch andere Arbeiten verrichten.

Man kann sich gegenseitig entlasten bzw. ergänzen.

Man benötigt, um anzufangen, zunächst nur relativ einfache Mittel, die Kosten sind gering.

Einige rechtliche Bestimmungen (z. B. die Handelsklassenverordnungen für den Verkauf pflanzlicher Produkte) müssen nicht eingehalten werden.

Man verkauft nicht unmittelbar im Umfeld der Konkurrenz (wie z. B. auf dem Wochenmarkt oder häufiger auch schon beim Fahrverkauf).

Man kann den Kunden vieles zusätzlich bieten, um ihnen das Kommen auf den Betrieb angenehm und interessant zu machen.

Einzelne dieser Vermarktungsformen (z.B. Selbstpflücken) sind natürlich an das Produkt und die produktionstechnischen Bedingungen gebunden, für die anderen lassen sich vielfältige Absatzformen finden. Häufig ist es eine Frage des Umfanges, den man anstrebt, aber auch eine Frage des Standortes, wie man seinen Absatz betreibt.

Zum Ab-Hof-Verkauf zählen folgende Vermarktungsformen:

- Selbstpflücken
- Straßenverkauf/Feldverkauf
- Verkauf auf Vorbestellung
- Offener Verkaufsstand auf dem Hof
- Verkauf aus dem Geschäft auf dem Hof.

HASKE

Frisch au
deutschen La

Schnittlauch
Salat krönung
Petersilie
Dill
Kerbel
Oregano

32

Selbstpflücken macht nicht nur Spaß

Daß jemand zum Bauernhof geht, um Beeren und Pflaumen von den Bäumen zu pflücken, ist keine neue Erfindung.

Eine neue Art des Selbstpflückens entstand mit der großflächigen Anlage von Plantagen für Erdbeeren in den 60er Jahren. Etwa seit Mitte der 70er Jahre hat diese Verkaufsform einen so starken Boom erlebt, daß der Wettbewerb zwischen den Plantagen-Besitzern zum Teil schon ruinös ist.

Neben Erdbeeren werden auch häufig andere Produkte zum Selbstpflücken angeboten: z. B. Himbeeren, Johannisbeeren, Bohnen, Erbsen; auch Kartoffeln werden noch bzw. wieder gesammelt!

Neue Pflanzen/Sorten wie Frigo-Pflanzen bei den Erdbeeren, Tayberry-Pflanzen (= Kreuzung aus Himbeeren und Brombeeren) haben dem Anbau neue Impulse gegeben.

Um in dieser Vermarktungsform erfolgreich zu sein, muß der Direktvermarkter die Organisation im Griff haben (Wie kommen die Kunden zu den Feldern? Wo parken sie? Wie werden sie eingewiesen? Wie schützt man sich bei Regen? Wie wird gewogen, abgerechnet usw.?).

Intensiv Werbung betreiben, um in kurzer Zeit auch die notwendige, große Menge an Kunden zu erreichen und zu motivieren, gehört selbstverständlich auch dazu.

Zusätzliche Absatzwege (Großmärkte, Wochenmärkte, Vermarktung an den Einzelhandel, an Großverbraucher usw.) müssen erschlossen werden, um auch bei ungünstigen Pflück-Zahlen bzw. schlechten Witterungsbedingungen noch einen Großteil der Produktion vermarkten zu können (wozu wiederum sehr viel Organisations-Aufwand gehört = Fremdkolonnen zum Pflücken).

Nach wie vor sind Erdbeeren die Hauptkultur für das Selbstpflücken, weil

- die Erdbeere weite Verbraucherschichten anspricht
- der Kunde verschiedene Verwertungsmöglichkeiten hat und somit auch eine größere Menge der Ware verbrauchen bzw. verarbeiten kann
- unter dem zuletzt genannten Gesichtspunkt auch ein ökonomischer Nutzen für den Verbraucher sichtbar wird.

Bei den anderen Kulturen muß man in mehr oder weniger großem Umfang immer zusätzliche Absatzwege suchen, z. B. weil

- Baumobstsorten (Kirschen, Äpfel) in der Hauptsaison in so großen Mengen angeboten werden, daß für den Verbraucher keine lukrative Kosten-Nutzen-Situation für das Selbstpflücken entsteht
- die Betriebe die Produkte maschinell sehr ökonomisch ernten können, eine saubere Abernte des Feldes erreichen und durch das eigene Ernteverfahren Schäden an den Kulturpflanzen verhindern
- die Bedarfsmengen (z. B. bei Himbee-

Der Verbraucher erwartet, daß

die Plantagen nicht oder nur in geringem Umfang (soviel wie notwendig) mit Pflanzenschutzmitteln behandelt sind

die Mühe des Selbstpflückens sich lohnt (d. h. daß die Preise deutlich unter denen der Wochenmarktpreise bzw. dem Handel liegen)

während des Pflückens genascht werden darf

die Plantagen gut zu erreichen sind

ihm Hilfsmittel zum Einsammeln und Abtransportieren der Waren gegeben werden ren, Blaubeeren usw.) nicht so groß sind, daß größere Plantagen von den Verbrauchern vollständig abgeerntet werden können.

Mit dem Gesetzeshüter kommen die Betreiber von Selbstpflück-Anlagen am häufigsten in Konflikt, weil sie

- unerlaubte Werbeaussagen machen (z. B. über die Gesundheit ihrer Früchte sprechen)
- Schilder dort aufstellen, wo sie es nicht dürfen.

Hierüber wird im Kapitel 16 noch zu reden sein.

Siehe hierzu auch im Teil „Beispiele erfolgreicher Direktvermarktung" zu diesem Thema das Kapitel „Erdbeeren – Selbstpflücken".

Straßenverkauf

Im Gegensatz zum Fahrverkauf/der rollenden Einkaufsstätte meinen wir hiermit den Verkaufsstand an der Straße. Diese Form des Verkaufens ist nicht selten

- in den Obst- und Gemüseanbaugebieten,
- in Erholungsgebieten bzw. Gebieten mit touristischen Attraktionen,
- für den Verkauf von Saisonware.

Damit sind die Erfolgsmaßstäbe auch schon genannt: Hohe Kundenfrequenz (Laufkunden), begrenztes Sortiment, wenig Aufwand für Warenpräsentationen usw.

An Standorten zu verkaufen, an denen die Verbraucherfrequenz sehr hoch ist, ist zweifellos auch dann interessant, wenn ein Direktvermarkter normalerweise seine Ware auf anderen Wegen verkauft.

Die Schwierigkeit indessen besteht darin, daß man in der Regel Ausnahmegenehmigungen der Straßenverkehrsbehörden benötigt, um einen solchen Stand aufzubauen; denn der Verkauf an öffentlichen Straßen ist verboten, wenn dadurch Verkehrsteilnehmer behindert werden oder aber durch ihr eigenes Verhalten den Verkehr gefährden (z. B. weil sie dem Stand zuviel Aufmerksamkeit schenken).

Darüber hinaus benötigt man für Gemeindestraßen von den Straßenverkehrsbehörden Sondernutzungserlaubnisse für diesen Verkauf.

Erfahrungsgemäß werden solche Sondergenehmigungen für einen saisonalen Verkauf eher erteilt, als für den Dauerverkauf.

Einige Tips für den Straßenverkauf

Der Kunde wird kaum eine Vollbremsung riskieren, um bei Ihnen einzukaufen.

Machen Sie ihn rechtzeitig auf den Straßenverkauf aufmerksam, z. B. durch Hinweisschilder in beiden Fahrtrichtungen in 600 m, 400 m, 200 m Entfernung.

Verstecken Sie Ihren Stand nicht hinter Bäumen und Straßenbiegungen etc. Wählen Sie, wenn möglich, eine gut einsehbare Stelle am Straßenrand.

Nutzen Sie Plätze, die sowieso zum Halten auffordern, z. B.

- Parkplätze, Rastplätze
- Einfahrten zu Feldwegen
- freie Feldflächen
- Kreuze, Gedenkstätten.

Bieten Sie Ihre Produkte in Verpackungen an, die garantieren, daß die Qualität erhalten und das Auto sauber bleibt.

Bananen
Regina Trauben
Pfirsi

Verkauf auf Vorbestellung

Dieser Weg ist besonders für den Direktvermarkter interessant, der

- anfängt, sich einen Kundenstamm aufzubauen.
- nur ein begrenztes Angebot zur Verfügung hat.
- Produkte anbietet, die eine aufwendigere Bearbeitung verlangen, hinsichtlich der Be- und Verarbeitung gesetzlichen Vorschriften unterliegen und/ oder von den Verbrauchern eine gewisse Vorplanung im Einkauf verlangen (diese Gesichtspunkte treffen vor allen Dingen für Fleisch zu).

Der Verkauf auf Vorbestellung ist häufig nur der Anfang. Je umfangreicher die Kundschaft wird und je mehr Menge abgesetzt werden soll, desto regelmäßiger muß das Angebot zur Verfügung stehen.

Die Verkaufsform ist aber gerade dort, wo die angebotene Menge in Grenzen gehalten wird (bzw. werden soll) oder wo die Zahl der Kunden geringer ist (z. B. aufgrund der Lage keine Durchgangskunden, Dauerkunden in genügend großem Umfang zu erreichen sind), eine sehr gute Möglichkeit, sich einen festen Kundenstamm aufzubauen.

Ein wichtiges Verkaufshilfsmittel: Das Telefon

Folgende Regeln erleichtern einen erfolgreichen Telefonverkauf:

1. Das Telefon sollte sich an einem Ort befinden, der ruhiges und ungestörtes Sprechen ermöglicht.

2. Nennen Sie laut und deutlich Ihren Namen.

3. Erfragen Sie den Namen des Gesprächspartners und notieren Sie ihn.

4. Sprechen Sie ruhig und höflich.

5. Sprechen Sie langsamer als gewöhnlich.

6. Sprechen Sie Ihren Partner häufig mit Namen an.

7. Stellen Sie Fragen, fragen Sie nach, wenn Sie etwas nicht verstehen.

8. Benutzen Sie häufig Wörter wie: Danke, gern, kein Problem.

9. Bieten Sie ein persönliches Gespräch an.

10. Bestellungen wiederholen und notieren.

11. Langsam auflegen.

Ein offener Stand auf dem Hof

Es ist ein sehr großer Unterschied, ob ich im Freien ein paar Kisten mit Obst oder Gemüse aufstelle, mir einen Wochenmarktstand baue, einen Wagen/Anhänger zum Verkaufen nutze oder ob ich mir einen festen Verkaufsraum baue.

Unabhängig von den sehr unterschiedlichen Möglichkeiten der Warenpräsentation bin ich beim festen Verkaufsraum vor allen Dingen an die festen Öffnungszeiten gebunden, was für die anderen Möglichkeiten nicht gilt.

Besonders geeignet ist der Standort auf dem Hof

- für Produkte, die nur saisonal angeboten werden
- für Produkte, die als Ergänzung zum permanent angebotenen Standardsortiment (auch in einem festen Verkaufsraum) zusätzlich in der Saison angeboten werden.

Wegen der einfachen Möglichkeiten der Errichtung solcher Verkaufsstände sind sie auch häufig erste Schritte auf dem Weg zu einer dauerhaften, festen Verkaufseinrichtung.

Verkauf aus dem Geschäft ab Hof

Die Einrichtung eines Verkaufsraums auf dem landwirtschaftlichen Betrieb gewinnt gerade in jüngster Zeit immer mehr Freunde, z. B. als Alternative zum Fahrverkauf oder zum Wochenmarkt. Dies hat wohl auch damit zu tun, daß dieser Absatzweg eine Reihe von gesetzlichen Problemen einfacher bewältigen läßt. Man kann die verfügbare Arbeitszeit etwas günstiger daraufhin einrichten; wenn das Geschäft läuft, sind die Werbungs- und Vermarktungskosten relativ niedrig.

Ein solches Geschäft läßt sich natürlich auf längere Sicht nur mit einem breiteren Sortiment und ganzjährig führen. Hierzu gehören als Basisartikel auf jeden Fall Eier und Gemüse (weil diese Produkte den Kunden regelmäßig kommen lassen). Ergänzt werden kann und muß das Sortiment dann um Eiprodukte, Kartoffeln, Fleischwaren, Obst, Obstverarbeitungsprodukte (wie Marmelade); auch Nicht-Lebensmittel, die auf dem Hof gewonnen werden, können erfolgreich hier abgesetzt werden (wie z. B. Trockensträuße und Blumen zu den jeweiligen Jahreszeiten, Felle von Schafen, möglicherweise auch Gebrauchsgegenstände wie Harken, Holzschuhe usw.).

Die Preiskalkulation wird für die einzelnen Sortimente – ähnlich wie bei den anderen Formen des Absatzes – marktgerecht vollzogen: Produkte, die für den Verbraucher auch preislich im Rampenlicht stehen, werden etwas unter den Preisen der entsprechenden Fachgeschäfte angeboten (z. B. Fleisch); Spezialprodukte, die der Verbraucher nirgendwo anders kaufen kann, aber auch Produkte, die er wegen ihrer besonderen Frische beim Landwirt kaufen will (z. B. Eier), können dagegen auch teurer angeboten werden.

Es empfiehlt sich auf jeden Fall, nicht die üblichen Preisschwankungen des Marktes nachzuvollziehen, sondern eine relativ konstante Preispolitik zu betreiben, um den Verbraucher erst gar nicht anzuregen, dauernd die Preise in anderen Geschäften mit denen auf dem landwirtschaftlichen Betrieb zu vergleichen.

Kalkulieren Sie richtig!

Die Einrichtung solcher Verkaufsräume kann relativ günstig sein, sie kann aber auch Kosten bis in Höhe von 150 000,– DM verursachen (besonders, wenn Kühlräume und technische Anlagen fehlen, neu installiert werden müssen, Kühltheken angeschafft werden müssen usw.).

Soviel kann die Ladentheke auf dem Hof kosten

Investitionen:	
Bau eines Verkaufsraumes 20 m²	30 000– DM
Ladeneinrichtung mit Klimaanlage, Kühlung, Ladentheke	100 000,– DM
Jährliche Kosten:	
Zinsen und Abschreibungen	15 000,– DM
Werbung	15 000,– DM
Personalkosten	10 000,– DM
	40 000,– DM

Die Kosten für den Betrieb richten sich im wesentlichen nach der Höhe der Investitionen und den damit verbundenen Abschreibungen und nach dem jeweils in bezug auf das Absatzvolumen benötigte zusätzliche Personal.

Wie fange ich es an?

Ein Geschäft auf dem Hof läßt sich auf Dauer nur erfolgreich führen, wenn dafür wenigstens 500, noch besser 800, Stammkunden gewonnen werden können. Dies erfordert gerade in der Anfangsphase einen sehr aktiven Einsatz zur Gewinnung der Kunden. Sind diese erst einmal gewonnen, dann lassen sie sich auch durch konsequente Qualitäts- und Sortimentspolitik zum Kaufen anregen.

Die Notwendigkeit einer vielseitigen Verkaufspolitik zwingt auf der anderen Seite auch zu einer vielfältigen Produktion, was sicherlich mit einem enormen Anstieg des Arbeitsaufwandes verbunden ist.

Häufig, auch bei steigendem Umsatz (es werden durchaus Werte von mehr als 200 000,– DM je Jahr erreicht), läßt sich diese Art der Direktvermarktung jedoch nur ohne dauernde Auseinandersetzungen und Schwierigkeiten mit den Behörden betreiben, wenn der Betrieb hierfür, getrennt von den übrigen Produktionsschwerpunkten, das Gewerbe anmeldet. Dies ist vor allen Dingen dann notwendig, wenn im Betrieb verarbeitete Waren angeboten werden. Bereits heute sind viele Landwirte dazu übergegangen, neben ihrer eigentlichen Ausbildung eine Spezialausbildung (z. B. als Metzger) zu machen, um den produktionstechnischen, aber auch den gesetzlichen Anforderungen gerecht zu werden.

Die Einrichtung eines Ladens auf dem Bauernhof zieht darüber hinaus häufig rechtliche Konsequenzen nach sich, die frühzeitig gesehen werden müssen. Diese betreffen gewerberechtliche Regelungen (bei Zukauf und dem Verkauf von be- und verarbeiteten Produkten), Hygienevorschriften und vieles andere mehr.

Deshalb ist gerade für diese Strategie eine sorgfältige Planung notwendig. Über die einzelnen Vorschriften können Sie sich im Teil „Recht und Steuern“ informieren.

Checkliste für den Verkauf ab Hof

Hat man sich für diesen Absatzweg entschieden, dann sollte man folgendes bedenken:

Sorge tragen, daß jeder den Hof finden kann, z. B. durch Straßenschilder (deutlich, groß, freistehend, in Augenhöhe).

Hof so oft wie möglich ankündigen, z. B. nach 1 km, 600 m, 400 m etc.

In Anzeigen oder auf Handzetteln Wegbeschreibung geben.

Für einen guten Eindruck sorgen, wenn der Kunde den Hof betritt:
- Sauberkeit
- Hunde anketten
- Parkmöglichkeit
- Ausstrahlung, z. B. Blumenkübel

Kunden Orientierungshilfe geben, ihn nicht sich selbst überlassen, d. h. entweder jeden Kunden begrüßen (wissen, wann ein Kunde auf den Hof kommt) oder Weg zum Verkaufsraum deutlich machen.

Attraktivität des Verkaufsraumes (Gestaltung).

Nicht einfach das LEH-Geschäft auf den Bauernhof verlegen, sondern den Laden/den Raum ländlich gestalten, z. B. mit Holz, karierte Gardinen usw.

Für zusätzliche Erlebnismöglichkeiten sorgen, z. B.
- Tiere zum Anfassen
- Stallbesichtigungen
- Spielplätze für Kinder
- Aufenthaltsmöglichkeiten (Bänke vorm Haus etc.).

Für ausreichend Verpackungsmaterial sorgen.

Wo ist die Schelle, damit man Sie rufen kann?

Land-Eier
vom
Hubertushof
Einkaufen auf dem Bauernhof
200 m

Wir laden Sie ein!
EINKAUFEN AUF DEM
Hubertushof
NACH 2KM RECHTS

So richten Sie einen Verkaufsraum ein

Ein Verkaufsraum ist kein Selbstzweck. Er soll

- das Sortiment in attraktiver Weise herausstellen,
- die Beschickung und Reinigung durch seine Gestaltung erleichtern,
- die Verkaufstätigkeit unterstützen,
- dem Kunden ein Gefühl des Wohlfühlens geben, ihn zum Kaufen anregen.

Wer einen festen Verkaufsraum hat, muß die auch für den übrigen Handel geltenden Öffnungszeiten beachten.

Wer seine Waren nicht regelmäßig verkauft (mindestens einmal in der Woche), benötigt keinen Verkaufsraum.

Alle verderblichen Produkte stellen Ansprüche an Einrichtung und Ausstattung des Raumes; hierfür gibt es spezielle Vorschriften.

Die richtige Lage

Der Raum sollte für den Kunden gut sichtbar und erreichbar sein (z. B. von der Straße oder vom Parkplatz).

Er muß von den Hauswirtschaftsräumen, Sortier- und Warenaufbereitungsräumen leicht zu erreichen sein.

Er sollte stufenlos zu befahren sein (z. B. für das Einschieben von Paletten).

Er sollte entfernt von riechenden Stallungen liegen.

Er muß leicht zu be- und entlüften sein (evtl. ist eine Zwangsbelüftung durch Ventilatoren notwendig).

Die Temperaturen müssen gesteuert werden (z. B. müssen im Bereich der Frischprodukte/verderblichen Produkte Temperaturen von 12–17 °C gewährleistet werden können).

Sonneneinstrahlung (vom Süden bis Westen) sollte vermieden werden (um das Aufheizen zu verhindern).

Es sollten für späteren Bedarf Erweiterungsmöglichkeiten bestehen.

0,26
1
0,25
2

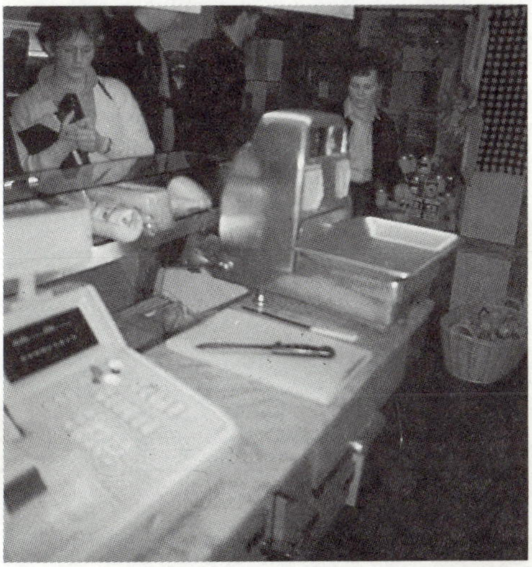

Flächennutzung

Der verfügbare Raum muß groß genug sein, um genügend Platz zu bieten für

- Warenpräsentation auf der Erde bzw. auf Paletten, Schubkarren usw. (z. B. Kartoffeln, Obst und Gemüse, Saisonware)
- Regale, Gondeln, Schränke
- im Raum zu lagernde Ware, Verpackungsmittel
- die Kundschaft
- Packtisch und Kasse
- Aktionsware.

Das Bedienungsregal sollte nicht unmittelbar in Türnähe sein, um den Kundenfluß nicht zu schnell zu stoppen.

Zu viele Ecken in relativ kleinen Räumen (bis 100 cm) erschweren die Warenpräsentation, Übersichtlichkeit und den Kundenlauf.

Packtisch und Kasse gehören zusammen an eine zentrale Stelle.

Regale gehören an die Wände, nicht in die Mitte des Raumes (damit der Kunde den Überblick behält).

Fallbeispiel:

Bauer X hat sich zur Direktvermarktung ab Hof entschlossen:

Folgende Übersicht zeigt seine Überlegungen hinsichtlich des Sortiments, ständigem oder saisonalem Angebot und dem benötigten Platzbedarf.

Auf seinem Hof hat er einen 8,70 m langen und 5,60 m breiten Raum, den er als Verkaufsraum benutzen will.

Welche Möglichkeiten hat er, den Verkaufsraum optimal zu nutzen?

Sortiment	Saison	Platzbedarf
Eier	ganzjährig	5,5 m x 80 cm
Geflügel und Fisch	ganzjährig	3 m x 1 m
Nudeln	ganzjährig	1 m x 30 cm
Kartoffeln	ganzjährig	1,5 m x 1,5 m
Äpfel	ganzjährig	1,5 m
Marmelade	ganzjährig	1 m
Honig	ganzjährig	0,5 m
Spargel	Mai–Juni	2 m x 60 cm
Erdbeeren	Juli–August	2 m x 60 cm
Bohnen	Aug.–Sept.	2 m x 60 cm

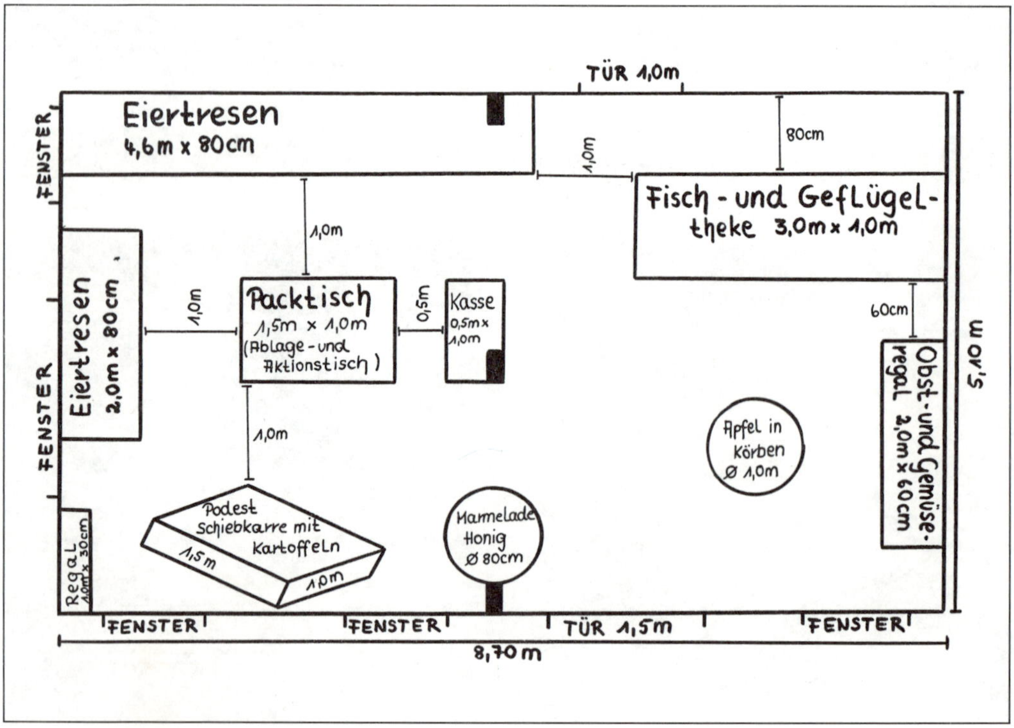

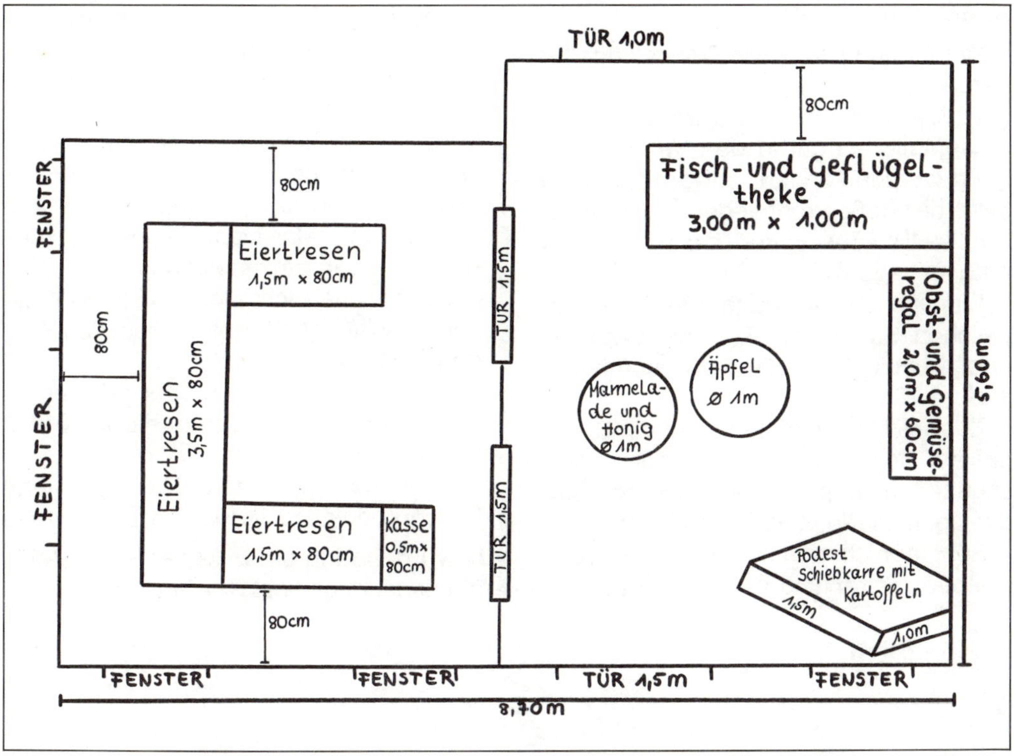
TÜR 1,0m
80cm
Fisch-und Geflügel-theke
3,00m x 1,00m
FENSTER
80cm
Eiertresen
1,5m x 80cm
80cm
Eiertresen
3,5m x 80cm
FENSTER
TÜR 1,5m
TÜR 1,5m
Obst-und Gemüse-regal 2,0m x 60cm
5,60m
Marmelade und Honig Ø 1m
Äpfel Ø 1m
Eiertresen
1,5m x 80cm
Kasse
0,5m x 80cm
Podest
Schiebkarre mit Kartoffeln
1,5m
1,0m
80cm
FENSTER
FENSTER
TÜR 1,5m
FENSTER
8,70m

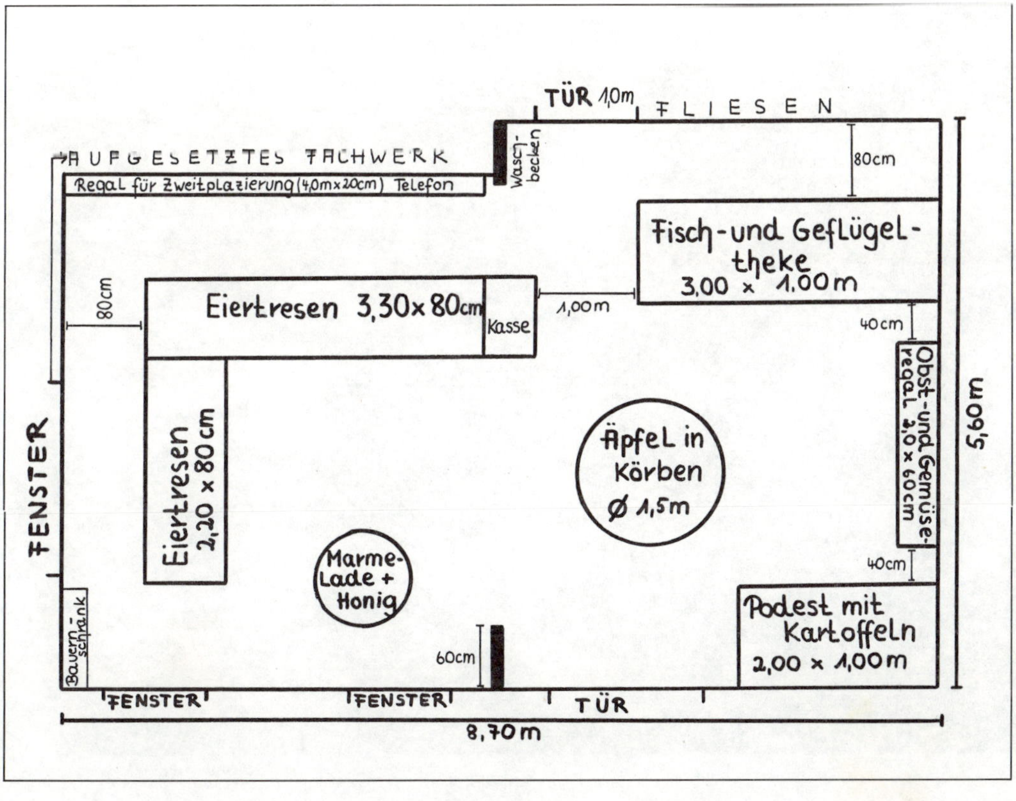
TÜR 1,0m
FLIESEN
AUFGESETZTES FACHWERK
Regal für Zweitplazierung (4,0m x 20cm) Telefon
Wasch-becken
80cm
Fisch-und Geflügel-theke
3,00 x 1,00m
80cm
Eiertresen 3,30 x 80cm
Kasse
1,00m
40cm
Obst-und Gemüse-regal 3,0 x 60cm
5,60m
FENSTER
Eiertresen
2,20 x 80cm
Äpfel in Körben
Ø 1,5m
Marme-Lade + Honig
40cm
Podest mit Kartoffeln
2,00 x 1,00m
Bauern-schrank
60cm
FENSTER
FENSTER
TÜR
8,70m

Ausstattung

Die Eingangstür (eine Doppelflügeltür, deren Teile einzeln zu öffnen sind, ist günstig, damit möglicherweise Außenpräsentationen gut in den Verkauf integriert werden können) sollte nicht in der Mitte der Außenfront liegen, sondern etwas seitlich (erleichtert die Kundenführung im Laden).

Eingang und Ausgang können an der gleichen Stelle sein, Beschickung aber erfolgt häufig sinnvollerweise durch eine andere Tür.

Zum leichten Reinigen sollte der Boden gefliest sein (wenn nicht andere Vorschriften befolgt werden müssen, sind dunkle, melierte Fliesen vorteilhaft).

Fenster nicht dort schaffen, wo direkte Sonneneinstrahlung möglich ist (ungünstiges Gegenlicht für den Kunden, Aufwärmung des Raumes).

Keine Glühlampen, sondern Leuchtstofflampen verwenden, da diese langlebiger sind und weniger Wärmeausstrahlung haben.

Lichtquellen so anbringen, daß der Kunde nicht in das Licht hineinsehen muß (evtl. Blenden davorsetzen).

Zusätzliche Lichtquellen (Spots) müssen die Ware ausleuchten, nicht den Kunden anstrahlen.

Feste Präsentationsmöbel gehören an die Wände, bewegliche in die Mitte des Raumes.

Eine Theke für unverpackt angebotene Frischprodukte (z. B. Fleisch, Fisch, Käse usw.) gehört in die Ecke, an eine Stelle, die ringsum gefliest werden kann.

falsche Beleuchtung

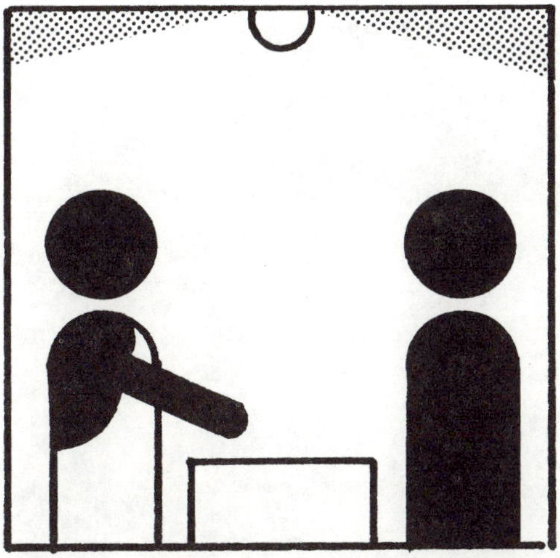

richtige Beleuchtung

So schaffen Sie Kaufatmosphäre

Sparen Sie nicht mit Licht, Ihre Produkte müssen strahlen!

Holz im Raum schafft Behaglichkeit, macht einen Raum aber auch dunkel (deshalb nicht zuviel Holz einsetzen; je mehr, desto stärker die Beleuchtung; zwischen dem Holz die Wände weiß lassen).

Durch Anstrahlen von bestimmten Angeboten, Blickpunkten entsteht interessante Abwechslung.

Verbessern Sie ungünstige räumliche Verhältnisse optisch durch

– Wand- und Deckenflächen,
– Abhängen der Decke bei besonders hohen Räumen,
– senkrechte Balken, wenn der Raum relativ niedrig ist,
– waagerechte Balken, wenn Sie den Raum optisch strecken wollen.

Rauhe Flächen schlucken das Licht stärker als glatte Flächen (machen den Raum aber behaglicher; wegen des negativen Effektes, in solchen Fällen stärker ausleuchten).

Präsentieren Sie Ihre Ware mit Liebe und Sorgfalt!

Gute Warenpräsentation muß
- verkaufen helfen,
- dem Kunden die Vielfalt des Angebotes demonstrieren,
- die Arbeitsabläufe erleichtern.

Worauf Sie achten sollten:

Gut bestückte Regale und Präsentationsmöbel/-gegenstände fördern den Kaufanreiz.

Massenplazierungen einzelner Produkte reizen den Kunden eher, auch einmal größere Mengen zu kaufen.

Ein abwechslungsreiches Farbenbild macht einen Verkaufsstand interessanter.

Der Kunde bückt sich nicht gerne bis auf die Erde, reckt sich nicht gerne bis an die Decke, will sich nicht schmutzig machen, geht nicht in die Ecken oder ins Dunkle.

Selbstverständlich ist Sauberkeit an allen Stellen und gute Warenpflege (schlechte Produkte werden sofort aussortiert).

Stellen Sie nie den Eingang durch Ware zu (der Kunde muß hineingehen können und wollen).

Ei Nr. 5
Lage nur
5,- DM

Plazierung der Sortimente

Schaffen Sie eine klare Gliederung. Der Kunde muß wissen, was er wo findet:

Standardsortimente (z. B. Eier-Grundsortiment, Getränke, Wurst- und Marmeladengläser, Nudeln, Tiefkühl- und Kühlprodukte) gehören immer an den gleichen Platz (z. B. Wandregale!).

Zusatzsortimente und Saisonprodukte (z. B. Kartoffeln, Obst und Gemüse, nicht immer vorhandene Wurstwaren, Trokkensträuße, farbige Eier, Kleineier usw.) werden mit variablen Präsentationsmöbeln immer wieder mal an anderen Stellen präsentiert (so hat der Kunde das Empfinden, daß diese Produkte immer frisch sind, was er beim Standardsortiment als selbstverständlich unterstellt, weil sich dieses schneller umschlägt).

Nutzen Sie die Schütteffekte, indem Sie Waren in Körben, Schalen u. ä. anbieten.

An einer Stelle im Geschäft (es sollte aber immer die gleiche sein) können Sie regelmäßig spezielle Angebote präsentieren, Waren herausstellen (z. B. Trokkensträuße, Schaffelle, besonders empfohlene Wurst- oder Marmeladensorten, den luftgetrockneten Schinken).

Das brauchen Sie an Verkaufsmöbeln

- Kühltheken bzw. Tiefkühltheken für verderbliche Ware
- Holzregale für alle nicht zu kühlenden Standard-Angebote
- Bewegliche Verkaufsmöbel (Tische mit Füßen oder Rollen), Ständer für Zusatzsortimente bzw. nicht regelmäßig angebotene Ware
- Gegenstände aus dem Betrieb (siehe Ideenliste), um Blickpunkte zu schaffen für einzelne Sortimente.

Gegenstände aus dem Betrieb, die Sie zur Warenpräsentation nutzen können

- Kartoffelsäcke, Körbe, Milchkannen, Keramiktöpfe, Schubkarren, Strohballen
- Trittleiter als Regal
- alte Keramiktröge/Futtertröge

Falls Verkaufsraum groß genug:

- Kutschen etc.
- Wagenräder
- Butterfässer (Holz)

Sie können natürlich auch Präsentationsmöbel kaufen. Nebenan einige Beispiele (aus einem Prospekt der Firma Golze, Stuttgart).

Regale und Ständer können drei oder vier Etagen haben; bei vier Etagen bieten sich bei einem Abstand von 40 cm zwischen den Lagen folgende Lagen-Höhen an: 50 cm, 90 cm, 130 cm, 170 cm; bei drei Stufen = 80 cm, 120 cm, 160 cm.

Je größer die Regale sind, desto mehr müssen auch hier die Probleme schlechter Standorte für die Waren gesehen werden (z. B. Reckzonen oberhalb von 170 cm Höhe, Bückzonen unterhalb von 80 cm Höhe, Randzonen des Regals).

Holzregale sind zwar dekorativer, mit Kunststoff beschichtete Regale aber lassen sich besser reinigen. Sie sind deshalb überall dort angebracht, wo das Risiko von Verunreinigungen besteht (z. B. durch defekte Verpackungen) und wo aufgrund eines hohen Warenumschlags der Dekorationseffekt des Regals nicht im Vordergrund steht.

Verkaufsfördernde Informationen

Ware allein verkauft sich nicht, Informationen geben dem Kunden die Orientierung:

- Wo finde ich was?
- Was ist dies, wie heißt das?
- Wieviel kostet es?
- Was kann ich damit tun, was muß ich beachten?

Schilder helfen aber nur verkaufen, wenn sie mit der Ware in Verbindung stehen (und nicht nur zum Abdecken von Löchern in der Wand verwendet werden). Schön gestaltete Hinweisschilder, z. B. auf einem dekorierten Leiterwagen, informieren und reizen den Kunden auch nach Geschäftsschluß.

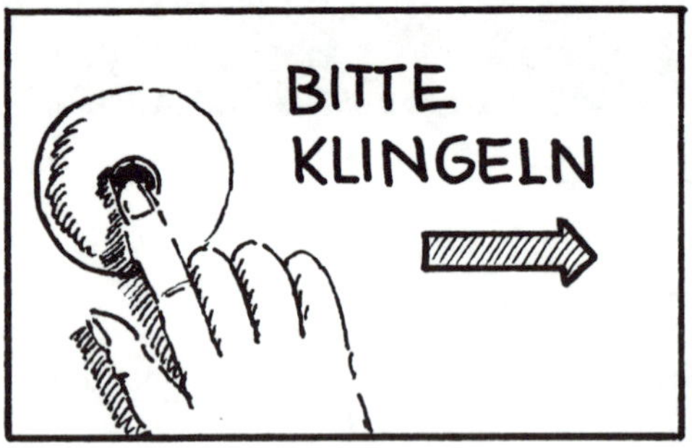

Angebotstafeln aufhängen!

Sortimentsschilder anbringen!

Preisauszeichnungsschilder anbringen!

Rezepte auslegen!

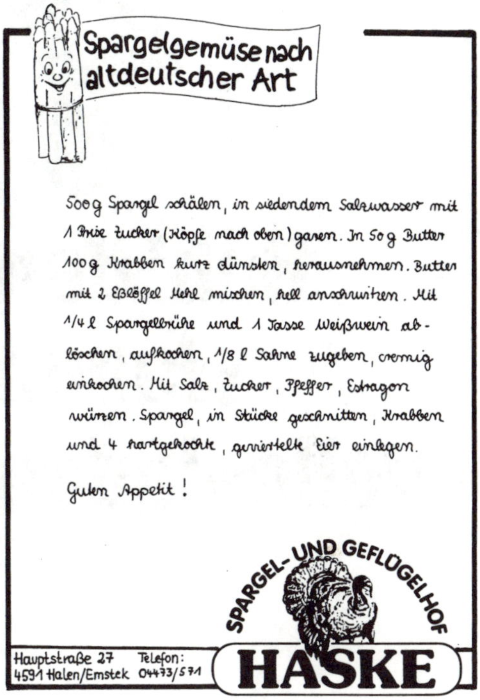

7 Hab' den Wagen vollgeladen

Die „rollende Einkaufsstätte" (= Fahrverkauf) hat eine lange Tradition, vor allen Dingen für den Verkauf von Eiern. Inzwischen sind die Wagen moderner (komfortabler und funktioneller) eingerichtet, die Sortimente breiter und die Zahl der Fahrverkäufer größer geworden.

Nicht nur Landwirte nutzen diese Absatzform, sondern auch Lebensmitteleinzelhändler (z. B. Bäcker, Fischhändler) und auch industrielle Produzenten (in sehr bedeutendem Umfang, z. B. für Tiefkühlkost).

Besonders geeignet ist diese Verkaufsform für folgende Produkte:

- Eier, weil sie in größeren Mengen regelmäßig gekauft werden, und die vom Landwirt durch direkte Anlieferung gegebene Frischegarantie wichtig ist (anscheinend wird sie besser erfüllt als vom Handel)
- Gebäck und Brot, weil man dafür immer Bedarf hat
- Tiefkühlware, weil Haushalte heute Tiefkühltruhen haben und – bei einem breiten Sortiment und guter Qualität – bequem bei dem Lieferanten an der eigenen Haustür eingekauft werden kann.

Auch ein Verkaufswagen – dies sollte von vornherein gesagt werden – fährt nicht ohne den Gesetzeshüter auf dem Rücksitz. Da sind nicht nur die Straßenverkehrsordnungen, die jedermann einhalten muß; man darf nicht einfach überall halten, hupen oder klingeln, benötigt unter bestimmten Umständen einen Reisegewerbeschein, muß Hygienevorschriften einhalten, darf nicht alles verkaufen usw.

Hierüber wird im Kapitel „Recht und Steuern" noch zu sprechen sein.

Aufgrund der verbesserten Ausstattung der Verkaufswagen (Kühlzellen, Regale, Warenpräsentation, Verkaufstheke usw.) haben viele Direktvermarkter landwirtschaftlicher Produkte in den zurückliegenden Jahren ihre Sortimente erweitert. Hundert und deutlich darüberliegende Artikelzahlen sind keine Seltenheit. Vom Ei über Wurstwaren bis zu alkoholischen Getränken und Süßigkeiten findet man mancherorts nicht nur die notwendigen Kernsortimente, sondern auch viele „Impulskauf-Artikel". Zum Teil werden Umsätze von über 300 000,– DM pro Jahr und Fahrzeug eingefahren.

Der Trend zur permanenten Sortimentserweiterung hat aber auch viele Probleme mit sich gebracht:

Einzelne Artikel drehen sich nicht schnell genug, veraltern, schädigen das Gesamtimage des „Marktes".

Damit erhöht sich der Verkaufsdruck mit der Folge, daß viel zu schnell über den Preis verkauft wird.

Die rollende Einkaufsstätte verliert ihr Image. Der Verbraucher findet keinen Grund mehr, warum er (außer aus Bequemlichkeit) dort einkaufen soll und nicht in seinem Lebensmittelgeschäft.

Man wird durch den Wettbewerb angreifbar und zu immer aggressiverem Agieren (auch in der Werbung) aufgefordert.

Erfolge haben Direktvermarkter mit rollenden Einkaufsstätten dann, wenn sie

- sich in einem begrenzten Absatzgebiet einen festen Kundenstamm sichern (durch die gute Qualität, die persönliche Ansprache, Regelmäßigkeit und Pünktlichkeit)
- ihrem Namen als „Spezialisten für landfrische Besonderheiten" gerecht werden (d. h. ihre Profilierung im Verkauf der selbsthergestellten Produkte sehen)
- die Kosten realistisch einschätzen und nicht von übertriebenen Erwartungen ausgehen.

Ohne systematische Planung geht es nicht:

Die Kosten eines neuen Verkaufs-Fahrzeuges liegen, je nach Qualität der Ausstattung, zwischen 60 000,– DM und 100 000,– DM. Die Betriebskosten pro Jahr kann man mit etwa den gleichen Werten kalkulieren.

Wer von fremdem Personal ein Fahrzeug steuern läßt, muß mindestens 1 000,– DM Tagesumsatz einfahren.

Wer nur 100 Kunden pro Tag erreicht, liegt weit unter dem Durchschnitt und wird die notwendigen Umsatzzahlen nicht erreichen (gute Fahrzeuge, mit einem nicht zu breiten Sortiment, können an guten Verkaufstagen immerhin mehr als 300 Haushalte erreichen).

Nur eine sorgfältige Bedarfsanalyse bei den Kunden hilft, die richtigen Sortimente zu finden (da die Menschen in den Städten mehr Einkaufsmöglichkeiten haben als Menschen auf dem Lande, muß man sich in den Städten häufig noch stärker spezialisieren als bei Touren auf dem Lande).

Das Fahrzeug muß räumlich gut ausgenutzt sein, damit viel Ware mitgenommen werden kann.

Nur eine effiziente Tourenplanung (Entfernung und Fahrtour aufeinander abstimmen, Fahrzeit und Haltezeiten beachten, die speziellen Wünsche des Kunden an die Lieferzeit berücksichtigen) hilft, die Kosten so gering wie möglich zu halten.

Die Einkaufsmöglichkeiten der Kunden richtig einschätzen (an Wochenmarkt-Tagen kann eine Verkaufs-Tour vollkommen unrentabel sein, da zu wenig Kunden beim Landwirt kaufen).

Den Wettbewerb richtig einschätzen (besser sein, freundlicher sein, schneller/viel früher sein).

Die Verkehrsdichte in den Städten und gesetzliche Beschränkungen machen das Verkaufen vom Fahrzeug aus künftig nicht leichter. Es wird immer schwieriger, Parkplätze zu finden. Schränkt man die Zahl der Haltestellen ein und hält nicht mehr unmittelbar vor den Türen der Kunden, gehen schon einige Kunden verloren. Nur absolute Pünktlichkeit und der Aufbau eines guten Verhältnisses zu den Kunden kann dies verhindern.

Gerade im Fahrverkauf werden sehr häufig Kalkulationsfehler gemacht. Die Umsätze pro Haltestelle sind vielfach so niedrig, daß der Aufwand für die Belieferung vieler Kunden nicht gerechtfertigt ist. Nur regelmäßige Touren-Kontrollen sichern die Wirtschaftlichkeit des Fahrverkaufes und helfen, Schwachstellen rechtzeitig zu erkennen.

Die folgende Übersicht zeigt einen einfachen Kontrollzettel zur Tourenanalyse.

So können Sie den Raum optimal ausnutzen

Selbstbedienungswagen

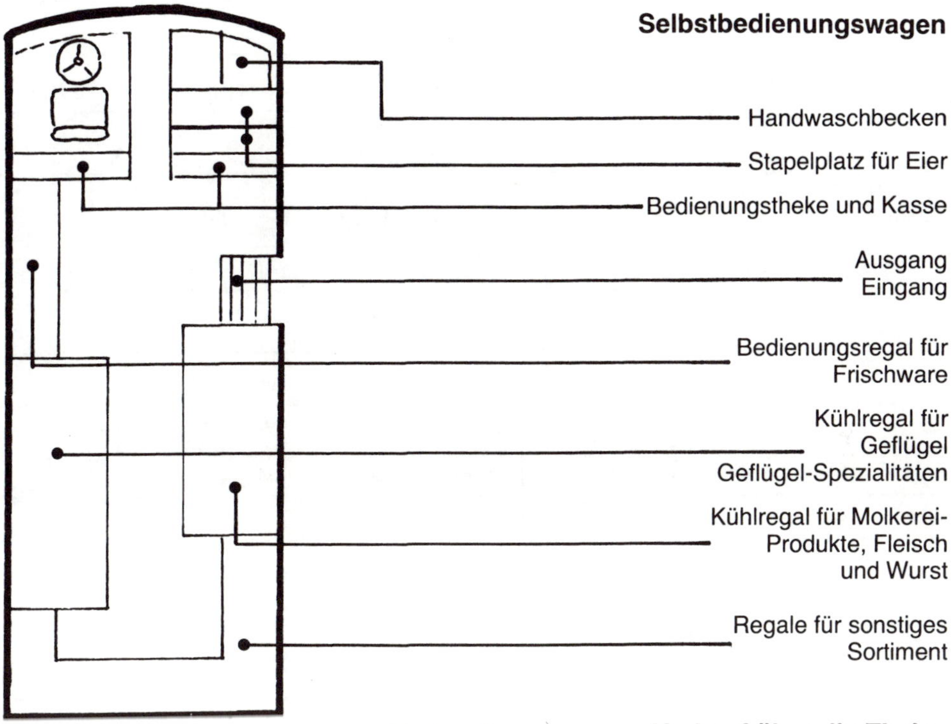

Verkaufswagen zum Verkauf über die Theke

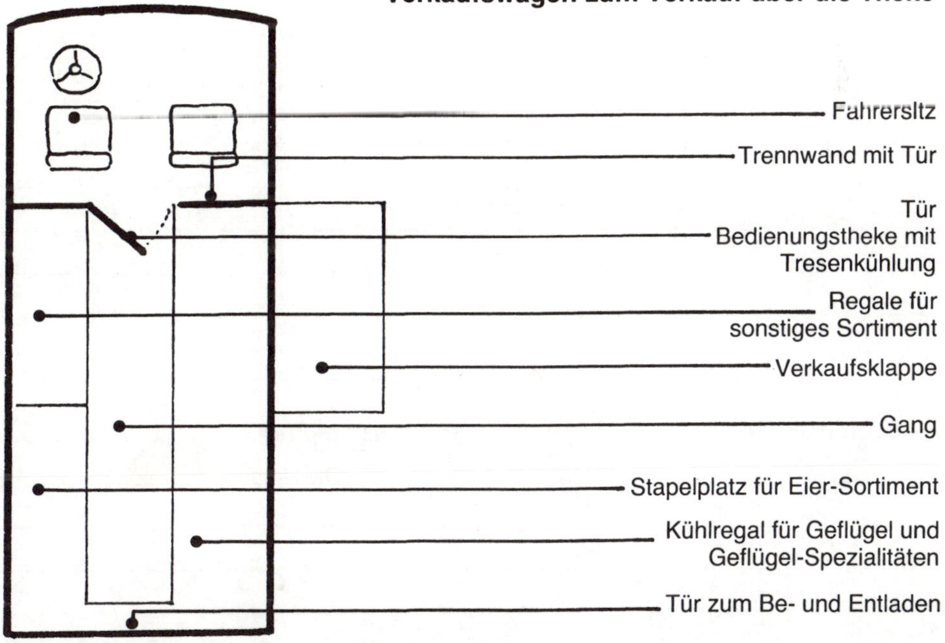

In zweierlei Hinsicht sind Selbstbedienungswagen vorteilhaft: Sie eignen sich besser zur Warenpräsentation und bieten Unterstellplätze für Kunden bei schlechter Witterung.

Touren-Kontrolle im Fahrverkauf

Fahrer: ______________________ Datum: ______________________

Tour: ______________________ Wochentag: ______________________

Fahrtbeginn

Uhrzeit: ______________________

Kilometerstand: ______________________

Fahrtende

Uhrzeit: ______________________

Kilometerstand: ______________________

Kunde	Liefer-rhythmus pro Woche	Dauer des Verkaufs-vorgangs (Min.)	Anzahl gekaufte Ware	Umsatz in DM

Am Ende der Tour ausfüllen:

Km-Umsatz pro Tag ______________________

Zeit pro 100 DM Umsatz ______________________

Checkliste

Für den Verkauf ab Fahrzeug

Prüfen Sie die örtliche Situation:

– Ist ein Wochenmarkt in der Nähe?

– Welche Einkaufsstätten gibt es?

– Sind andere Direktvermarkter in Ihrem Einzugsgebiet vertreten?

– Haben diese ein vergleichbares Angebot oder können Sie sich durch Ihr Sortiment abheben?

Benötigen Sie einen Reisegewerbeschein?

Planen Sie Ihre Touren sorgfältig:

– Möglichst kurze Wege (Einbahnstraßen!).

– Unmittelbar benachbarte Kunden nacheinander besuchen.

– Überlegen Sie, wo Sie halten können. Was ist günstig (z. B. Parkplatz in Wohnsiedlung)? Was ist erlaubt?

– Die gesamte Tour sollte kreisähnlich sein; vermeiden Sie, den gleichen Weg hin und zurück zu fahren.

Denken Sie an eine Außengestaltung Ihres Fahrzeuges. Die Kunden sollen wissen, bei wem sie kaufen.

– Deutlicher Name

– Firmenzeichen

Tourenkontrolle – um die Übersicht zu behalten:

Schreiben Sie auf, wann Sie wo wen beliefert haben.

Überlegen Sie genau, welche Waren Sie als Erzeuger glaubwürdig im Fahrverkauf anbieten können.

Vergessen Sie die Werbung nicht:

– Vierteljährlich Handzettel verteilen.

– Laden Sie Kunden auf Ihren Hof ein.

Produkte, die glaubwürdig als „direkt vom Land" ab Fahrzeug verkauft werden können:

- Eier
- Geflügel
- Kartoffeln, lose
- Wurst: Hausmacher
- selbst hergestellte Marmelade
- Obst
- Gemüse
- Brot: Vollkornbrot
- Honig, Schmalz, Griebenschmalz

8 Der gute alte Wochenmarkt

Es geht nichts über einen gut funktionierenden Wochenmarkt. Bei relativ niedrigen Gebühren, überschaubarem Aufwand für Stand und Warenpräsentation lassen sich in Städten etwa ab 100 000 Einwohnern schon Mengen absetzen, von denen der Direktvermarkter ab Hof nur träumen kann.

Nur, bevorzugte Wochenmärkte in Großstädten sind eine Rarität. Man muß schon lange am Ball bleiben (an den Behörden bzw. an ausscheidenden Beschickern), um einen Standplatz zu ergattern.

Andererseits sind auch viele Beispiele von Kleinstädten bekannt, in denen Wochemärkte gut funktionieren (auch schon bei Einwohnerzahlen zwischen 20 000 und 50 000). Dies aber ist nicht die Regel, sondern eher die Ausnahme.

Man ist natürlich von Wind und Wetter abhängig. Und davon, daß genügend viele Leute kommen.

Wer hinsichtlich der Umsatzerwartungen keine Vorstellungen hat, sollte sich einmal selbst auf einen Wochenmarkt stellen und die Zahl der Kunden an bestimmten Ständen zählen. Multipliziert mit Beträgen zwischen 5,– DM und 15,– DM je Einkauf lassen sich auch Größenordnungen für Absatzpotential-Schätzungen gewinnen.

Wer auf Wochenmärkten verkauft, muß auch folgendes wissen: Hier herrscht mehr Ordnung, als man auf den ersten Blick sieht; zumindest, was die Einhaltung von Rechtsvorschriften anbelangt.

Für die meisten Produkte, die hier verkauft werden (insbesondere Obst, Gemüse) müssen z. B. Handelsklassenverordnungen eingehalten werden. Die Preisauszeichungspflicht ist strikt einzuhalten. Die Städte haben Marktordnungen erstellt, nach denen man sich richten muß.

Also: Vorher informieren!

Was kann man tun, um sich auch auf dem Wochenmarkt zu profilieren, von den Wettbewerbern abzuheben, Stammkunden zu gewinnen?

Präsentieren Sie sich als ein leistungsfähiger Betrieb, mit einem guten Firmenzeichen, einem sauberen und farblich interessanten Stand.

Bieten Sie ein interessantes Sortiment an.

Bieten Sie dem Kunden Abwechslung, öfter auch mal Spezialitäten (auch wenn diese nicht immer im Angebot sind).

Achten Sie auf Top-Qualität.

Geben Sie dem Kunden Informationen, wo immer und soviel Sie können (z. B. zu Ihrem Betrieb, zur Ware, Rezepte usw.)

Suchen Sie sich einen originellen Verkäufer. Vielleicht sind Sie aber auch selbst ein Original?!

Seien Sie zum Kunden immer und zu allen Gelegenheiten freundlich, zuvorkommend, hilfsbereit.

Kunden, die auf dem Wochenmarkt einkaufen, suchen

- frische Ware
- bessere Qualität als im Handel
- vom Erzeuger selbst hergestellte Ware
- Kontakt zum Erzeuger
- Vertrauen in die Ware (Garantie der Herkunft, der erwarteten Produktionsmethoden usw.)
- Anregungen
- Atmosphäre
- auch schon einmal ein günstiges Angebot.

Schon vor Jahren totgesagt, hat der Wochenmarkt alle Stürme, die ihm durch den Wettbewerb der Supermärkte entstanden, überstanden. Nach wie vor gehen viele Menschen gerne dort einkaufen und angesichts des anhaltenden Trends zu Erlebnissen beim Einkauf, Natürlichkeit von Nahrungsmitteln, sinnvoller Freizeitnutzung haben die Wochenmärkte auch künftig die besten Chancen zum Überleben.

Entscheidend für den Erfolg ist aber nicht allein die Aktivität des einzelnen Anbieters dort, sondern die Attraktivität des Wochenmarktes in der Gesamtheit aller Anbieter. Deshalb sollten sich die Wochenmarktbeschicker auch häufiger einmal zusammensetzen, um zu überlegen, wie sie mehr Kunden anziehen können, wie sie gemeinsam Aktionen durchführen können, den Verbrauchern etwas Besonderes bieten, Wettbewerbe veranstalten können usw.

Auch stellt sich vielerorts die Frage, ob nicht die Gemeinschaft der Anbieter auf einem Wochenmarkt dafür sorgen muß, daß zusätzliche Stände mit attraktiven Leistungen für den Verbraucher hinzugenommen werden (z. B. eine Cafeteria, kleine Imbißstände u. a.).

9

Eine interessante Zielgruppe: Großverbraucher

Als „Großverbraucher" werden üblicherweise folgende Betriebsformen bezeichnet:

- **Anstalten** (z. B. Krankenhäuser, Altenheime)
- **Kantinen** (z. B. in Industrieunternehmen oder bei Organisationen, Institutionen des öffentlichen Lebens)
- **Gastronomiebetriebe**

Solche Großverbraucher gibt es überall, natürlich mehr in den Großstädten als auf dem Lande (ob allerdings die Fahrzeit in einem kleinen Radius in der Stadt geringer ist als in einem großen Radius auf dem Lande, ist zumindest kritisch in Frage zu stellen).

Wer an Großverbraucher verkaufen will, muß zunächst wissen, wer denn überhaupt im jeweiligen Unternehmen sein Gesprächspartner ist. Dies sind

- bei den Anstalten entweder die Küchenleiter/Chefköche, zum Teil aber auch die Anstaltsleiter oder die Leiter der Verwaltungsabteilungen
- bei den Kantinen häufig die Kantinenleiter/Chefköche, zum Teil aber auch die Verwaltungsleiter des Gesamtbetriebes; in anderen Fällen gibt es spezielle Einkaufsleiter (allein oder auch zusätzlich für die Kantine)
- in der Gastronomie in der Regel die Inhaber oder Pächter, in größeren Betrieben auch die Chefköche.

Großverbraucher sind deshalb eine besonders wichtige Zielgruppe, weil

- viele Menschen aus beruflichen Gründen außer Haus essen müssen
- andere Menschen wiederum freiwillig ihr Geld in der Gastronomie lassen
- in guten Betrieben zum Teil relativ große Mengen abgesetzt werden können.

Die Absatzmengen pro Betrieb sind selbstverständlich sehr unterschiedlich. Während viele Gastronomiebetriebe täglich nicht mehr als z. B. 30 Essen ausgeben, liegt diese Zahl bei großen Kantinen schnell bei 1 000, häufig sogar bei weit über 10 000 Essen pro Tag. Entsprechend differenziert ist die Mengennachfrage und selbstverständlich – aufgrund der unterschiedlichen Geschäftspolitik – auch die Nachfrage nach Qualitäten, Spezialitäten usw.

Wer an Großverbraucher verkaufen will, muß folgendes wissen:

Weil die Materialkosten im Einkauf eine große Bedeutung für den Erlös haben, kaufen diese Betriebe (Ausnahmen gibt es auch hier) in der Regel – auch wenn sie großen Wert auf Qualität legen – sehr preisgünstig ein.

Weil die Zubereitung der Waren und alles, was mit der Versorgung der Menschen zusammenhängt (von der Bedienung bis zum Abwaschen), Zeit und Arbeit kostet, sind die meisten Betriebe sehr dankbar für qualifizierte Warenaufbereitung und viele damit verbundene Serviceleistungen (Sortieren, Reinigen, Putzen, Portionieren).

Für die Beköstigung ihrer Gäste benötigen Großverbraucher eine Vielzahl von Produkten:
Eier, Milch, Käse, Konfitüren/Marmeladen, Butter, Obst, Brot, Fleisch (140 bis 190 g je Mahlzeit), Gemüse (130 bis 160 g je Mahlzeit), Beilagen (130 bis 170 g je Mahlzeit), Pilze, Wildspezialitäten, Kartoffeln, Nudeln, Knödel, Kuchen.

Die Betriebe beziehen diese Waren sehr häufig von industriellen Produzenten, aber auch vom Großhandel und über Fachbetriebe (z. B. Metzgereien, Bäckereien, Obst- und Gemüsefachgeschäfte), von Großmärkten.

Man muß sich fragen, inwieweit man mit diesen Anbietern konkurrieren kann. Daß aber heute beispielsweise über 40 % der benötigten Kartoffeln direkt vom Landwirt bezogen werden, zeigt, daß auch der Direktvermarkter Möglichkeiten zur Belieferung hat. Auch spielen Landwirte eine durchaus bedeutende Rolle als Gemüselieferanten von Großverbrauchern.

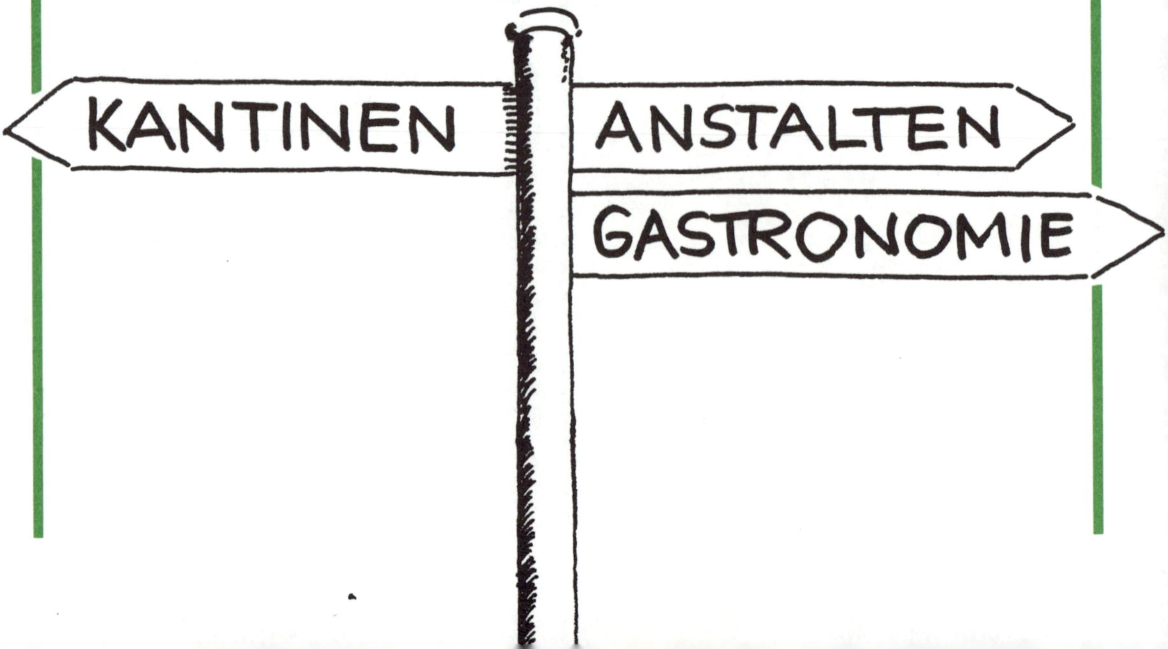

Wie Sie als Direktvermarkter Großkunden, sprich LEH, Kantinen, Gastronomiebetriebe gewinnen können

Legen Sie Ihr Einzugsgebiet fest. Überlegen Sie, ob Sie bereit sind, 50 km oder sogar 100 km von Ihrem Standort aus zu fahren, um solche Großkunden zu beliefern.

Listen Sie alle Ortschaften auf, die in den festgelegten Bereich fallen.

Besorgen Sie sich mit Hilfe von Telefonbüchern die Adressen möglicher Kunden.

Gehen Sie systematisch vor! Listen Sie zunächst alle in Frage kommenden Betriebe in nächster Nähe auf. Erweitern Sie dann systematisch den Radius.

Sprechen Sie die aufgelisteten Betriebe an.

Halten Sie die festgelegte Reihenfolge ein!

Selbst zwei gute Großkunden werden für Sie unrentabel, wenn Sie alleine für sie 100 km fahren müssen bzw. beide in entgegengesetzter Richtung liegen!

Das Ansprechen der Kunden sollte persönlich erfolgen:
- Telefonieren Sie mit jedem potentiellen Kunden und erbitten Sie einen Gesprächstermin von dem zuständigen Einkäufer.

Denken Sie daran, daß der Gesamteindruck, den der Kunde gewinnt, überzeugt. Sie überzeugen durch:
- Ihre Person (Auftreten, äußerer Eindruck),
- Ihren Betrieb (Leistungsfähigkeit),
- Ihre Produkte (Qualität, Frische).

10 An den Handel verkaufen: Menge statt Preis!

Seine Produkte an den Lebensmitteleinzelhandel zu verkaufen, hat nur Sinn, wenn man die produktionstechnischen Voraussetzungen und das Ziel hat, permanent größere Mengen abzusetzen, auch wenn die Preise dafür in den Keller rutschen. Denn eins ist sicher: Der Handel (gleichgültig, zu welcher Gruppe er gehört) kauft die Ware niemals so teuer ein wie der Verbraucher. Logisch! Er hat ja auch Funktionen und Leistungen zu erbringen, die Aufwand bedeuten und Geld kosten.

Wegen des Wettbewerbs der Gruppen untereinander, der Macht der Zentralen und der großen Mengen, die von diesen eingekauft werden, kaufen diese Unternehmungen sehr preisaggressiv ein.

Darüber hinaus können diese Zentralen nur von Produzenten beliefert werden, die

- große Mengen einheitlicher Ware bereitstellen können,
- Lieferbereitschaft zu jeder Zeit garantieren,
- Servicefunktionen in der Warenaufbereitung, -verpackung, -kennzeichnung und -auszeichnung übernehmen,
- den Handel bei der Werbung unterstützen.

Darüber hinaus stellt der Handel besondere Ansprüche an die Belieferung der einzelnen Geschäfte. Unter Umständen verlangt er die Bereitstellung von Warenpräsentationsmöbeln, und zur Geschäftsabwicklung werden spezielle Anforderungen an die Produktausstattung und die Abrechnungsmodalitäten gestellt (z. B. Strich-Codes für Scanner-Systeme).

Auf der anderen Seite entstehen neue Geschäfte. Auch große Handelsunternehmen versuchen, sich durch neue Verkaufssysteme im Wettbewerb zu profilieren („trading-up"), und zwar häufig mit herausgehobener Qualität und mit Spezialangeboten. Diese Entwicklung kann durchaus für den einen oder anderen

Landwirt eine günstige Möglichkeit zum Verkauf seiner Ware schaffen.

Auch der Handel muß und will Saisonware verkaufen. Dies erfolgt häufig in Sonderverkäufen, z. B. vor, aber auch in den Geschäften. Hier eröffnen sich auch dem Landwirt für jedes seiner Saisonprodukte Verkaufsmöglichkeiten, die durchaus interessant sein können.

Die Sortimente im Lebensmittelhandel (gleichgültig, um welchen Betriebstyp es sich handelt) sind häufig sehr viel umfangreicher als die Produktpalette, die ein einzelner Landwirt anbieten kann (Ausnahmen: Eier und Kartoffeln, Fleischverkauf an Metzger und ähnliches). Auch hierdurch wird das Verkaufen nicht gerade erleichtert; denn andere Anbieter (z. B. der Großhandel) können die Sortiments-Bildung/Kommissionierung natürlich wesentlich besser übernehmen.

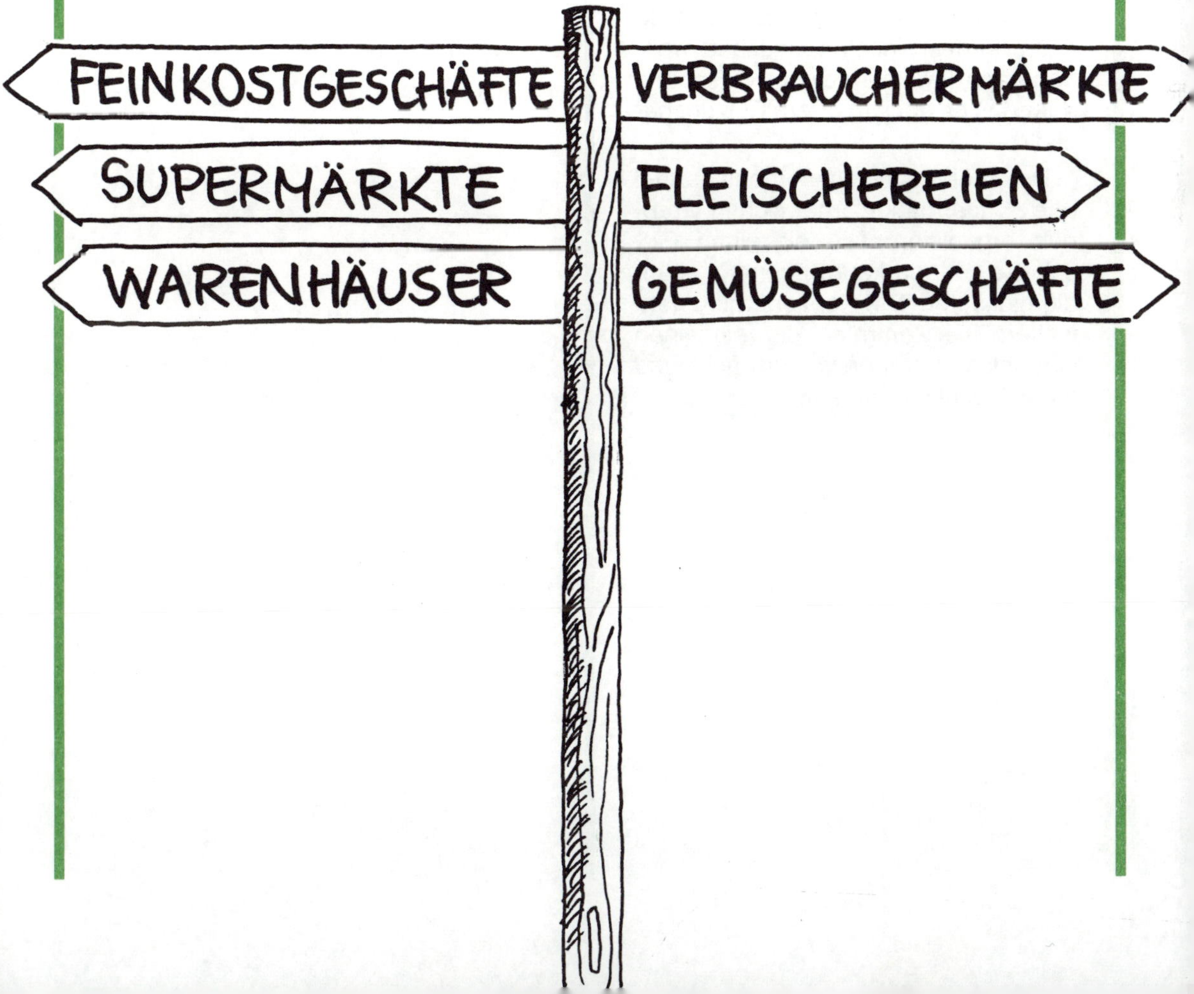

Auf den Einzelhandel kann sich nur einstellen, wer folgende Zusammenhänge erkennt und bei seiner Planung berücksichtigt:

Der Handel befindet sich nach wie vor in einem Schrumpfungs- und Konzentrationsprozeß: Immer weniger Geschäfte kämpfen immer aggressiver um die Gunst des Verbrauchers.

Fachgeschäfte (Bäckereien, Fleischereien, Obst- und Gemüsegeschäfte usw.), die sich mit Erfolg gegen die große Übermacht der Zentralen des Sortimentshandels behaupten können, müssen im Einkauf besonders hohe Ansprüche an die Warenqualität stellen; denn sie können nur auf der Qualitätsschiene überleben.

Diese Gruppe bringt für den Direktvermarkter den Vorteil, daß man sich noch an das einzelne Geschäft wenden kann (Wieviel solcher Geschäfte aber gibt es noch in Ihrem Einzugsgebiet?).

Der Lebensmittelsortimentshandel (die „Supermärkte") hat sich in Gruppen organisiert. Die einzelnen Geschäfte können kaum noch selbständig einkaufen. Die Konzentration geht weiter: Die Zentralen der einzelnen Handelsgruppen gewinnen mehr und mehr Macht im Einkauf.

11

Preise rauf, Preise runter!

Preispolitik betreiben heißt, folgende Fragen zu beantworten:

- Wie finde ich den „richtigen" Preis für meine Ware?
- Wo muß ich Preiszugeständnisse machen?
- Wie setze ich „Angebote" verkaufswirksam ein?
- Wie setze ich „Rabatte und Konditionen" verkaufswirksam ein?

Es ist eine Binsenweisheit, aber eine wichtige: Wie zu hohe Preise ein Geschäft zunichte machen können, haben zu niedrige schon manchem Landwirt den Betrieb ruiniert. Wie findet man den richtigen Preis für seine Produkte? Mancher rechnet die Kosten der Produktion und der Vermarktung zusammen und kennt so wenigstens den Mindestpreis für seine Ware. Ein anderer läßt sich den Preis vom Markt, von seinen Kunden oder auch von seinen Mitbewerbern diktieren. Wieder ein anderer paßt sich geschickt jeder Situation an und holt heraus, was er bekommen kann.

Eine einheitliche Regel für richtiges Verhalten in jeder Situation gibt es nicht.

Die Preispolitik des Direktvermarkters vollzieht sich natürlich nicht im wettbewerbsfreien Raum. Der Wunsch des Verbrauchers, auf dem Lande einzukaufen, mag noch so groß sein, er wird aber immer auch die vom Landwirt geforderten Preise mit denen vergleichen, die er üblicherweise für ähnliche Qualitätsware auch anderswo bezahlen muß.

Deswegen muß sich der Direktvermarkter schon einmal die Mühe machen, in die Geschäfte zu gehen (sowohl in den Lebensmittel-Sortimentshandel als auch in die Fachgeschäfte, um ein Gefühl für die Preisspannen zu gewinnen). Er sollte vor allen Dingen auf Wochenmärkten und in Fachgeschäften seine Orientierung suchen.

Darüber hinaus hat er ja tagtäglich Gelegenheit, die Akzeptanz seiner Preise durch Gespräche mit den Verbrauchern herauszubekommen.

Einige Grundsätze, die beim Agieren mit dem Preis beachtet werden sollten:

Der wichtigste Grundsatz: Kalkuliere zuerst Deine Kosten!

Nur für besondere Leistungen kann man höhere Preise als der Wettbewerber verlangen (Wettbewerb heißt hier in erster Linie Lebensmitteleinzelhandel, speziell Fachhandel). Zu den besonderen Leistungen zählt z. B.

- das Zustellen der Ware (Fahrverkauf)
- eine sichtbar bessere Qualität (z. B. Frische bei Eiern, höhere Fruchtanteile in der Marmelade, höhere Fleischanteile in der Wurst, Spezialitäten).

Je größer die Menge ist, die der Verbraucher beim Landwirt kauft (z. B. ein halbes Schwein, zentnerweise Kartoffeln, kiloweise Erdbeeren usw.), desto eher erwartet der Verbraucher natürlich, daß er auch beim Landwirt einen niedrigeren Preis bezahlt, als er üblicherweise für kleinere Mengen zahlen müßte.

Immer dann, wenn der Verbraucher Mühe aufwendet, um die Ware beim Landwirt einzukaufen (z. B. Abholen, Ab-Hof-Verkauf, Selbstpflücken usw.), wird er auch den Nutzen eines Preisnachlasses (gegenüber anderen Einkaufsstätten wie z. B. Wochenmarkt oder Fachhandel) bei seiner Entscheidung berücksichtigen.

Der Landwirt sollte seine Preispolitik aber niemals auf die aggressive Sonderangebots-Politik des Lebensmittelsortimentshandels ausrichten.

Preisstabilität etwas unter dem Niveau des Fachhandels (ca. 20 %) gilt als goldene Meßlatte, sofern nicht die zuvor genannten Aspekte andere Überlegungen wichtiger erscheinen lassen.

Andererseits kann man sich natürlich auch als Direktvermarkter einen „preispolitischen Spielraum“ schaffen, d. h. durch die Besonderheit seiner Angebote den Verbraucher beeinflussen, den Preis beim Einkaufen auf dem Bauernhof nicht in den Mittelpunkt zu stellen.

Gerade der Direktvermarkter hat viele Möglichkeiten, die Unvergleichbarkeit seines Angebotes zu nutzen, um seine Preise auf einem relativ hohen Niveau und (das ist ebenso entscheidend) über einen längeren Zeitraum konstant zu halten. Er muß nicht gleich mitziehen, wenn andere mit den Preisen heruntergehen. Wer seine Tiere mit hofeigenem Getreide mästet, abgehangenes, gereiftes Färsenfleisch anbietet, Frische und Geschmack bei Obst und Gemüse garantiert, originelle Marmelade, Spezialitäten an Wurst- und Fleischwaren anbietet, darf diese nicht zu Schleuderpreisen verkaufen.

Dies gilt noch weniger für den, der Besonderheiten produziert und verkauft (wie z. B. Ziegenmilch, Wurst von Damwild, Ochsenfleisch, alte, seltene Apfelsorten usw.).

Ob man als Direktvermarkter mit seinem Preis richtig liegt, kann man nur mit Hilfe folgender Fragen abschätzen:

Wieviel Nutzen (z. B. tischfertige Herrichtung des Fleisches) hat mein Produkt für den Verbraucher? Ist der Nutzen größer oder kleiner als der, den andere Anbieter versprechen?

Biete ich diesen Nutzen in einer Qualität (z. B. Zuschnitte, Reifung des Fleisches, Geschmack, Wasserhaltung, Zartheit) an, die besser als die anderer Anbieter ist?

Wie groß ist der Anreiz für den Konsumenten, gerade mein Produkt zu kaufen? Wodurch wird mein Produkt in den Augen des Verbrauchers attraktiver als das Produkt anderer Anbieter?

Man kann sich selbstverständlich auch durch exakte Kalkulation der Kosten an den richtigen Angebotspreis herantasten (siehe hierzu das Schema „Preiskalkulation auf Kostenbasis“).

Preiskalkulation auf Kostenbasis

Angebotspreis

↑

Gewinnaufschlag (z. B. 30 %)

+

kalkulatorische Kosten, wie Abschreibungen (Gebäude, Geräte, Kfz), Zinsansatz für Eigenkapital, Lohnansatz für Familien-Ak, entgangener Nutzen durch Produktionsumstellung

+

variable Kosten, die nur bei Verkaufsaktivitäten anfallen, wie Fremdlöhne, Betriebskosten, Gebühren, Werbung

+

fixe Kosten für Erstellung von Vermarktungseinrichtungen (z. B. Geräte, Räume), wie Kapitalkosten, feste Löhne, Standgebühren, Kfz-Steuern und -Versicherungen

+

kalkulatorische Kosten, wie Abschreibungen, Zinsansatz für Eigenkapital, Lohnansatz für Familien-Ak

+

variable Kosten, die nur bei Produktion anfallen, z. B. Saatgut, Pflanzenschutz, Dünger, Lohnunternehmer, Betriebsmittel, Tiermaterial, Futter

+

fixe Kosten, die ohne Produktion anfallen, wie Kapitalkosten, feste Löhne, Abgaben, Steuern, Versicherungen

↑

Produktionskosten | **Vermarktungskosten**

Wer bei seiner Planung auch alle kalkulatorischen Kosten mit einsetzt (also auch schon die Kosten für die eigene Arbeitszeit und die Arbeitszeit der mithelfenden Familienangehörigen), wird mit einem Gewinnaufschlag bis zu einer Höhe von 30 % auskommen (je nachdem, wie hoch er seine Arbeitsstunden berechnet).

Man kann zum Vergleich auch eine andere Berechnung durchführen, die wesentlich einfacher ist und zusammen mit dieser Kalkulationsbasis ein gutes Gefühl für den richtigen Preis vermittelt: Setzen Sie den Preis ein, den Sie für Ihre Ware auf üblichen Absatzwegen erhalten und schlagen Sie – je nach Grad der Verarbeitung – zwischen 60 % und 100 % Kosten auf.

Zieht man darüber hinaus den Marktpreis in Fachgeschäften oder auf Wochenmärkten für vergleichbare Produkte heran, so hat man 3 Größenordnungen zur Verfügung, die eine Preisfestsetzung aus dem rein spekulativen Bereich herausnehmen.

Der wichtigste Aspekt bleibt aber dabei in jedem Falle die Festlegung des eigenen Anspruchs, d. h. insbesondere die Festlegung dessen, wie man seine Arbeitszeit in der Direktvermarktung verwerten will. Wer beispielsweise alle Kosten gedeckt hat und pro eingesetzter Stunde 15,– bis 20,– DM verdient, kann unter Umständen auf die Erhebung eines Gewinnaufschlages verzichten.

Angebote zur Kundenpflege

„Sonderangebote“ werden von Erzeugern leider allzuhäufig als „letzte Räumungsmaßnahme” für überständige Ware eingesetzt. Damit wird der marktstrategische Nutzen, den Sonderangebote eigentlich erfüllen sollen, häufig zunichte gemacht.

Sonderangebote sind eine Sonderform der Verkaufsförderung. Über die zeitlich begrenzte Preisreduzierung eines Artikels will man Leistungsfähigkeit auch im Preis demonstrieren und gleichzeitig über das Interesse für das Sonderangebot den Kunden auf bekannte Artikel aufmerksam machen. Natürlich erhofft man sich von der Sonderpreisgestaltung auch eine Erhöhung des Mengenumschlags bei dem beworbenen Artikel.

Sonderangebote sind nach rechtlicher Regelung Maßnahmen, die sich auf einzelne, nach Güte und Preis gekennzeichnete Waren beziehen, zeitlich nicht begrenzt sein dürfen und sich in den Rahmen des regelmäßigen Geschäftsbetriebes des Gesamtunternehmens einfügen müssen. Sonderangebote dürfen sich also nicht auf ganze Warengruppen bzw. auf das ganze Sortiment beziehen, sondern jeweils nur auf einzelne Artikel. Zulässig ist es, wenn nur ein begrenzter Warenvorrat des beworbenen Angebotes angezeigt wird.

Im Lebensmitteleinzelhandel sind Sonderangebote Kampfmittel, für den Direktvermarkter sollten sie es jedoch nicht sein. Sie sollten deshalb auch nicht so genannt werden, um keine Parallelen herzustellen und den Verbraucher nicht zum Vergleich herauszufordern. Es gibt auch andere Möglichkeiten, ein „besonderes“ Angebot herauszustellen:

- „Unser besonderes Angebot für Sie“
- „Diese Wochen haben wir speziell für Sie ...“
- „Ab ... kg bzw. ... Stück geben wir

Ihnen selbstverständlich einen Rabatt von X %"

Ein nach Mengenabsatz sinnvoll abgestuftes Preissystem ist wesentlich wichtiger als viele Lockvögel im Sortiment. Hierauf sollten Sie in erster Linie Ihre Planung konzentrieren.

Dennoch werden es Ihnen gerade Ihre Stammkunden positiv anrechnen, wenn sie hin und wieder auch mal bei Ihnen ein „Schnäppchen" machen können. Dazu gehören etwa der Schinken zur Erdbeerzeit, Obst in der Saison, Spezialitäten vom Schlachtfest.

Schließlich sollten Sie auch eines nicht vergessen. Die meisten Kunden werden es Ihnen weitaus mehr danken, wenn Sie hin und wieder Proben von Besonderheiten und neuen Produkten verteilen, und zwar kostenlos. Damit machen Sie sich und Ihr Angebot interessant. Das veranlaßt den Kunden in der Regel eher, wieder zu Ihnen zu kommen, als ein Sonderangebot, welches mit der Preisaggressivität im Lebensmitteleinzelhandel nicht mithalten kann (und dies auch im Grunde genommen nicht soll).

12 Vielfalt oder Speziali-sierung?

Erfolgsbeispiele lassen sich für beide Strategien anführen:

Spezialisierungsstrategie

- mit Erdbeeren, Spargel, bestimmten Wurstspezialitäten, Obst, Kartoffeln, Gemüse
- auf bestimmten Absatzwegen (z. B. Wochenmarkt, Schellen-Verkauf, rollende Einkaufsstätte).

Sortimentsvielfalt-Strategie

- auf dem Verkaufs-Wagen
- in einem festen Verkaufsstand auf dem Hof
- auf dem Wochenmarkt.

Der Spezialist wird immer versuchen müssen, sich mit wenigen Kulturen/Produkten einen guten Namen zu machen und diese Kulturen dann (auch trotz des damit verbundenen Risikos) in großen Mengen zu vermarkten.

Der „Sortimenter" dagegen nimmt die größere Arbeitsbelastung auf sich, die sich zwangsläufig aus der Produktion verschiedener Produkte ergibt.

Alle Überlegungen in der Sortimentspolitik haben das Ziel, unter Berücksichtigung betrieblicher und marktwirtschaftlicher Gesichtspunkte ein optimales Produktions- und Absatzprogramm zusammenzustellen.

Häufig ist eine Spezialisierungsstrategie damit verbunden, daß man sich seine Kunden in einem weiten Einzugsgebiet suchen muß. Allerdings hat man auch den Vorteil, daß man sich die „guten" Kunden herauspicken kann und dies hat natürlich wichtige Konsequenzen für die Suche nach Verbrauchern, die Werbung und Ansprache der Verbraucher.

Wer ein richtiger Spezialist sein will, muß vieles besser können als sein Wettbewerber, z. B.

- als Eierverkäufer das Rohprodukt in vielfältiger Weise veredeln,
- als Wild-Verkäufer dem Verbraucher

bzw. dem Abnehmer bei der Zubereitung der Ware helfen können,

- als Wurstverkäufer geschmackliche Superqualitäten anbieten,
- seine Ware nach originellen Rezepten aufbereiten usw.

Die Möglichkeiten der Profilierung liegen

- in der Qualität der Ware,
- in der Originalität der Ware,
- in der qualifizierten Information,
- in der Leistungsfähigkeit bezüglich der Warenauf- und -zubereitung.

Für ein breites Sortiment wird sich immer der entscheiden, der das Ziel verfolgt, einem begrenzteren Kundenstamm möglichst viel Ware zu verkaufen, d. h. von der gesamten Kaufkraft des einzelnen Kunden einen möglichst hohen Anteil für sein Angebot zu gewinnen.

Beispiele:

Wer mit Kartoffeln begonnen hat, hat häufig schon 500 bis 1 000 Stammkunden, denen er zusätzlich Fleisch, Eier, Gemüse und andere Produkte verkaufen kann.

Wer ein Geschäft auf dem Hof hat, wird seine Kunden nur dann regelmäßig zum Einkaufen bewegen können, wenn er neben Eiern regelmäßig Saisongemüse verkaufen kann, Fleisch und Wurst anbietet usw.

Wer in einem festen Verkaufsraum Gemüse und Obst im Dauerverkauf anbieten will, muß natürlich ein sehr breites Spezialprodukt-Sortiment führen.

Ein breites Sortiment kann man selbstverständlich häufig nicht mehr komplett auf dem eigenen Betrieb erzeugen. Man muß also zukaufen!

Für die Glaubwürdigkeit und langfristige Eigenprofilierung ist es dabei immer besser, die Ware entweder im Lohn bei anderen Landwirten produzieren zu lassen oder aber bei solchen Landwirten einzukaufen, die den gleichen Qualitätsstandard und die gleiche Einstellung zur Qualität haben wie man selbst.

Wer allzu viele Produkte von Großhändlern zukauft, muß über kurz oder lang damit rechnen, daß er von seinen Kunden mit dem Einzelhandel verglichen wird (Welchen Grund sollte der Kunde dann haben, noch zum Landwirt zu kommen?).

Sortimentsergänzung durch Zukauf

Viele Erzeuger haben in den letzten Jahren verstärkt Produkte zugekauft. Die Vorteile sind:

Verbreiterung des Sortiments bei gleichzeitiger Beibehaltung der Spezialisierung in der Produktion

Gewinnung neuer Kunden über neue Sortimente

Umsatzsteigerung ohne Vergrößerung der Produktionskapazitäten

Überbrückung von Angebotsengpässen in der eigenen Produktion.

Zukaufen kann neben möglichen steuerlichen Problemen aber auch Nachteile haben:

Die eigene Produktion wird vernachlässigt.

Der Betrieb macht sich für seine Kunden austauschbar.

Damit erhöht sich die Gefahr, daß der Kunde die verschiedenen Anbieter preislich ausspielt.

Das eigenständige Image des Erzeugers verliert seine Ausstrahlung.

Wer als Direktvermarkter sein Sortiment ergänzen will, sollte zunächst einmal Ausschau halten, ob es nicht andere Landwirte gibt, die das gleiche Bedürfnis, aber ein anderes Produktions- bzw. Absatzprogramm haben. Mit diesen läßt sich natürlich in irgendeiner Weise ein Austausch finden. Achten Sie in diesem Zusammenhang einmal auf Kleinanzeigen in der landwirtschaftlichen Fachpresse. Hier werden immer häufiger Angebote zum Austausch von Sortimenten gemacht!

Der Zukauf von Produkten muß aber auch unter steuerrechtlichen Gesichtspunkten gesehen werden (siehe hierzu „Recht und Steuern"): Wird die Freigrenze überschritten (= 30 % vom Gesamtumsatz des Betriebes), so wird der Betrieb als Gewerbebetrieb anmeldepflichtig; möglicherweise sogar der gesamte landwirtschaftliche Betrieb (wenn der Gesamtanteil der vermarkteten Menge über 40 % der Gesamtproduktion des Betriebes ausmacht). Dies sollte man rechtzeitig mit seinem Steuerberater besprechen.

Abwechslung im Sortiment

– Hinweise zur Ideensuche –

Legen Sie sich ein Ideenkästchen für alle interessanten Produkte an. Wichtig: Ständig durchsehen und ergänzen!

Schneiden Sie aus Fachzeitschriften alle Berichte zu Ihnen noch unbekannten Produkten, Verarbeitungsmöglichkeiten aus.

Blättern Sie in meinungsbildenden Zeitschriften (z. B. Essen und Trinken) für Mode, Freizeit und Garten und achten Sie auf Trends (Verbraucherverhalten).

Achten Sie auf Ausstellungen und Messen gezielt auf Neuheiten (z. B. ANUGA).

Sprechen Sie einmal gezielt mit Kollegen und Beratern über die Anbauwürdigkeit von Spezialitäten (z. B. Endiviensalat, Zucchini, Tayberry-Pflanzen).

Durch Spezialitäten/Extras kann man Sortimente aufwerten:

Kartoffelchips, Pommes frites, gewürfelte Kartoffeln, geschälte Kartoffeln

Obstweine, Obstschnäpse (z. B. Wacholderschnaps, Aufgesetzter von roten und schwarzen Johannisbeeren)

Marmeladen, Gelees in allen Variationen, Obstsäfte (Apfelsaft, Traubensaft, Pflaumensaft)

Trocken- und Dörrobst, evtl. Obstkonserven, eingemachtes Obst (in dekorativen Gläsern!), gefrorenes Obst (Erd-, Him-, Blaubeeren)

Endivien-, Chicorée-, Radicchio-, Löwenzahn-, Feldsalat, Radieschen, Rettich, Rüben, Kürbisse, Gemüsesäfte (Sauerkraut-, Tomaten-Saft), grüner Spargel, Spargelspitzen für Feinschmecker, Zucchini

Küchenkräuter: Salbei, Rosmarin, Petersilie usw.

Salatkompositionen (fertig zusammengestellt für verschiedene Haushaltsgrößen)

Wein, Sekt, Rosinen (Fruchtweine, Apfelwein), Rezepte für Bowlen

Pfifferlinge, Steinpilze, rosa Champignons (frisch, getrocknet)

Kräuter frisch oder getrocknet zur Teezubereitung (Pfefferminze, Kamille, Brennessel, Wacholder, Waldmeister, Früchtetees)

Honig, Honigbonbons, Honigplätzchen

portionierte Fleischmengen, gefrorenes Fleisch, gekochtes Fleisch

Fleischpasteten, Aspikfleisch, Gänseleberpasteten, Wurstsalat

Wurst nach alten bäuerlichen Rezepten

Walnüsse, Haselnüsse, Kastanien (frisch geröstet)

Wild: Fasan, Rebhuhn, Wildschwein, Hirsch, Taube, Damwild, Hase, Kaninchen

Fett: Griebenschmalz, hausgemachte Butter, Butter mit Salz bzw. Pfeffer verfeinert

Bauernbrot, Getreide, Vollkornmehl

Allerlei ums Ei:

Taubeneier, Wachteleier, Gänseeier, Perlhuhneier, Ostereier, Knickeier zum Kochen und Braten, Soleier, Eierlikör, Eiernudeln (hausgemacht), Eiersalat (auch Rezepte dazu)

Milch/Milchprodukte:

Kuhmilch mit und ohne Rahm, Ziegenmilch, Käse: Ziegenkäse, Butterkäse, Weichkäse, Sahne, Rahm, Kefir, auch Kefirkulturen anbieten, Frischkäse dekorativ gestalten (Bälle formen, mit Käutern, Gewürzen, Nüssen verfeinern, verzieren)

Sonstiges:

- Daunenfedern (von Hühnern, Gänsen, Enten)
- Wolle zum Spinnen (Rohwolle), gesponnene Wolle, Schafwoll-Teppiche
- gegerbte Felle: Schafe, Ziegen
- Leder: Ziegenleder, Schafleder, Kalbsleder
- Weidenkörbe, Besen
- Blumen aus dem Bauerngarten
- Kunstgewerbliches: Trockensträuße, Gewürzsträuße, Gewürzbilder, Schnitzereien aus Holz, Schmuck, Feuerzeugdekore aus verarbeiteten Wildschweinezähnen (Grandeln)
- Geweihe von Damwild und Hirschen als Wohnungsdekoration (nutzbar als Garderobenhaken)
- Biodünger (abgelagerter Kuhmist, Pferdemist, Humus)
- Torf, Rindenabfälle als Torfersatz

Und stellen Sie Ihre Ideen in der Werbung auch gut heraus!

Abwechslung durch Spezialitäten:

Aktionsthema

„Wir haben für Sie Pilze gesucht“

Pfifferlinge
rosa Champignons
Steinpilze
Schwämme

„Bärenstarke Zeiten“

verstärktes Angebot von
Johannisbeeren
Brombeeren
Himbeeren
Heidelbeeren
Erdbeeren
Tayberry
Stachelbeeren

„Die Jagdsaison ist angebrochen“

Hasen
Damwild
Wildschweine
Fasane
Hirsch

„Ein richtiger Gemüsetopf besteht aus”

Kartoffeln
Wurzeln
Gurken
Kohlrabi
Steckrüben

„Salatspezialitäten”

Eichenblatt
Chicorée
Feldsalat
Löwenzahnsalat

„Plündern Sie unseren Kräutergarten”

Rosmarin
Salbei
Petersilie
Lauch

13
Nur nicht verkrampfen

„Er verkaufte dem Bauern eine Melkmaschine und nahm die letzte Kuh in Zahlung."

Ist das unser Vorbild eines erfolgreichen Verkäufers? Wie hat er das nur geschafft? Auf jeden Fall muß er sehr viel Überzeugungskraft gehabt haben.

Wie gewinnt man Kunden? Ganz einfach:

Wer Kunden gewinnen will, muß selbst gewinnend sein!

Wer will schon mit einem Muffelkopf und Griesgrämer etwas zu tun haben? Einem guten Verkäufer nützt häufig eine einzige Begabung. Und diese ist so wichtig wie selbstverständlich: Er kann mit anderen Menschen umgehen und es macht ihm auch Spaß.

Wer mit anderen Menschen zurechtkommt, wer andere Menschen überzeugen, gewinnen will, braucht nur

- **freundlich zu sein,** jede Gelegenheit zu nutzen, sich durch Lächeln Freunde zu schaffen,
- **hilfsbereit zu sein,** Gelegenheiten zu suchen, den Mitmenschen/Kunden kleine Hilfen im Alltag anzubieten,
- **aufrichtig zu sein,** ganz ehrlich den Vorteil des anderen im Auge zu haben,
- **aufmerksam zu sein,** mehr Zeit damit zu verbringen, zuzuhören als selbst zu sprechen.

Ein guter Verkäufer ist eben ein sympathischer Mensch. Er ist bei anderen beliebt, weil er das Selbstbewußtsein der anderen fördert, ausspricht, was andere interessiert, lächelt, zuhört und zeigt, daß er sich für den anderen und seine Probleme interessiert.

Wenden wir uns also der kleinen Psychologie erfolgreichen Verkaufens zu.

Positives Denken heißt die Devise

Man muß aber nicht nur andere Menschen mögen, sondern auch sich selbst, seine Arbeit, seine Produkte und seinen Betrieb bzw. den, in dem man angestellt ist.

Denn wer fühlt, daß er Erfolg verdient, erwartet Erfolg, und er wird auch Erfolg haben. Jeder Verkäufer hat ein Recht, stolz auf seine Tätigkeit zu sein. Wer nicht gerne überzeugt, darf auch nicht verkaufen. Wer seinen Kunden überzeugen will, muß selbst von seinem Angebot, seiner Leistung, überzeugt sein. Und kann man eine solche Ausstrahlung haben, wenn man in einem Betrieb arbeitet, mit dem man sich nicht selbst identifiziert, in dem das Betriebsklima schlecht ist, in dem man zu seiner Arbeit nicht motiviert wird?

Zuhören, Zuhören, Zuhören

Freundlichkeit ist des Verkäufers erste Pflicht, Zuhören die zweite. Reden ist silber, Schweigen ist gold. Das gilt für jeden Menschen, aber in besonderer Weise für den Verkäufer. Zuhören ist nicht nur wichtig, um zu erkunden, was der Kunde eigentlich will. Es ist vor allen Dingen wichtig, um den Kunden aufzuwerten, ihn als Gesprächspartner anzuerkennen. Zuhören schafft eine offene Gesprächsatmosphäre. Es bietet Gelegenheit, freundlich zu sein, sich zuzuwenden; aber auch die Möglichkeit sich die nächsten Schritte zu überlegen, die zum erfolgreichen Verkaufsabschluß führen.

Zuhören beginnt damit, daß man selbst so wenig wie möglich redet. Aber wer nur den Mund hält, wird noch nicht zum Erfolg kommen. Es gibt Menschen, die können aktiv zuhören. Wie machen sie das? Zunächst sind sie tolerant und offen für den anderen; sie versuchen, in dem Gespräch das Interessante herauszufiltern, selbst Anregungen zu gewinnen. Dann ermuntern sie den Gegenüber durch auffordernde Gestik, Mimik, durch kleine, bestätigende Einwürfe zum Weitersprechen.

Wer sich während des Gespräches von seinem Gesprächspartner abwendet, mit dem Finger auf den Tisch klopft oder gar dauernd auf die Uhr schaut, macht dem Gespräch selbst schnell ein Ende.

Und immer wieder: Die bösen Einwände

Einwandbehandlung gehört, wie das Salz in der Suppe, zu jedem Verkaufstraining.

Man will ja schließlich etwas von seinem Kunden und sei es auch nur dessen liebes Geld. Es ist deshalb wohl auch selbstverständlich, daß sich der Kunde von Zeit zu Zeit wehrt und Einwände erhebt: Sei es, um seinen eigenen Nutzen, Gewinn zu vergrößern oder sei es, um für sich selbst das Risiko einer Fehlentscheidung zu vermeiden.

Es gibt viele Arten von Einwänden. Viele werden gar nicht ausgesprochen, man muß sie empfinden.

Einwände können sich gegen das Produkt, den Preis, die Dienstleistung, gegen den Verkäufer selbst, den Betrieb, eben gegen viele Dinge richten, die dem Kunden die Kaufentscheidung schwer machen, die ihm Unbehagen einflößen.

Wenn der Kunde Ihr Angebot nicht spontan annimmt, es darf Sie nicht irritieren, Sie nicht aus der Ruhe bringen. Ganz wichtig: Fühlen Sie sich nicht persönlich angegriffen! Seien Sie geduldig, hören Sie aktiv zu und stellen Sie Fragen:

- Was gefällt Ihnen nicht?
- Warum ist Ihnen das zu teuer?

Lassen Sie sich vor allen Dingen nicht vom Kunden durch Beschwerden und Reklamationen an die Wand stellen. Lassen Sie sich nicht zu unüberlegten Reaktionen, Zugeständnissen hinreißen. Behalten Sie Ihre Bewegungsfreiheit, indem Sie:

- dem Kunden Recht geben, seine Argumente ernst nehmen.
- zuerst von den eigenen Fehlern sprechen, bevor Sie den Kunden tadeln.
- dem Kunden die Möglichkeit geben, sein Gesicht zu wahren.
- dem Kunden zeigen, daß Sie eine gute Meinung von ihm haben, daß es Ihnen ein Vergnügen ist, seine Wünsche zu erfüllen.
- Vorschläge zur Lösung des Problems entwickeln.

Zu teuer? Das Argument gibt es nicht! Nicht nur, weil selbstverständlich gute Qualität ihren Preis hat, sondern auch, weil Sie ja dem Kunden eine Menge für sein Geld bieten (Sicherheit, Beratung, Service, viel Freude an der Ware usw.).

Und es wird sich ja wohl schon herumgesprochen haben, daß Preise nicht an den Anfang des Verkaufsgespräches gehören. Sie müssen immer im Zusammenhang mit der Leistung genannt werden. Preise dürfen nicht ängstlich, sondern müssen mit Ihrer ganzen Überzeugung vorgetragen werden.

Gute Vorbereitung und man steht nicht im Regen

Wer die Dinge auf sich zukommen läßt, hat schnell die schlechtere Verhandlungsposition. Deshalb wird ein guter Verkäufer alles tun, um dem Kunden die Kaufentscheidung durch das persönliche Gespräch leicht zu machen und sich auf seinen Kunden einzustellen.

Denken Sie einmal über folgende Fragen nach:

Wie bringe ich den Kunden durch gute Warenpräsentation auf den Geschmack?

Wie fördere ich den Kaufanreiz des Kunden durch Werbung, Informationen, Verkaufsförderung?

Welche Eigenschaften hat mein Produkt, was leistet es für den Kunden und welche Vorteile hat der Kunde dadurch?

Wo bin ich besser als meine Mitbewerber?

Wie werde ich das Gespräch aufbauen?

Mit welchen Widerständen werde ich rechnen müssen?

Wie werde ich auf diese Widerstände reagieren?

Wie lockere ich die Atmosphäre auf, wie schaffe ich ein gutes Gesprächsklima?

Verkaufen ist keine Zauberei.

Man muß sich nur einmal selbst fragen, mit welchen Menschen man gern zusammen ist, wen man für vertrauenswürdig und sympathisch hält. Schon findet man die Lösung! Wer mit Menschen umgehen kann, kann auch verkaufen.

Begeistern Sie sich für Ihre Arbeit und Sie werden auch Ihren Kunden begeistern!

Erfolgreiches Verkaufen heißt, mit dem Kunden richtig umgehen können.
Ihre Aufgaben als Verkäufer, nämlich:

- dem Kunden helfen,
- den Kunden beraten,
- den Kunden überzeugen

werden Sie besser erfüllen, wenn Sie Fehler, die den Umgang mit dem Kunden erschweren, kennen und vermeiden.

Machen Sie Fehler? Prüfen Sie sich!

- Unterbrechen Sie den Kunden?
- Spielen Sie beim Gespräch mit Dingen (Kittelknopf, Kuli)?
- Zeigen Sie ein unfreundliches Gesicht?
- Urteilen Sie vorschnell?
- Lassen Sie den Kunden ohne Begründung warten?
- Widersprechen Sie dem Kunden?
- Geben Sie eigenen Stimmungen und Launen nach?
- Ziehen Sie über andere Kunden her?
- Zeigen Sie Ungeduld, wenn ein Kunde unentschlossen ist?
- Führen Sie private Gespräche, wenn Kunden kommen?
- Reden Sie herablassend?
- Drängen Sie dem Kunden die eigene Meinung auf?
- Wollen Sie Recht haben?
- Gehen Sie auf Einwände des Kunden ein?
- Sind Sie unhöflich?

Aktives Zuhören heißt nicht einfach „den Mund halten und die Ohren aufsperren"

Schenken Sie dem Kunden Ihre volle Aufmerksamkeit und demonstrieren Sie das auch:

Wenden Sie sich dem Kunden zu.

Schauen Sie ihn an und halten Sie den Blickkontakt aufrecht.

Zeigen Sie ihm durch Kopfnicken, Füllwörter „mh's", „Aha", „ja, ja", daß Sie ihn verstehen und mitdenken.

Lassen Sie den Kunden ausreden.

Unterbrechen Sie ihn nur, wenn er längere Pausen macht, signalisiert, daß er etwas von Ihnen hören möchte:

- Sie fragend anschaut,
- Sie anspricht („Was meinen Sie?", „Ich suche ...", „Können Sie mir helfen?).

Bemühen Sie sich, den Kunden, sein Problem, seinen Wunsch voll zu verstehen (das ist nur möglich, wenn Sie ihm von Anfang bis Ende zuhören, erst dann eine Antwort formulieren).

Helfen Sie dem Kunden eventuell durch Fragen weiter.

Während Sie dem Kunden zuhören, sollten Sie keine anderen Dinge tun (z. B. aufräumen, telefonieren, Notizen machen, Rechnungen schreiben, ...).

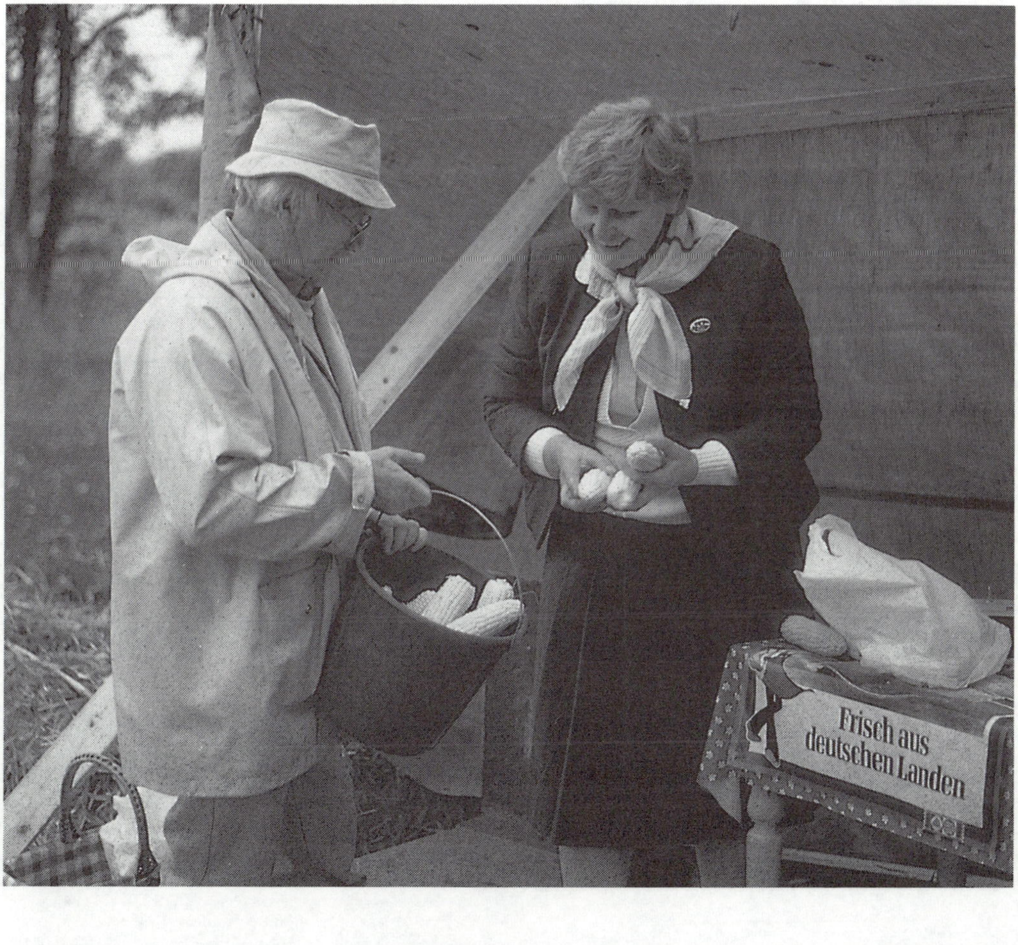

Wissen, auf das Sie im Verkaufsgespräch zurückgreifen sollten

Ihre Kunden kaufen nicht allein das Produkt.

Ihre Kunden kaufen bei Ihnen ein, weil sie erwarten, daß Sie, Ihr Betrieb, Ihre Produkte geeignet sind, ihre Wünsche, Bedürfnisse zu erfüllen.

Kunden wollen ihre individuellen Ziele, Erwartungen durch den Einkauf „mit”-befriedigen.

Berücksichtigen Sie die Bedürfnisse Ihrer Kunden nach:

- Abwechslung
- Nützlichkeit
- Anerkennung
- Selbstbestätigung
- Sicherheit.

Phasen des Verkaufsgesprächs

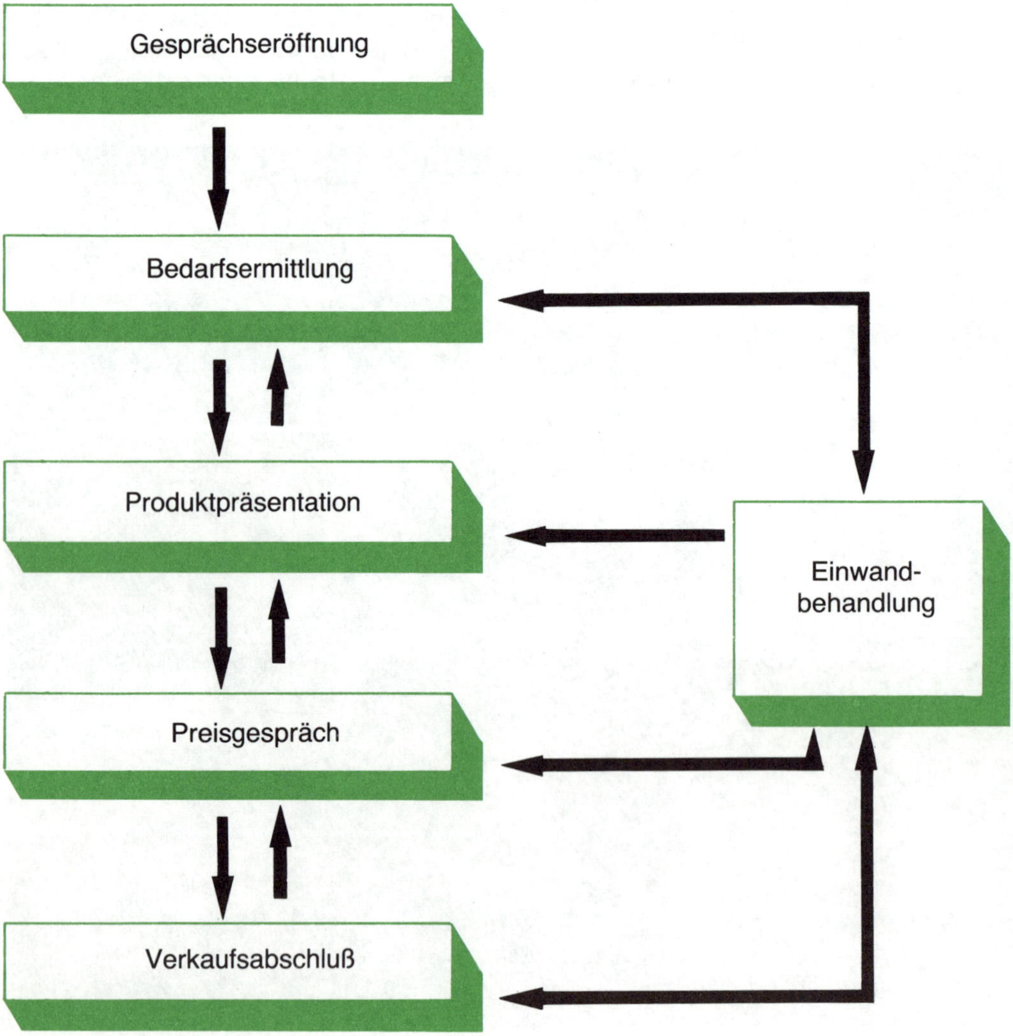

Der Preis gehört nicht an den Anfang!

Eröffnen Sie das Gespräch, indem Sie in den ersten 30 Sekunden Kontakt verkaufen (Kunden ins Gesicht sehen):

„Schön, Sie so gut erholt aus dem Urlaub zurück zu sehen."

„Ist Ihnen der Spargelauflauf gelungen?"

„Haben Sie sich von Ihrer Grippe erholt?"

Ermitteln Sie den Bedarf Ihres Kunden durch Fragen. Lassen Sie sich etwas einfallen. Jeder Kunde freut sich, wenn er einmal etwas anderes hört, als das übliche „Was darf es denn sein?", „Womit kann ich dienen?".

Produktpräsentation – worauf Sie achten sollten. Unterstützen Sie die Produktpräsentation optisch durch:

- ein übersichtliches, geordnetes Warenangebot
- eine ansprechende und deutliche Preisauszeichnung
- ein Hinweisschild auf das Angebot
- zusammengestellte Warengruppe, Sortimente (Bedarfsbündel!).

Argumentieren Sie mit:

- Frische
- Qualität
- Verarbeitung, Tips
- Geschmack, Aroma
- Marktkenntnis (Angebot der Konkurrenz: Welche Produkte bietet die Konkurrenz an, wie teuer sind sie?)
- Einmaligkeit des Angebots
- Lob von anderen Kunden
- Produktionstechniken.

An was Sie denken sollten, falls es zu einer Diskussion über Preise kommt

Der Preis sollte nur im Zusammenhang mit dem Preis-/Leistungsverhältnis genannt und diskutiert werden.

Demonstrieren Sie dem Kunden Produktvorteile, die den Preis rechtfertigen.

Beachten Sie, daß Kunden gewillt sind, einen höheren Preis zu zahlen, wenn die Vorteile des Produktes mit ihren Wünschen übereinstimmen.

Haben Sie keine Hemmungen, wenn Sie einen hohen Preis nennen: Sie bieten dem Kunden eine Menge an Vorteilen dafür!

Ihre Überzeugung ist für die Durchsetzung des Preises entscheidend. Stehen Sie mit Ihrer ganzen Person und Überzeugung hinter Ihren Produkten und deren Preis.

Sie überzeugen durch:

- Person
- Auftreten
- Ausstrahlung
- Einstellung zum Produkt und zum Betrieb
- Argumente und die Art, wie Argumente vorgebracht werden (nicht überheblich!)
- Fachkenntnis.

Ist der Verkauf abgeschlossen bzw. verläßt der Kunde Ihr Geschäft, sollten Sie ihn nicht mit einem einfachen „Auf Wiedersehen" gehen lassen.

Geben Sie ihm einen Grund mit auf den Heimweg, der ihn wiederkommen läßt:

- „Nächste Woche gibt's die ersten Kirschen dieses Jahres."
- „Wir schlachten wieder für Sie."
- „Wir hoffen, Sie beim Erdbeerbowlenfest zu sehen."
- „Richten Sie Ihren Kindern aus, daß wir Nachwuchs erwarten (Ferkel, Kälbchen, Fohlen)."
- „Ab nächste Woche wird Spargel gestochen."

Hinweise zum Verhalten beim Verkaufsabschluß

- Vermeiden Sie Nervosität und Ungeduld.
- Fragen Sie den Kunden, ob er kaufen möchte.
- Sorgen Sie dafür, daß Ihr Kunde Sie wiedersehen will.
- Drücken Sie Ihren Dank für den Kauf aus.
- Erwähnen Sie, daß er eine kluge Entscheidung getroffen hat.
- Lassen Sie sich nicht entmutigen.
- Behandeln Sie die Personen im Umfeld des Kunden gut (mitgebrachte Bekannte, Verwandte, usw.).

Wie Sie die für jeden Verkäufer schwierige Hürde der Kundenbeschwerden und Reklamationen sicher nehmen können:

1. Nehmen Sie den Kunden und sein Anliegen ernst und bauen Sie seine Verärgerung ab, indem Sie

- freundlich bleiben,
- dem Kunden zuhören,
- den Kunden ausreden lassen,
- Worte, Entgleisungen des Kunden nicht auf die Goldwaage legen, sich nicht persönlich angesprochen fühlen, sich nicht zu unbedachten Äußerungen hinreißen lassen,
- die berichteten Tatsachen nicht anzweifeln,
- das Problem des Kunden nicht verniedlichen.

2. Klären Sie den Sachverhalt, stellen Sie Fragen:

- „Wann ist das Problem aufgetaucht?"
- „Wo und wie haben Sie die Ware gelagert?"
- „Wann haben Sie die Ware eingekauft?"
- Klären Sie den Schadensumfang!

3. Versuchen Sie das Problem, das der Beschwerde zugrunde liegt, zu lösen:
- Erklären Sie dem Kunden, wie Sie die Situation sehen.
- Fragen Sie den Kunden, was er an Ihrer Stelle tun würde (Sie erfahren, welche Lösung sich der Kunde vorstellt).
- Bieten Sie dem Kunden möglichst früh eine – auch aus Ihrer Sicht – akzeptable Lösung an: So verhindern Sie, daß der Kunde sich in seine Beschwerde verrennt.
- Prüfen Sie, ob der Kunde die vorgeschlagene Lösung akzeptiert: Achten Sie auf seine Reaktionen (zufriedenes Lächeln, Gesichtsausdruck).

4. Sorgen Sie dafür, daß die vereinbarte Lösung, schnell realisiert wird: z. B. ersetzen Sie dem Kunden den schadhaften Salatkopf unmittelbar.

5. Danken Sie dem Kunden dafür, daß er seine Beschwerde vorgebracht hat: Man will ja zufriedene Kunden behalten.

6. Entschuldigen Sie sich, wenn Mängel vorliegen, die Sie hätten verhindern, vermeiden können.

7. Danken Sie dem Kunden für sein Verständnis.

Üben Sie, mit Einwänden von Kunden richtig umzugehen:

Nehmen Sie mögliche Einwände vorweg: „Ein gutes Rinderfilet muß abgehangen sein. An der dunkleren Farbe können Sie das erkennen."

Wiegen Sie Nachteile mit Vorteilen auf:
„Der Preis für den Spargel ist gerechtfertigt, wenn Sie bedenken, daß er erstens ganz frisch (heute morgen gestochen) ist, zweitens Sie bestimmt kaum Abfall haben und drittens es sich um unsere beste Qualität handelt ..."

Fordern Sie den Kunden auf, sich in Ihre Situation zu versetzen:
„Selbstverständlich garantiere ich für die Qualität meiner Eier und tue alles, um sie zu sichern. Aber Sie können sich sicher vorstellen, daß in einem Betrieb, in dem jeden morgen hunderte von Eiern eingepackt werden, ,mal ein angeschlagenes Ei übersehen werden kann."

14

Nur schlechte Werbung kostet Geld, gute bringt Umsatz und Erfolg!

Werbung heißt ganz einfach: Auf sich aufmerksam machen. Das kann man natürlich auf vielfältige Art und Weise:

- mit der Glocke in den Straßen (z. B. beim Fahrverkauf),
- durch eine auffällige Fahrzeugbeschriftung,
- durch Schilder am Hof,
- durch eine auffällige Standgestaltung auf dem Wochenmarkt und gute Beschilderung,
- durch eine laute Stimme (z. B. auf dem Wochenmarkt-Stand),
- durch auffälliges Benehmen, Veranstalten von Happenings,
- durch Anrufen von Leuten, die man aus dem Telefonbuch heraussucht,
- durch Verteilen von Prospekten in der Fußgängerzone,
- durch „Klinkenputzen",
- durch Anzeigen in Tageszeitungen,
- durch Verteilen von Kostproben,
- durch Verteilen von Informationen auf örtlichen Festen,
- durch Verteilen von Werbegeschenken,
- durch Etiketten auf den Waren, die man verkauft,
- durch die Werbebriefe, die man seinen Stammkunden schreibt,

und so weiter, und so weiter.

Vieles davon nennt man „Mund-zu-Mund-Propaganda". Natürlich kommt es für den Direktvermarkter darauf an, daß viele über ihn reden und daß viele seine Adresse und seinen guten Ruf weitergeben. Aber das alleine genügt häufig nicht. Besonders dann nicht, wenn man mit der Direktvermarktung Geld verdienen will und diese nicht nur zum Hobby betreibt.

Dann muß man sich auf die „klassischen" Methoden der Werbung besinnen, wie sie auch von den bekannten Markenartikel-Vertreibern eingesetzt werden.

Flotte Sprüche? Auch die gehören dazu. Aber sie sind nicht das Wichtigste.

Werbung bedeutet: Schlagkraft gut aufgemachter Informationen zur Absatzförderung nutzen.

Hierzu müssen wir drei Arten von Werbung unterscheiden:

- Öffentlichkeitsarbeit
- Werbung (im eigentlichen Sinne)
- Verkaufsförderung

Was ist damit gemeint?

Öffentlichkeitsarbeit bedeutet:
Vertrauen bei der Umwelt (den Kunden,

den Behörden, der Presse) zu schaffen, Beziehungen zu pflegen, den guten Ruf zu verbessern, um damit für das, was man der Umwelt mitteilen will, aufmerksame Zuhörer zu gewinnen.

Werbung (im eigentlichen Sinne) bedeutet:
Auf Leistungen aufmerksam machen, Interesse und möglichst Kaufwunsch bei den Kunden zu wecken, damit möglichst viele Menschen auf den Hof, die Plantage usw. kommen.

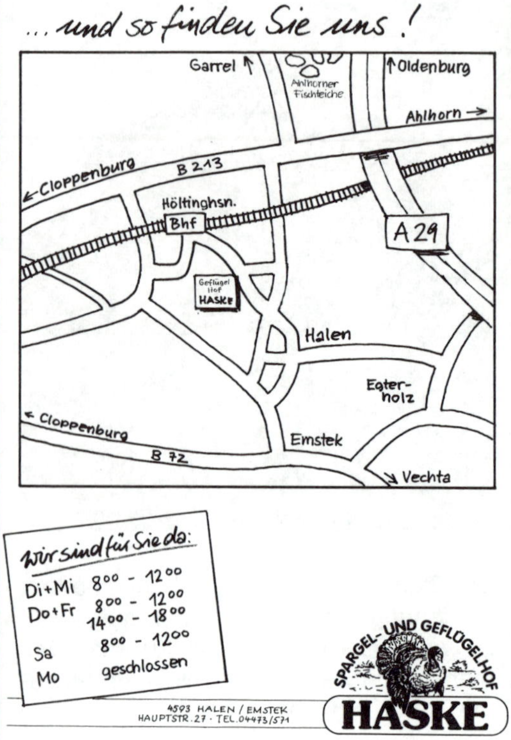

Verkaufsförderung bedeutet:
Den Kunden auf Produkte aufmerksam machen, den Kunden an Leistungen heranführen, die man besonders verkaufen will, Impulskäufe initiieren, um die Produkte und Leistungen zu verkaufen, die man besonders intensiv anbieten will.

Was brauchen Direktvermarkter, um diese Möglichkeiten der Absatzförderung erfolgreich zu nutzen?

1. Eine gehörige Portion Menschenkenntnis
2. Ein aussagekräftiges Firmenbild
3. Realistische Ziele
4. Einige Grundkenntnisse über Werbeplanung und Werbewirkung
5. Sachkundige Helfer

... und natürlich viel Geduld und ein wenig Geld!

Menschenkenntnis ist die erste Bedingung für erfolgreiche Absatzförderung. Wer anderen Menschen etwas mitteilen will, wer zu anderen Menschen eine gute Beziehung aufbauen will, wer andere Menschen überzeugen will, sie zu seinen Freunden machen will, wer anderen Menschen etwas verkaufen will, sollte sich zunächst einmal folgende Fragen vorlegen:

– Wen habe ich vor mir, zu wem spreche ich?
– Wie denkt mein Gesprächspartner über mein Angebot, über mich?
– Was erwartet er von mir?

Hiermit haben wir uns schon im Zusammenhang mit dem Verbraucherverhalten beschäftigt. Schauen Sie sich das Kapitel noch einmal an.

Öffentlichkeitsarbeit, Werbung und Verkaufsförderung sind besondere Formen zwischenmenschlicher Gespräche. Jeder Mensch weiß aus Erfahrung, daß er einen anderen Menschen von einer Idee nur überzeugen kann, wenn dieser

– ihm überhaupt zuhört,
– sensibel ist für das, was man ihm

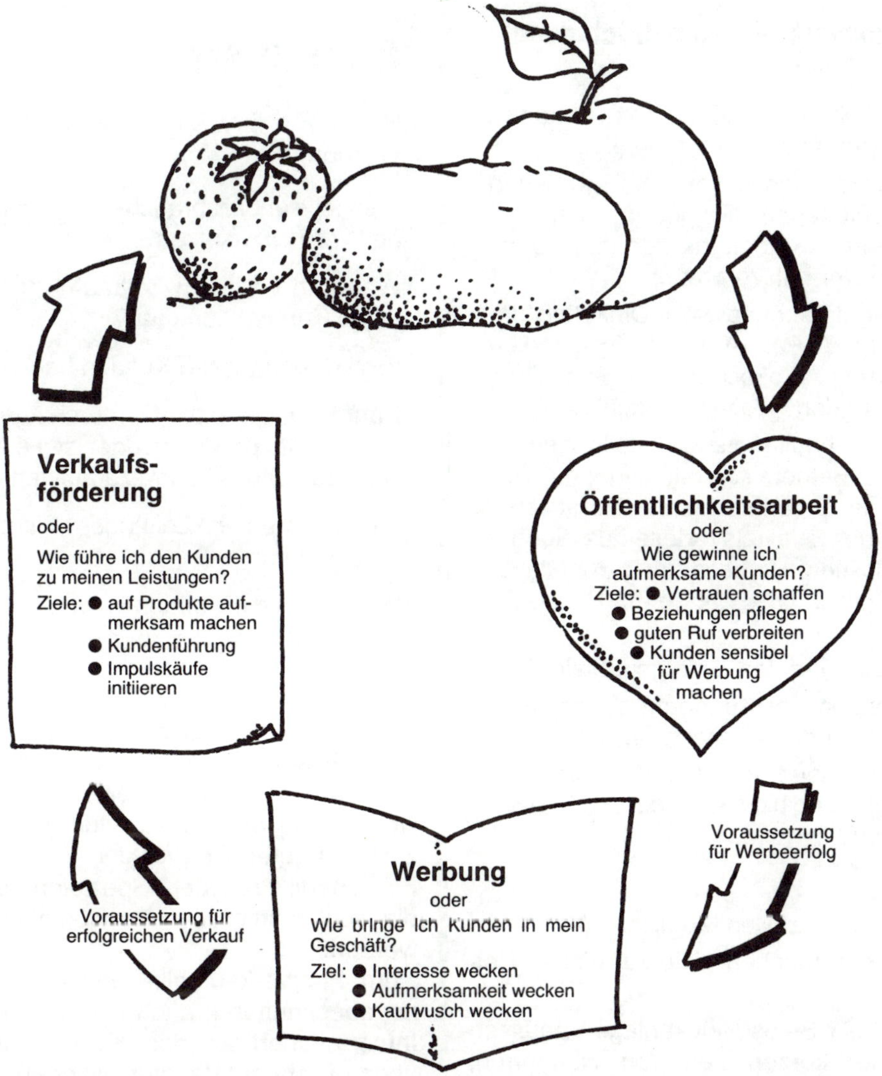

mitteilen will, d. h. Interesse an der Sache hat,

– das auch versteht, was man ihm mitteilen will.

Gegenüber der direkten, persönlichen Kommunikation hat diese Art von Verkaufsförderung aber eine besondere Schwierigkeit: Man wendet sich mit Schrift und Bild – also relativ anonym und unpersönlich – an den Adressaten. Deshalb müssen mehr Anstrengungen unternommen werden, um das Bedürfnis des Angesprochenen für die Botschaft zu wecken.

Und noch eines: Es gibt kein einheitliches Rezept, welches auf alle Betriebe zu übertragen wäre.

Welche Absatzförderungsmaßnahmen Sie einsetzen, müssen Sie von

– der gewählten Absatzform (Ab-Hof-Verkauf, Fahrverkauf, Wochenmarktverkauf usw.)
– der Größe des Betriebes, der Produktions- und Vermarktungsmenge
– der Saisonalität des Angebotes
– dem Standort des Betriebes
– dem angestrebten Einzugsgebiet/der gewünschten Zielgruppe

Werbeziele – was will ich damit erreichen?

Generelle Erhöhung des Bekanntheitsgrades?

Erhöhung des Bekanntheitsgrades in verschiedenen Regionen, bei bestimmten Kundengruppen (z. B. beim „Otto-Normal-Verbraucher")?

Bekanntmachung von Dienstleistungen (z. B. Party-Service, Spanferkellieferung, Einkochen auf Bestellung der Kunden, Wochenendeinkauf)?

Aufbau bestimmter Einstellungen zu Ihrem Betrieb (Vermittlung des Vorteils der Eigenproduktion, Herausstellung der Qualitätsvorteile aus eigener Produktion, Verbesserung der Glaubwürdigkeit eines höheren Preisniveaus)?

Erweiterung des Einzugsgebietes?

Erhöhung der Kundenfrequenz (z. B. zu bestimmten Zeiten, Tagen)?

Absatz neuer Produkte (Sortimentserweiterung bzw. Angebot von Spezialitäten)?

– den finanziellen Möglichkeiten

abhängig machen. Hierzu einige Beispiele:

Erdbeer-Selbstpflückanlagen müssen in einer kurzen Zeit von Hunderten, manchmal Tausenden von Leuten abgepflückt werden. Der Landwirt wird diese Menschen nur durch intensive Zeitungswerbung (Anzeigen) erreichen, evtl. auch über Flugblätter.

Den Ab-Hof-Verkauf kann man sehr gut durch Maßnahmen der Öffentlichkeitsarbeit fördern, Dauerwerbung lohnt sich, Informationen direkt am Hof sind wichtig (Schilder usw.).

Auf dem Wochenmarkt lassen sich Informationen an die Kunden verteilen, durch Warenpräsentation und Informationen zur Ware kann man Impulskäufe fördern.

Checkliste

Prüfen Sie Ihre Ausgangslage für die Werbung!

Wieviel Kunden brauche ich, um meine Ware abzusetzen?

Wann, in welchem Zeitraum müssen diese Kunden kommen?

Wo kommen diese Kunden her?

Kann ich sie einzeln (durch direkte Ansprache) gewinnen oder ist die Auswahl zu schwierig und zu aufwendig?

Muß ich Medien (Zeitungen, Flugblätter usw.) nutzen?

Wie finden die Kunden zu mir, zu meinem Betrieb?

Wer nur 100 oder 200 Kunden hat, kann diese über Werbebriefe erreichen (er braucht hierfür keine Anzeigenwerbung in der Tageszeitung); dies ist z. B. ein guter Weg für den Verkauf von Fleischartikeln oder Spezialprodukten, die nicht in so großen Mengen abgesetzt werden.

Im Fahrverkauf hilft eine gute Fahrzeugbeschriftung; auch hier lassen sich Informationen an den Kunden geben, können sehr gut Verkaufsaktionen für bestimmte Produkte durchgeführt werden.

Deshalb sollten Sie zu Anfang sehr gut Ihre Ausgangslage und Ihre Zielsetzung prüfen, bevor Sie Hals über Kopf in die Werbung einsteigen.

So machen Sie gute Werbung

Werbung im engeren Sinn ist „Reklame" mit Hilfe von

Anzeigen oder Beilagen in Tageszeitungen,

Flugblättern.

Natürlich kostet diese Werbung Geld. Deshalb muß man sie so gezielt wie möglich einsetzen.

Es gibt in diesem Zusammenhang zwei **Grundsätze,** die Sie nie vergessen dürfen:

1. Werbung ist herausgeworfenes Geld, wenn sie zu Zeitpunkten stattfindet, in denen kein Bedarf vorhanden ist, wenn die Leistungen des Betriebes nicht „dahinterstehen".

2. Mit zwei Arten von Werbung haben Sie immer Erfolg, das sind
   - die Werbung für Produkte oder Sortimente, in denen Sie Spezialist sind.
   - die Werbung für saisonale und sortimentsbezogene Aktionsschwerpunkte.

Beispiele für Werbeanlässe, die sich aus dem Sortiment ableiten lassen:

Sortimentserweiterungen, Neuheiten

neue Sorten (Frigoerdbeeren, Tayberry)

Produktqualitäten (Spargel)

Pflanzenfamilien (z. B. Kohl: Blumen-, Weiß-, Rosen-, Rot-, Grünkohl, Kohlrabi ...)

Produkteigenschaften (Frische, Aroma, knackig, süß, saftig ...)

Zubehörsortiment (z. B. Biodünger, Kunstgewerbliches)

neue Angebotsformen (z. B. Fleisch: tischfertig portioniert, tiefgefroren, gegrillt, gepökelt ...)

und Beispiele, wie die Saison für die Werbung genutzt werden kann:

Jahreswechsel (Silvester/ Neujahr)

Frühlingsbeginn

Ostern

1. Mai

Muttertag/Vatertag

Pfingsten

Spargelzeit

Erdbeersaison

Sommerbeginn

Kirschblüte

Einkochzeit

Grillsaison

Urlaubszeit/Ferienzeit

Erntedank

Herbstbeginn

Schußzeit für Wild

Weideabtrieb

Kartoffelernte

Kirchweihfest/Martini

Advent

Weihnachtszeit

Dazu kommen lokale und persönliche Anlässe:

Festlichkeiten am Ort

Veränderungen im Betrieb (Neu-, Umbau)

Betriebsjubiläen

Geburtstage, Namenstage u. a.

Werbung mit Anzeigen und/oder Flugblättern sollte sich immer auf konkrete Leistungen des Betriebes beziehen. Dies kommt dem Wunsche des Verbrauchers nach neuen, wichtigen Informationen entgegen.

Darüber aber darf man eines nicht vergessen:

Werbung muß ideenreich und kreativ sein. Der Betrachter muß Spaß haben, sie anzusehen!

Gute Werbung kann nur jemand machen, der weiß, was er den Kunden sagen will und muß.

Man muß sich vor allen Dingen Gedanken darüber machen, welchen Nutzen der Kauf eines Produktes oder einer Dienstleistung dem Kunden bringen kann oder soll. Dieser Nutzen kann z. B. darin liegen, daß

- der Verbraucher zu einem bestimmten Zeitpunkt auf seinen Bedarf aufmerksam gemacht wird (z. B. Pflückzeit/Erntezeit),
- der Verbraucher auf die Alternativen der Bedarfsdeckung aufmerksam gemacht wird (z. B. vielseitiges Eierprogramm),
- seine Neugierde auf Neuigkeiten gelenkt wird („jetzt auch Himbeeren im Angebot"),
- das Bedürfnis des Verbrauchers nach Erlebnisreichtum geweckt wird (z. B. Erlebnisse auf dem Bauernhof),
- der Verbraucher neue Ideen für die Verwendung der Produkte erhält (z. B. Rezepte),

Was gute Werbung können muß

1. Interesse wecken und Aufmerksamkeit erregen!
2. Neugierig machen!
3. Sympathisch sein!
4. In Kürze alles sagen!
5. Dem Kunden einen Grund zum Kaufen geben!

- der Verbraucher einen ökonomischen Nutzen sieht (z. B. günstige Preise beim Selbstpflücken oder bei der Abnahme größerer Mengen).

Kennt man den Nutzen, den ein Produkt dem Verbraucher bringen kann, dann ist auch die Entwicklung einer entsprechenden Werbebotschaft relativ leicht.

Bei der Gestaltung von Anzeigen und Flugblättern ist besonders darauf zu achten, daß die Werbung nicht mit zu vielen Informationen überladen ist. Zunächst kommt es darauf an, die zentrale Werbeidee in einem einfachen Schlagwort zu verdeutlichen, wie dies die folgenden Beispiele zeigen:

„Jetzt ist Erntezeit!"

„Eine günstige Gelegenheit!"

„Am 16. 5. geht's los!"

„Gute Neuigkeiten!"

„Was es Neues gibt!"

„Nutzen Sie Ihren Vorteil!"

„1 000 Zentner Kartoffeln freuen sich auf Ihren Besuch!"

„Unser Tip am Wochenende!"

Dieses zentrale Schlagwort, die „Headline", weist unmittelbar auf das hin, was in dem folgenden Text an Angeboten dargestellt wird. Das Schlagwort soll zum Weiterlesen reizen.

Der Text enthält dann nur in wenigen Worten die wichtigste Aussage zum Produkt, zur angebotenen Dienstleistung bzw. zur Gründung für den Einkauf.

Das Ganze in einen Rahmen eingefügt, der interessant und aufmerksamkeitsstark ist, den Wegweiser zum Betrieb bzw. zu den Feldern enthält, und schon ist die Werbung fertig. Natürlich dürfen Absender und Firmenzeichen nicht fehlen.

Und denken Sie darüber nach, wie Sie etwas sagen wollen, was Sie mit Ihren Aussagen signalisieren.

Informativ:

„von natürlich gehaltenen Tieren“

„mit betriebseigenem Futter gemästet“

„... aus Bodenhaltung“

„nach alten, eigenen Rezepten“

aggressiv:

„Billiger geht es wirklich nicht!”

„Unser Angebot übertrifft alles bisher Dagewesene.”

„Sagenhafte Sonderpreise”

kreativ, erlebnisreich:

„Bärenstark – Sie können naschen, soviel Sie mögen”

„Zauberei – wir weihen Sie in die Geheimnisse des Marmeladekochens ein”

„Wir feiern ein Fest”

hochwertig:

„Das Besondere hat einen eigenen Geschmack”

„Genießen Sie Außergewöhnliches?”

„Haben Sie einen besonderen Geschmack?”

kommunikativ, freundlich, humorvoll:

„Kennen Sie Tayberries?”

„Haben Sie schon gehamstert? Kellern Sie jetzt Kartoffeln ein.”

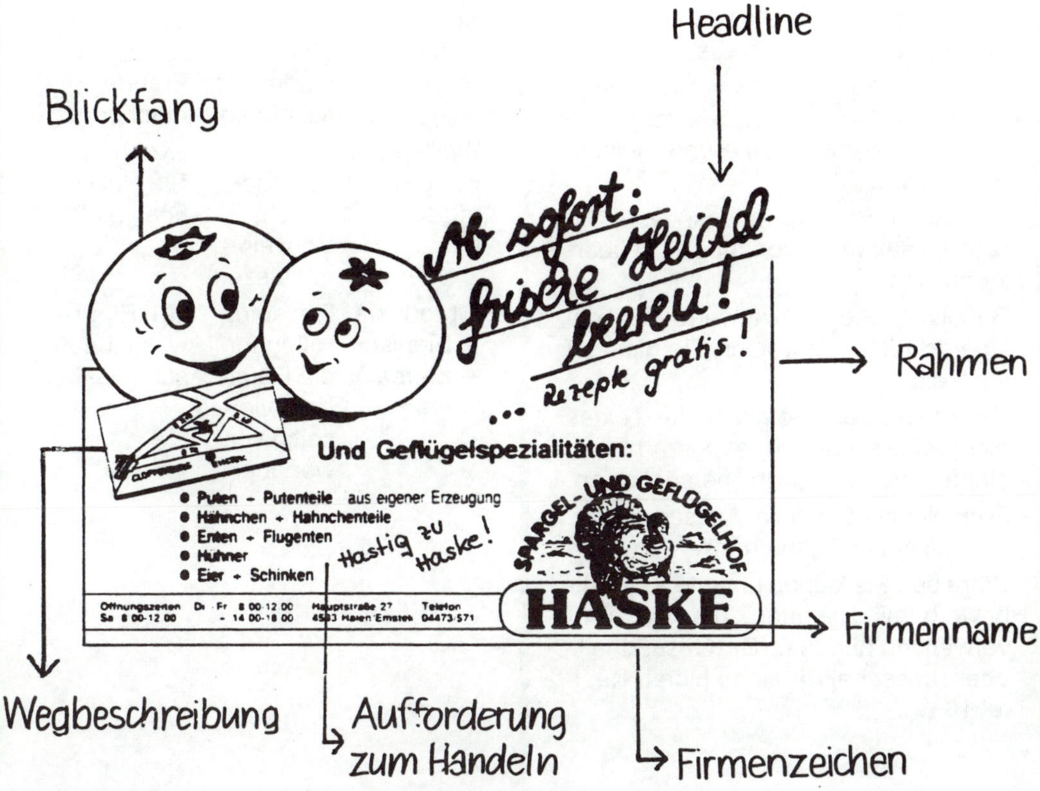

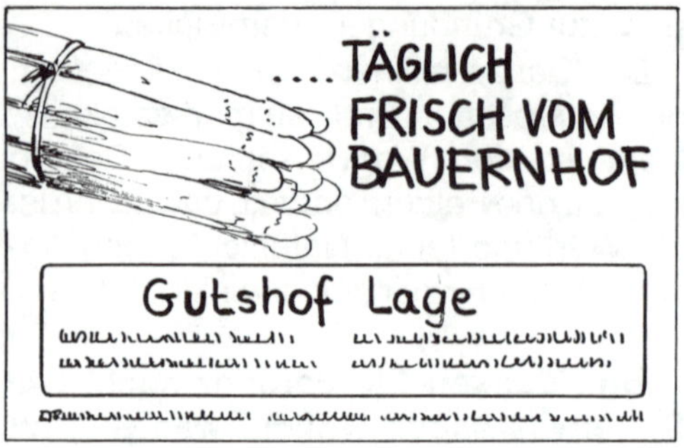

Achten Sie bei der Gestaltung Ihrer Anzeigen auf Einheitlichkeit. Sie erhöht die Wiedererkennung!

Regeln für die Formulierung von Werbeaussagen

Überdenken Sie sorgfältig das zentrale Thema:

Was wollen Sie überhaupt sagen?

Argumentieren Sie niemals mit dem, was für den Kunden selbstverständlich ist. Argumentieren Sie mit dem, was für ihn wichtig und interessant ist.

Bringen Sie nur positive Argumente, vermeiden Sie negativ besetzte Themen (z.B. Medikamente und Fleischproduktion).

Schreiben Sie nur etwas, was Sie selbst glauben, wovon Sie selbst überzeugt sind.

Benutzen Sie Schlagworte für die Überschriften. Schreiben Sie nicht zu viel Text.

Denken Sie beim Abfassen des Textes nicht an alle Kunden, sondern nur an einen. Sprechen Sie ihn persönlich an.

Formulieren Sie Ihre Aussage kurz, interessant und „hautnah".

Betreiben Sie keinen unlauteren Wettbewerb mit Begriffen, die Sie nicht verwenden dürfen (z.B. „Gesundheit" oder „besser als"), siehe hierzu Kapitel 16.

Kreative ran!

In jedem Menschen steckt Kreativität. Sie müssen es nur einmal versuchen. Wenn Sie das Produkt/Thema festgelegt haben, müssen Sie den Nutzen beschreiben, der sich für den Verbraucher ergibt und versuchen eine prägnante, interessante Überschrift daraus zu formulieren.

Thema	Nutzen	Thema/ Headline
Schweinefleisch	preisgünstig, portioniert, tischfertig	„Schweinereien, die Freude machen"
Walnüsse, Haselnüsse etc.	Geschmack, Frisch, Vorweihnachtszeit	„Können Sie Nüsse knacken?"
Eiprodukte – Eierlikör – Eiersalat	Rezepte, Hilfen für die Hausfrau, vielseitig verwendbar	„Ei, Ei, Ei – was ist denn schon dabei"

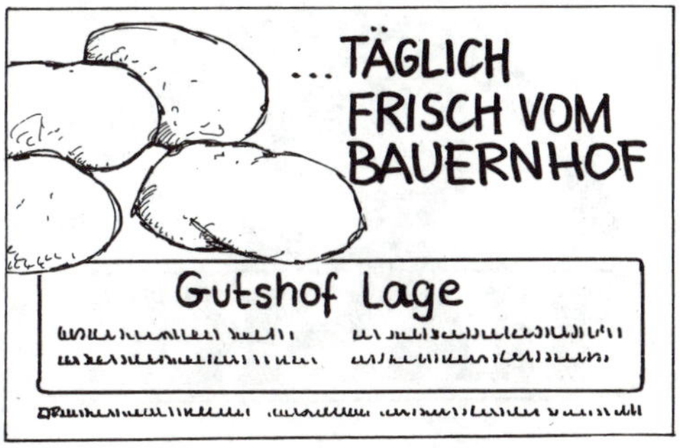

Zeig, wer du bist!

Werbung fängt mit dem Firmenzeichen an. Ein unverwechselbares Firmenbild ist eine unverzichtbare Voraussetzung für eine gute Werbearbeit. Wer seinen Betrieb bei den Kunden profilieren will, fängt mit dem Firmenzeichen an und macht es

- zum Symbol bzw. Garantieerklärung für die Qualität der Produkte
- zur Orientierungs- und Einkaufshilfe für den Abnehmer
- zur Werbekonstanten, mit deren Hilfe der Verbraucher den Absender überall erkennen kann.

Kleider machen Leute. Ein Firmenzeichen gehört nicht in die Schublade, sondern

- auf sämtliche Geschäftspapiere (Rechnungen, Quittungen, Geschäftskarten, Preisschilder, Aufkleber, Briefumschläge)
- auf Flugblätter, Broschüren, Prospekte, Rezepte
- auf Verpackungsmaterialien, Etiketten
- auf Kraftfahrzeug- und Verkaufswagen-Beschriftungen, Schilder, Fahnen am Hof, Wochenmarktstände.

Ein Firmenzeichen muß bestimmten Kriterien gerecht werden. Der Direktvermarkter ist aber kein Werbespezialist. Es fällt ihm schwer, die Qualität eines von ihm selbst entwickelten Zeichens zu überprüfen. Er ist deshalb auf die Hilfe eines qualifizierten Grafikers angewiesen und sollte diese Hilfe auch in Anspruch nehmen.

Anforderungen an ein Firmenzeichen

Es soll die Orientierung des Betriebes zeigen, seine Stärken symbolisieren.

Es muß eigenständig und unverwechselbar sein.

Es muß leicht zu lernen sein und einen hohen Erinnerungswert haben.

Es muß sympathisch sein.

Es muß graphischen Mindestanforderungen genügen

- es muß schnell lesbar sein
- es muß verkleinert werden können, ohne die Lesbarkeit zu verlieren
- es muß farbig und schwarzweiß verwendet werden können
- es muß mit verschiedenen Schrifttypen zu kombinieren sein.

SPARGEL- UND GEFLÜGELHOF
HASKE

Seit über 30 Jahren
Erdbeer-Kätker
Anerkannter Obstbaufachbetrieb
Früchte und Pflanzen - Himbeeren - Sauerkirschen

SONDERKULTUREN
SCHROETER - WIELAGE

Firmenzeichen müssen graphisch gut durchgestaltet sein, wenn sie ihre Repräsentationsfunktion erfüllen sollen. Und sie sollen etwas über die Produkte oder den Bauernhof erzählen. Je mehr sie beide Funktionen erfüllen, desto besser sind sie!

Stiens
Kartoffelhof

Das Lädchen
auf dem Bauernhof
GUT
NORDHAUSEN

Seit 1858
Gutsbrennerei Herm. Bimberg
Gut Lenninghausen, 5860 Iserlohn

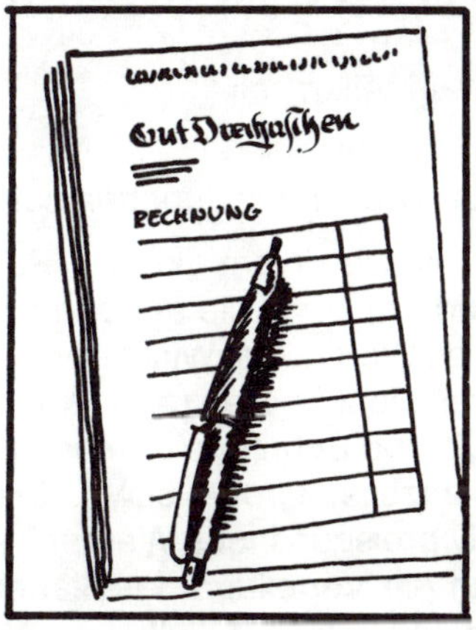

Firmenzeichen sind die billigsten Dauerwerbemittel. Zugegeben, die erste Investition kostet Geld. Legen Sie diese aber auf 10 Jahre um, ist der Jahresbetrag verschwindend gering. Deshalb: Nutzen Sie es, wo auch immer Sie können!

Streuverluste minimieren

Werbemaßnahmen, speziell Anzeigen in Tageszeitungen, richten sich vielfach an relativ große Zielgruppen, die aber nur zum Teil Kunden des Direktvermarkters sind.

Dadurch entstehen Streuverluste, d. h. man erreicht zuviel Menschen mit der Werbebotschaft. Um solche Streuverluste so gering wie möglich zu halten, muß man sehr sorgfältig planen und das Einzugsgebiet abgrenzen.

Tageszeitungen bieten vielfach die Möglichkeit an, eine Anzeige nur in einem bestimmten Teilblatt zu schalten und damit die Streuverluste zu verringern. Darüber hinaus können die Streuverluste teilweise minimiert werden, indem Anzeigenblätter benutzt werden, die relativ konzentriert in bestimmten Einzugsgebieten in die Haushalte gelangen (und im übrigen auch gelesen werden).

Bei **Flugblättern** dagegen ist die Streuung in der Regel relativ einfach: Man verteilt sie nur dort, wo man die Zielgruppen vermutet.

Wer Anzeigen in Tageszeitungen schaltet, muß diese so auffallend gestalten, daß sie die Aufmerksamkeit des Lesers auf sich ziehen. Dies kann man z. B. dadurch erreichen, daß

- die Anzeigen regelmäßig, jede Woche geschaltet werden
- bei unregelmäßiger Schaltung die Anzeigen relativ groß sind
- die Anzeigen möglichst immer an der gleichen Stelle erscheinen
- die Anzeigen immer die gleiche Aufmachung haben.

An welcher Stelle Anzeigen in einer Zeitung besonders auffallen, läßt sich nicht mit Bestimmtheit sagen. Die Qualität und die Signalwirkung der Anzeigen sind wesentlich wichtiger als der Platz. Man kann aber davon ausgehen, daß Anzeigen, die im redaktionellen Teil untergebracht sind, bessere Voraussetzungen für die Wahrnehmung bieten als solche im Anzeigenteil.

Sicher ist dagegen, daß die Signalwirkung einer Anzeige mit zunehmender Größe wächst (allerdings kann man auch häufig die Beobachtung machen, daß eine gut gestaltete kleine Anzeige größere Aufmerksamkeitswerte erzielt als eine schlecht gestaltete große Anzeige; auch durch Farbigkeit kann man die Signalwirkung kleiner Anzeigen erheblich verbessern).

Schwierig ist häufig die Entscheidung, ob man für eine bestimmte Werbemaßnahme

- Flugblätter verteilen soll
- Anzeigen schalten soll
- Beilagen den Zeitungen zugeben soll.

Flugblätter müssen nicht „in den Papierkorb" wandern, wenn sie auf den ersten Blick etwas Wertvolles, Wichtiges für den Adressaten signalisieren (z. B. durch Farbgestaltung und Schrifttyp bzw. interessante Schlagzeile, Größe usw.). Sie sind ein relativ preisgünstiges Werbemittel, wenn man die Verteilung der Blätter („an alle Haushaltungen") selbst (z. B. mit Schülern) organisieren kann.

Mit der Verteilung von Flugblättern hat man unterschiedliche Erfahrungen gemacht. In manchen Gegenden, besonders in großen Ballungszentren, ist die Überflutung der Haushalte mit Werbematerial so groß, daß die Haushalte die Flugblätter relativ schnell in den Papierkorb werfen.

Beilagen in Zeitungen sind teurer als die zuvor genannten Werbemittel. Sie haben aber einen hohen Aufmerksamkeitswert. Wenn die Beilagen gut gestaltet sind, fallen sie den Kunden nicht nur in die Hände, sondern werden in der Regel auch gelesen.

So schalten Sie eine Anzeige

Formulieren Sie Ihr Werbeziel (auf welches Angebot, auf welche Leistung wollen Sie den Kunden aufmerksam machen?).

Entwickeln Sie dazu selbst einen Basistext mit

- Schlagzeile
- Text (so kurz wie möglich).

Gehen Sie damit (und zwar spätestens 14 Tage bevor die Anzeige erscheinen soll) zu Ihrem Graphiker und lassen Sie

- Schlagzeile und Text überarbeiten
- die Anzeige fachmännisch unter Verwendung Ihres Firmenzeichens und eines konstanten Rahmens „setzen".

Nehmen Sie Kontakt zu Ihrer Zeitung (zum Anzeigen-Vertreter, zur Annahmestelle) auf.

Fragen Sie nach:

- dem Erscheinungsgebiet/der Auflage
- der Möglichkeit zu Teilbelegungen
- dem mm-Preis je Spalte
- dem Anzeigenschluß
- dem Rabatt.

Man unterscheidet zwei Arten: den Malrabatt und den Mengenrabatt.

Der Malrabatt ist besonders günstig, wenn Sie kleinere Anzeigen häufiger schalten. Er wird für die Anzahl der geschalteten Anzeigen gewährt.

Beispiel:

- ab 3 Anzeigen – 3 %
- ab 6 Anzeigen – 5 %
- ab 9 Anzeigen – 10 %
- ab 12 Anzeigen – 15 %

Beim Mengenrabatt richtet sich der Nachlaß nach der Anzahl der geschalteten Millimeter, Seiten oder Seitenteile. Es ist besonders günstig, wenn Sie zwar weniger, aber sehr große Anzeigen schalten.

Auch bei den Rabatten gibt es Sonderformen. Sprechen Sie am besten mit dem Anzeigenberater Ihrer Zeitung und lassen Sie sich den jeweils günstigsten Rabatt berechnen.

Berechnen Sie die Kosten (ohne den Entwurf der Anzeige).

Beispiel:

Anzeige bei 50 mm Höhe über 2 Spalten bei einem mm-Preis von 3,60 DM:

50 mm x 3,60 DM	=	180,— DM
x 2 Spalten	=	360,— DM
abzügl. 15 % Rabatt	=	54,— DM
	=	306,— DM
zuzügl. 14 % MwSt.	=	42,84 DM
	=	348,84 DM
abzügl. 2 % Skonto	=	6,98 DM
	=	341,86 DM

Mit Prospekten informieren

Prospekte müssen nicht 30 Seiten haben, sie können schon aus einem zweifach gefalteten DIN-A4-Blatt bestehen.

Gut aufgemacht sind sie eine wichtige Basisinformation für den Konsumenten. Sie zeigen nicht nur den Betrieb, sondern informieren auch über Anbaumethoden, das Sortiment und alles, was sonst noch an Interessantem auf dem Betrieb zu berichten ist.

Und sie lassen sich vielseitig einsetzen:

Man kann sie im Gespräch mit der Hausfrau (z. B. an der Haustür) direkt übergeben.

Man kann sie durch eine Verteilerorganisation als Flugblätter in die Haushalte geben lassen.

Man kann sie dem Kunden bei jedem Einkauf mit in die Tüte geben bzw. im Geschäft oder am Wochenmarktstand auslegen (natürlich mit einem Schild: „Einfach mitnehmen – wir informieren über uns").

Die Kosten für Gestaltung und Druck von solchen Prospekten können nach Auflagenhöhe und Umfang der Prospekte, aber auch aufgrund der Qualität der Abbildungen, der Professionalität der textlichen und grafischen Gestaltung, der Druckqualität und der Farbenvielfalt erheblich schwanken (zwischen 0,10 DM bis 1,– DM).

Als allgemeine Richtlinie für die Gestaltung von Prospekten (vor allen Dingen im Hinblick auf Kosten) kann man nur folgendes sagen: Das Billigste ist bei weitem nicht immer das Nützlichste!

Bei den generell hohen Kosten, die die Entwicklung und der Druck von Prospekten verursachen, kommt es mehr noch als bei allen anderen Werbemitteln auf die Qualität an. Die Informationen sollen ja dem Verbraucher die ganze Qualität des Betriebes signalisieren.

Der beispielhaft abgebildete Prospekt-Entwurf – DIN A4 – ist ganz „einfach" gemacht und besteht aus einem Blatt (Vorder- und Rückseite bedruckt), das zweimal gefaltet wird.

Liebesbriefe!

Wann haben Sie den letzten Liebesbrief geschrieben? Wenn das schon lange her ist, sollten Sie es bald wieder üben. Denn Sie brauchen es.

Wozu? Zum Schreiben von Werbebriefen natürlich. Denn Werbebriefe schreibt man wie Liebesbriefe: Persönlich, menschlich, ins Detail gehend, aufregend!

Es gibt Unverbesserliche, die sagen: Werbebriefe wandern sowieso in den Papierkorb. Stimmt nicht! Sie tun das nur, wenn sie schlecht gemacht sind.

Wer seinen Kunden etwas Interessantes zu sagen hat, wird auch gehört bzw. gelesen.

Wenn Sie also Ihren Kunden etwas zu sagen haben, dann schreiben Sie es ihnen, und zwar so, wie Ihnen der Schnabel gewachsen ist. Je natürlicher, desto besser; denn erst dadurch wirken Sie glaubhaft.

Wenn Sie kreativ sind, können Sie natürlich auch Ihr Produkt durch witzige, einfallsreiche Beschreibungen interessant machen. Auch das kommt mit Sicherheit an. Auch wenn es Ihnen beim ersten Mal schwer fällt: Überziehen Sie lieber Ihren Schreibstil; das Schlimmste nämlich, was Ihnen passieren kann, wäre die Verbreitung von Langeweile.

An wen schreiben Sie Werbebriefe? In erster Linie an Stammkunden, also an Haushalte, die Sie nicht neu gewinnen wollen, sondern denen Sie mal wieder etwas Interessantes mitteilen wollen. Dies ist ein wichtiges Stück sinnvoller Kundenpflege!

So schreibt man Werbebriefe!

1. Beginnen Sie mit einem dramatischen Einstieg.

2. Sie erwecken nur die notwendige Aufmerksamkeit, wenn Sie wirklich etwas Interessantes, Neues mitteilen.

3. Ihr Kunde muß sich ganz persönlich angesprochen fühlen (nicht wir, der Endverkaufsbetrieb, sondern ich – biete Ihnen an).

4. Schreiben Sie den Brief so, daß man Ihre Liebe zum Produkt erkennt und gehen Sie auch auf Details ein, soweit sie für den Kunden interessant sind.

5. Bleiben Sie immer menschlich „Von Mensch zu Mensch" und ehrlich.

6. Fordern Sie Ihren Kunden konkret auf, zu bestellen oder in Ihren Betrieb zu kommen.

7. Ein „P.S." wird fast immer gelesen. Hier sollten Sie noch einmal ein ganz besonderes „Bonbon" für Ihren Kunden bereit halten.

8. Lassen Sie den Brief vor dem Versand noch einmal von einem Unbeteiligten durchlesen und fragen Sie ihn, ob auch wirklich klar geworden ist, welches Angebot Sie den Kunden unterbreiten und wie lange es interessant war, diesen Brief zu lesen. Hat er schon in der Mitte aufgehört, sollten Sie Ihren Text noch einmal gründlich überarbeiten.

Lassen Sie sich anregen!

Teilnehmer eines Direktvermarktungs-Seminars in Freckenhorst formulierten folgende Werbebriefe:

Liebe Erdbeer-Frau!

Bei uns hat der Blitz eingeschlagen – er heißt "Elvira" und leuchtet Ihnen schon von weitem entgegen!
Noch in dieser Woche kann ich Ihnen diese frischen, sonnengereiften Vitaminspender anbieten. Die ersten Geschmacksproben haben meine Mitarbeiter, meine Familie und mich vom Hocker gerissen.
Diese aromatische Süße, dieses knallige Rot und das feste, saftige Fruchtfleisch dieses neuen Erdbeerwunders wird auch Sie umwerfen!

Kommen Sie am Freitag ab 15⁰⁰ Uhr zu unserer "Elvira-Fete" und überzeugen Sie sich selbst!

Lieber Feinschmecker!

Sie sind ein Gourmet der besonderen Küche, und aus diesem Grunde möchte ich Ihnen heute Käse-Spezialitäten meiner Superziege „VIKTORIA" anbieten.
Victoria's Milch in Verbindung mit alten überlieferten Rezepten ergab eine nie wieder erreichbare Gaumenfreude.
Gönnen Sie sich Victoria's Ziegenkäse!
Jederzeit nehme ich Ihre Bestellungen entgegen.

Mit herzlichen Grüßen
Ihr Ziegenhof
„Mal-Mal"

P.S. Auch Victoria freut sich auf Ihren Besuch!

"Liebe Köchin, lieber Koch!"

Schauen Sie mich an, bin ich nicht ein gutgewachsenes, appetitliches Schwein? Ehrlich gesagt: Ich fühle mich bei meinem Bauern ... auch sauwohl!
Jeden Tag serviert er mir mein Getreide-Müsli und läßt mich danach im wohligen Stroh ausruhen. –
Danach bin ich ideal gewachsen:
- schön marmoriertes Fleisch
- wenig Fett
- ich schrumpfe in der Pfanne nicht
- mein Fleisch bleibt garantiert zart und saftig.

Trotzdem muß mich mein Bauer wie ein stink-normales Schwein an den Schlachthof verkaufen.
Aber dagegen wehre ich mich!
Ich möchte lieber in Ihre Pfanne, denn Sie wissen meine Extra-Qualität natürlich viel besser zu schätzen.
Kommen Sie bitte schnell! Ich warte auf Sie!
Sie treffen mich bei Bauer .....

Tu Gutes und rede darüber!

Dies ist das Wesen erfolgreicher Öffentlichkeitsarbeit. Für den Direktvermarkter relevant?

Selbstverständlich auch für ihn.

Durch die Öffentlichkeitsarbeit betreiben Sie Imagepflege, stärken Ihren guten Ruf, sorgen Sie dafür, daß Ihr Name in aller Munde ist (natürlich im positiven Sinne).

Bringen Sie sich ins Gespräch, z. B. durch

- Informationen an die Presse
- Betriebsbesichtigungen/den Tag der offenen Tür
- Veranstaltungen auf dem Hof (feiern Sie Feste!)
- Einladungen an Stammkunden
- Beteiligungen an lokalen Veranstaltungen
- Verteilung von Informationen und Warenproben.

Themen für die Öffentlichkeitsarbeit

Nutzen Sie Anlässe wie Jubiläen, Ehrungen, Auszeichnungen!

Schaffen Sie Anlässe wie Besichtigungen, Lehrveranstaltungen, Wettbewerbe, Aktionen für Kinder, Jahresfeste (z. B. Erntedankfest)!

Geben Sie Informationen über sich, z. B. durch eine kleine Broschüre, Presseinformationen, Pressegespräche, PR-Anzeigen!

Halten Sie passende Werbegeschenke bereit!

Organisieren Sie Informationstage für die Hausfrauen, z. B. zu

- Informationen über Fleischzubereitungen
- Kochen und Einfrieren
- Einkaufshilfen und Tips!

Verkaufsförderung aktiviert das Geschäft

Mit Verkaufsförderung werden alle Maßnahmen bezeichnet, die am Ort des Verkaufs den Verbraucher auf Waren und Dienstleistungen aufmerksam machen. Hierzu gehören vor allen Dingen Werbemittel im Laden oder am Stand wie

Plakate

Angebotstafeln

Türkleber, Fußbodenaufkleber

Deckenhänger

Prospektständer

SB-Körbe und -Einlagen.

Solche Verkaufsförderungsmaßnahmen sind natürlich nur dann sinnvoll, wenn sie unmittelbar im Zusammenhang mit der Ware stehen. Das Aufhängen eines Plakates allein, sei es zur Ware oder zu einem Thema, entfaltet keine verkaufsfördernde Wirkung.

Verkaufsfördernd wirken auch Schilder mit Produktbezeichnungen und Informationen über das Angebot, den Betrieb, die Produktionsmethoden usw. Der Verbraucher benötigt diese Informationen, um sich zurechtzufinden, um die notwendige Sicherheit beim Einkauf zu finden. Er läßt sich davon gerne anregen.

Siehe hierzu die Beispiele in Kapitel Ab-Hof-Verkauf (Verkaufsraumgestaltung und Werbepräsentation).

Verpackung

Kleider machen Leute. Verpackungen verkaufen Produkte! Sie gehören deshalb untrennbar zur Produktpolitik der Erzeuger.

Selbstverständlich haben Verpackungen zunächst einmal technische Funktionen: Sie geben der Ware Halt, erleichtern den Transport, schützen die Ware. Darüber hinaus aber haben Verpackungen eine wichtige Verkaufsfunktion. Sie stellen die Ware besser heraus, geben ihr (und dem Betrieb) ein unverwechselbares Erscheinungsbild und erhöhen damit die Chance, daß der Kunde eine bestimmte Ware, die Ware eines bestimmten Betriebes gezielt verlangt und wiederkauft.

Wer also seine Produkte in Verpackungsmaterial einhüllt, in Gefäße stellt oder in Kartons verpackt, sollte immer das Ziel verfolgen, den Wert der Produkte für den Kunden zu erhöhen. Eine gute Verpackung wird dies um so mehr tun, je mehr sie

- die Handhabung der Waren auf dem Weg zum Verbraucher erleichtert
- die Verkaufsfähigkeit der Produkte fördert
- wichtige Informationen für den Käufer bietet (z. B. zur Pflege der Ware, zum Namen oder zur Herkunft).

Nicht zuletzt bietet natürlich die Verpackung dem Erzeuger die Möglichkeit, seine Ware zu kennzeichnen.

Papiertüten, Packpapier, Kartons, Körbe lassen sich gut mit dem Firmenzeichen bedrucken.

Die Verpackung kann die Ware einmalig machen. Für den Erzeuger, die Spezialkulturen/-produkte in größeren Mengen produzieren, kann es sich durchaus lohnen, individuelle Verpackungen produzieren zu lassen, die den Betrieb und seine Produkte unverwechselbar machen. Erfolge aus der Praxis mit Display-Kartons (Kartons, die verkaufsfördernd gestaltet sind und aus denen direkt verkauft wird) bestätigen dies.

Verpackungen müssen zu den Kunden passen. Wer an Abnehmer liefert, die große Stückzahlen benötigen und diese Ware auch noch weiterverteilen müssen, muß sich auf diese Anforderungen einstellen (z. B. LEH): Zu den genormten Paletten gehören passende Umkartons, die stapelfähig sind, markiert werden können und auf Europaletten passen.

Dort, wo die Ware auf kurzem Wege zum Verbraucher (z. B. Verkaufswagen, beim Ab-Hof-Verkauf) gelangt, braucht das Verpackungssystem nicht so aufwendig zu sein, aber saubere und möglichst unbeschädigte Tüten, Säcke, Körbe und Kartons sollten selbstverständlich sein.

Werbung kostet Geld

Ob Sie nun als Direktvermarkter große Anzeigen schalten oder Handzettel benutzen, um Kunden zu gewinnen bzw. auf Ihr Angebot aufmerksam zu machen, Sie werden nicht darum herumkommen für die eingesetzten Werbemittel – ist es auch nur Verpackungsmaterial mit aufgedrucktem Firmenzeichen – Geld auszugeben.

Mit welchen Kosten Sie bei den jeweiligen Werbemitteln rechnen müssen, zeigt Ihnen die folgende Übersicht.

Kosten wichtiger Werbemittel

Entwicklung eines
Firmenzeichens nach fertigem Layout
ca. 1000,– bis 2000,– DM

jede reprofähige Vorlage
(Film oder Papierabzug)
ca. 15–20,– DM

Aufkleber 8,0 cm × 8,0 cm
stark haftend, Kunststoff-Glanzpapier, Auflage 2000
pro 1000 Stück ca. 280,– DM

Vorkosten einschließlich Stanze (Sonderform)
ca. 250,– DM

Aufkleber 3,8 × 3,5 cm, dreifarbig
Auflage 50000
pro 1000 Stück 17,40 DM

Vorkosten einschließlich Stanze
518,– DM

Preiskarten Hart-PVC 3farbig DIN A4
Vorkosten ca. 300,– DM

Produktionskosten
pro 1000 ca. 550,– DM

Tragetaschen Auflage 10000 Stück
(Sonderform mit Griff an der Seitenkante)

zweiseitig einfarbig bedruckt
pro 1000 ca. 123,– DM

zweiseitig zweifarbig bedruckt
pro 1000 ca. 143,– DM

Geschäftspapiere

	Vorkosten	Produktion 4farbig
Briefbögen (2000 Blatt)	100,– DM	600,– DM
Rechnungsbogen/ Lieferschein (1000 Blatt)	100,– DM	400,– DM
Briefumschläge (2000 Stück)	100,– DM	300,– DM
Visitenkarten	10,– DM	150,– DM

Anzeigenrahmen/Handzettelrahmen/Rahmen Preisinfo
ca. 200–1000 DM

Produktion Handzettel/Flugblatt pro 1000 Stück

	Vorkosten	Produktion 4farbig
1farbig	100,– DM	200,– DM
2farbig	100,– DM	300,– DM

Fahrzeugbeschriftung komplett
ca. 1000,– bis 1500,– DM

Produktion von Hinweistafeln durch Schriftenmaler (nach Zeitaufwand und Größe des Objektes)
200,– bis 1500 DM

Verteilung von Handzetteln durch Verteilerorganisation
ca. 30–60,– DM

Verteilung von Prospekten über Tageszeitung
pro 1000 bis 20 g 120,– DM

Etiketten 9,5 × 8,5 cm beidseitig bedruckt einschließlich Schnitt (keine Sonderstanze) 3farbig, 5000 Stück, gelocht

200 g Papier
pro 1000 110,– DM

Kunststoff
pro 1000 156,– DM

Alles nach Plan!

Wer gut plant, dem kann nichts schiefgehen. Werbung muß man genauso systematisch planen wie die Produktionstechnik, die Investitionen, die Finanzierung und alles andere. Sonst kann sich kein Erfolg einstellen.

Planen heißt immer: Sich ein Ziel setzen, eine „Soll-Vorgabe" zu finden und am Ende der Saison den Erfolg seiner Maßnahmen zu kontrollieren.

Man kann den Erfolg seiner Werbemaßnahmen natürlich nicht immer in Zahlen fassen. Viele Maßnahmen haben ja nicht unmittelbar das Ziel, Produkte zu verkaufen, sondern sie bezwecken die Erhöhung des Bekanntheitsgrades, die Verbesserung des guten Rufs (des Images), die Betreuung der Kunden (Kundenpflege), das „sich absetzen" vom Wettbewerb.

Es kann deshalb durchaus sein, daß sich Ihre Werbung erst nach einigen Jahren auszahlt. Um so mehr müssen Sie Ihre gesamte Werbung langfristig aufbauen, müssen Sie sie kontinuierlich und systematisch machen.

Sie können dies nur, wenn Sie sich regelmäßig Aufzeichnungen machen, z. B. über

- die Ausgaben, die Sie für einzelne Werbemittel im Jahr .... getätigt haben,
- die Aktivitäten Ihrer Wettbewerber (legen Sie sich eine Kiste an, in der Sie Zeitungsausschnitte mit Anzeigen, Flugblätter und ähnliches vom Wettbewerb sammeln).
- Festlegung der Anlässe, zu denen man im Verlaufe des Jahres Werbung machen kann.
- Beurteilung des Erfolges der Werbung des vergangenen Jahres.

Werbekosten – Verteilung der Werbekosten auf verschiedene Werbemittel			
	19....	19....	19....
Satz, Film und Druckkosten für – Geschäftspapier			
– Handzettel			
– Werbebriefe			
– Visitenkarten			
– Prospekte			
– Sonstige Werbemittel			
Kosten für Außenwerbung – Fahnen			
– Leuchtreklame			
– Werbeschilder			
– Straßenbahn			
– Firmenfahrzeug			
– Plakatwerbung			
Kosten Schaufensterwerbung (Material, Ware)			
Kosten der Verkaufsförderung – Preise bei Gewinnspielen			
Plakate			
– Sonstiges			
Honorar Grafiker oder Werbeagentur[1])			
Kosten Anzeigenschaltung – Vorkosten (Satz, Film)			
– Schaltungskosten (abzüglich Rabatte)			
Kosten Werbegeschenke			
Kosten Messen und Ausstellungen			
Gesamtetat			
Umsatz			
% Werbekosten zum Umsatz			

[1]) Um keine Verzerrung der Kostenentwicklung herbeizuführen, sollten grafische Entwicklungskosten, die zwar in einem Jahr anfallen, aber über einen längeren Zeitraum genutzt werden, auch für die voraussichtliche Nutzungsdauer verteilt werden (Beispiel Verteilung der Gesamtkosten für die Entwicklung eines neuen Firmenbildes auf 10 Jahre. Genauso verhält es sich bei der Anschaffung von Leuchtreklamen, Fahnen und anderen Dauerwerbemitteln.

Beobachten Sie, wie Ihre Konkurrenz wirbt!

Monat	Zeitung	Anzeigenformat	geschätzte Kosten	Gestaltung selbst	Gestaltung Agentur	Kernaussage (Preis, Menge, Größe, Auswahl, saisonales Angebot, Qualität)	Thema
Januar							
Februar							
März							
April							
Mai							
Juni							
Juli							
August							
September							
Oktober							
November							
Dezember							

Mein Jahreswerbeplan

Monat	Anlässe			Aktivitäten		
	Sortiment	Saison	lokale und persönliche	Dauerwerbung	kleinere Aktionen	Sonderaktionen
Januar						
Februar						
März						
April						
Mai						
Juni						
Juli						
August						
September						
Oktober						
November						
Dezember						

Geplante Werbe- und Verkaufsförderungsaktivitäten 19.....

Monat	Dauer-werbung	Sonder-aktivitäten	Werbemittel Anzei-gen	Hand-zettel	Thema/Idee/ Produkte	Erfolg gut	nicht gut	Ur-sachen
Januar								
Februar								
März								
April								
Mai								
Juni								
Juli								
August								
September								
Oktober								
November								
Dezember								

Gemeinsamkeit macht stark

Werbung kostet Geld. Das allein wäre schon ein Grund, daß sich Landwirte zusammenschließen, um das notwendige Werbematerial zu beschaffen, den Verbraucher aufmerksam zu machen, in der Öffentlichkeit Gehör zu finden.

Darüber hinaus aber müssen alle Direktvermarkter ein Interesse daran haben, daß sie breite Bevölkerungsschichten auf sich und ihr Angebot aufmerksam machen. Wie können sie dies leichter, als beispielsweise durch ein gemeinsames Zeichen, das überall auf die Möglichkeit des Einkaufens auf dem Bauernhof hinweist, dem Verbraucher eine Orientierung gibt: „Hier will ein Landwirt etwas verkaufen!"

Deshalb wurde auf Initiative von vielen Landwirten hin von einigen Landwirtschaftskammern und Bauernverbänden die Initiative zur Schaffung eines Gemeinschaftszeichens ergriffen, mit dem jeder einzelne Landwirt dem Verbraucher ein Signal geben kann, aber auch die Gemeinschaft der Direktvermarkter besser als bisher im Markt Profil gewinnen kann:

Einkaufen auf dem Bauernhof

Das Zeichen ist ein Gemeinschaftszeichen! Es wird nur an Direktvermarkter vergeben, die den Absatz ihrer Produkte dauerhaft und mit Elan betreiben und bestimmte Voraussetzungen erfüllen.

Wer das Gemeinschaftszeichen einsetzt, hat mehrere Vorteile:

- Er wertet seinen Betrieb und seine Leistungen deutlich auf.
- Der Verbraucher wird auf den Betrieb aufmerksam. Er erhält die Sicherheit, daß er dort gut einkaufen kann.
- Der Betrieb erhält viele Anregungen und vielfältige Hilfen für die Werbung.
- Er gibt sich ein professionelles Erscheinungsbild und spricht mit einer gut gemachten Werbung mehr Leute an als vorher.

Träger des Zeichens ist die „Fördergemeinschaft Einkaufen auf dem Bauernhof".

Mitglieder dieser Fördergemeinschaft sind Bauernverbände und Landwirtschaftskammern der Bundesrepublik. Diese vergeben das Zeichen in ihrer Region nach bestimmten Richtlinien.

Sie betreiben außerdem eine Gemeinschaftswerbung für alle zeichenführenden Betriebe.

Und schließlich überwachen sie die Einhaltung der Verwendungsrichtlinien, damit das Gemeinschaftszeichen nicht durch Mißbrauch Schaden nimmt. Denn der Verbraucher soll ja eine Orientierungshilfe erhalten.

Die Fördergemeinschaft hat sich Ziele gesetzt, die den Direktvermarktern unmittelbar zugute kommen sollen:

1. Das Zeichen EINKAUFEN AUF DEM BAUERNHOF wird bundesweit bekanntgemacht.
2. Es werden Konzeptionen und Beratungsunterlagen für das einzelbetriebliche Marketing von Direktvermarktern entwickelt.
3. Die zeichenführenden Betriebe erhalten Tips und konkrete Hilfen für ihre hofeigene Werbung.
4. Es werden zentral Werbemittel entwickelt:
   - ein Erkennungsschild,
   - ein Leitfaden zur Optimierung der einzelbetrieblichen Werbung durch den richtigen Einsatz des Zeichens,
   - Informationsblätter für die Verbraucher,
   - Druckvorlagen für Zeitungsanzeigen, Flugblätter oder andere Werbemaßnahmen,
   - Tragetaschen,
   - Quittungs- und Rechnungsschecks,
   - Preisschilder, Handzettel, Aufkleber, Plakate und vieles mehr.
5. Die zentrale Herstellung der Werbemittel für alle Zeichen-Betriebe im Bundesgebiet ermöglicht außerordentlich geringe Stückkosten für den einzelnen Direktvermarkter. Ein wesentlicher Grund für die Zusammenarbeit von Bauernverbänden und Landwirtschaftskammern in der Fördergemeinschaft auf Bundesebene.

15 Ausstellungen/ Bauernmärkte

Klappern gehört zum Geschäft. Auch zum Geschäft Direktvermarktung. Im Kapitel Werbung wurde etwas harmlos von Öffentlichkeitsarbeit gesprochen. Hier wollen wir uns einige Möglichkeiten anschauen, wie die Direktvermarkter in der Gruppe oder in der Gemeinschaft die Öffentlichkeit auf sich aufmerksam machen können. Dazu gehört z. B. die Pressearbeit (Informationen weitergeben, Interviews, Pressegespräche organisieren), die Beteiligung an Veranstaltungen und Ausstellungen (z. B. Regionalmessen, Lokalmessen, auf Straßenfesten, auf landwirtschaftlichen Ausstellungen wie der grünen Woche, DLG-Ausstellungen oder dem zentralen Landwirtschaftsfest in München). Dazu gehört z. B. die Durchführung eigener Veranstaltungen (Besichtigungsfahrten, Tag der offenen Tür, Bauernmärkte). Die Liste ist bestimmt nicht vollständig und manchem vor Ort wird eine Idee kommen, die noch niemand verwirklicht hat. Am Beispiel einiger solcher Veranstaltungen soll hier gezeigt werden, wie man vorgeht und was man dabei beachten muß.

Organisieren Sie gemeinsam einen Bauernmarkt

Warum alles alleine machen? Es gibt genügend Kollegen, die sich mit Ihnen gern zusammentun, um einmal in der Öffentlichkeit wirklich groß präsent zu sein und eine größere Zahl von Menschen auf sich aufmerksam zu machen.

Eine sehr gute Möglichkeit hierzu bietet der Bauernmarkt, so eine Art „Tag der offenen Tür" für Direktvermarkter: An einem zentralen Ort (am besten auf einem Betrieb, eventuell auch auf einem öffentlichen Platz) stellen Sie und Ihre Kollegen Ihre Waren auf Ständen auf, bieten gemeinsam den Verbrauchern ein interessantes Beiprogramm und informieren die Verbraucher über Ihre Betriebe und über die Vorteile des Einkaufens auf dem Bauernhof.

Natürlich gibt es dabei vieles zu planen,

zu organisieren und zu überdenken. Aber, wenn jeder einen Teil der Aufgaben übernimmt, sich einer für die zentrale Koordination verantwortlich zeigt, ist auch ein solcher Bauernmarkt mit einfacheren Mitteln organisiert, als Sie es denken.

Die folgende Checkliste zeigt die wichtigsten Punkte, an die Sie denken sollten. Erschrecken Sie nicht, die Liste ist lang. Aber es ist sicherlich besser, vorher an die meisten Dinge zu denken, als am Tage selbst in der ganzen Hektik improvisieren zu müssen.

Checkliste

Woran Sie bei der Planung eines Bauernmarktes denken müssen!

Welche Betriebe nehmen teil (und wer mit welchem Sortiment)?
- rechtzeitig zusammensetzen
- auf Leistungsfähigkeit achten

Wie präsentieren die Betriebe ihr Sortiment?
- Standaufbauten
- Verteilung auf dem Gelände

Welches Motto soll der Tag haben?
- „Bauernmarkt in Pusemuckel"
- „Alles Gute ... direkt vom Hof"
- „Erntedank-Markt"

Aus welchem Einzugsgebiet kommen die Kunden?
- mindestens 30 km im Umkreis planen
- Haushalte zählen (Gemeinden geben Auskunft)
- Passen Sie auf: 10 % der Bevölkerung kommen vielleicht!

Wieviel Ware braucht jeder?
- rechnen Sie mit 3 000–5 000 Besuchern (bei gutem Wetter)
- Nachschub organisieren, wenn mehr Kunden als geplant kommen

Wer sorgt für das leibliche Wohl?
- Bierbuden, Getränkebuden
- Grill-Buden (natürlich wird Essen und Trinken von den Kunden bezahlt)

Wen müssen Sie besonders einladen?
- Stadtvertreter, Gemeindevertreter, Politiker, Vertreter öffentlich-rechtlicher Organisationen
- Presse, Funk und Fernsehen, Redakteure der Lokalzeitung, regionale Rundfunk- und Fernsehstudios, Nachrichtenagenturen, Korrespondenten überregionaler Tages- und Wirtschaftszeitungen, Redakteure von Fachzeitschriften, Pressestellen der Gemeinde
- Hausfrauen-Vereine, Kochclubs u. a.

Wie informieren Sie Ihre Teilnehmer?
- Werbebriefe
- Presseinformation
- Anzeigen/Beilagen in der Ortspresse
- Postwurfsendungen
- Plakate
- Aushänge in Geschäften und Verkehrsmitteln
- Transparente an Ortseinfahrten und -durchfahrten
- Werbeflächen an öffentlichen Verkehrsmitteln und Firmenfahrzeugen (Aufkleber)

Wie führen Sie Ihre Gäste zum Betrieb und auf dem Betrieb?

- Programme, Hinweise auf Schildern, Plakaten, Transparenten
- Broschüren, Faltblätter, Schautafeln
- Kennzeichnung der Gebäude, Stände
- Auslagen des Informationsmaterials

Wie sorgen Sie für Service und Sicherheit?

- Parkplatz- und Transport-Service
- Informationsstände
- Presse-Service (z. B. Presse-Mappe)
- Haftpflichtversicherung
- Sanitärdienst
- Polizei, Feuerwehr, Rotes Kreuz und ähnliche Hilfsdienste
- Alarm-Systeme, Kennzeichnung von Gefahrenpunkten, Rauchverbot, Schutzbekleidung u. ä.
- Lautsprecheranlage bzw. Megaphon für wichtige Durchsagen
- Toiletten
- Ausweichmöglichkeiten bei Regen (Zelt, Scheunen usw.)
  (Es gibt polizeiliche Vorschriften für die Organisation größerer Veranstaltungen; hier sollten Sie sich rechtzeitig an die örtliche Polizei bzw. ans Ordnungsamt wenden.)

Wie sieht das Rahmenprogramm aus?

- Musikkapelle
- Volkstanzgruppen
- Wettbewerbe für die Kunden/Verlosungen
- Demonstrationen (Maschinen, Tiere usw.)
- eventuell Vorträge, Dia-Schauen
- Kutschfahrten
- Streichelwiese für die Kinder

Was macht jeder einzelne Betrieb, um den Kunden zu überzeugen?

- Schilder mit Firmenzeichen und Adressen
- Geschmacksproben (z. B. von Wurst, Brot, Ei-Produkten, Getränken usw.)
- Informationsmaterial
- Tüten

Haben Sie einen Organisationsplan?

- Einteilung des Personals (für Kunden-Informationen, auf Parkplätzen, an den Straßen, zum Aufräumen u. a.)
- Zeiteinteilung (Werbung, Aufbau, Eröffnung, Schließung, Abbau)
  Haben Sie auch an die Pressearbeit nachher gedacht?
- vorgefertigten Bericht geben
- Bilder mitschicken
- Informationen über die Betriebe mitliefern

Ausstellungen locken viele Besucher

Wenn Sie die Gelegenheit haben, mit anderen Landwirten zusammen auf publikumswirksamen Ausstellungen präsent zu sein, sollten Sie diese Gelegenheit nicht vorbei gehen lassen. Sie können Tausende von Menschen auf sich aufmerksam machen.

Und: Die Veranstalter der Ausstellungen werden Sie in der Regel gerne aufnehmen. Vor allen Dingen dann, wenn Sie etwas zu bieten haben, was „Leben in die Bude" bringt, wie z. B. Brotbacken, Marmelade kochen, gutes Essen anbieten (dazu haben Sie ja hinreichend Gelegenheit).

Ausstellungs- und Messebeteiligungen wollen gründlich geplant sein; denn die Veranstalter müssen ja für einen reibungslosen Ablauf, für Ordnung und Sicherheit sorgen.

Wenn Sie sich also an Ausstellungen oder Messen beteiligen, sollten Sie die in der folgenden Checkliste genannten Punkte beachten.

Checkliste

Beteiligung auf Messen und Ausstellungen

Fordern Sie bei den Veranstaltern Anmeldeformulare und Hallenpläne an!

Fordern Sie die Ausstellungsordnung an:

- Höhe der Anmeldegebühr
- Tarife für Flächen- und Standmieten, die nach Größe und Mehrfrontenzuschlägen gestaffelt sein können
- Leistungen des Veranstalters wie Bereitstellung eines „Rohstandes", Versicherungen seitens des Veranstalters, Veröffentlichungen im Messekatalog

Machen Sie bei der Anmeldung möglichst präzise Angaben:

- Namen und Adressen der Aussteller, Telefon, Standbesetzung zu den verschiedenen Zeiten
- Ausstellungsgegenstände (Geräte, Zahl und Art des Tiermaterials)
- gewünschte Fläche in qm (in der Halle bzw. im Freien)
- Art des gewünschten Standes: offener Stand, Ein- oder Mehrfrontenstand
- Versicherungswert von Stand und Ausstellungstieren (z. B. für Brand und ähnliches)
- besondere Anforderungen an Standqualität bzw. für die Aktivitäten auf dem Stand (wie Verköstigungen u. a.)

Möglicherweise müssen Sie wichtige Termine bei der Anmeldung berücksichtigen, z. B. für

- Installationen
- Bau- und Dekoration des Standes
- Bezahlung der Miet-Beträge
- Beginn der Standmontage und -ausrüstung
- Beginn der Demontage und Abtransport der Gegenstände und des Standes

Prüfen Sie, wer die Versicherungen im einzelnen trägt:

- gegen Feuer, Explosion oder andere Schäden
- gegen Transport-, Ausstellungs- und Diebstahlschäden
- Haftpflicht gegenüber Dritten
- Unfälle und Krankheiten des Standpersonals

Bei der Gestaltung des Standes sollten Sie Rücksicht nehmen auf:

- Bereiche für mögliche Tierpräsentationen
- Bereiche für technische Demonstrationen
- Restaurationsplätze
- Standinformationsplätze
- Standleitungsbüro
- Besprechungskabinen
- freie Sitzgruppen
- Küche
- andere Aktionszentren am Stand.

Rüsten Sie das Standpersonal vernünftig aus:

- Bekleidung, Namensschilder
- Visitenkarten
- Argumentationstechnik.

Planen Sie rechtzeitig Ihre Werbung:

- Beteiligung am Messekatalog
- Eintrittskarten oder Gutscheine für bestimmte Personen
- Prospekte und Broschüren zur Information der Verbraucher
- Dokumentationen über die beteiligten Betriebe
- eventuell Werbegeschenke
- Berichte in den Zeitungen, Pressearbeit.

Nutzen Sie den Kontakt zur Presse

Gegenwärtig machen viele Direktvermarkter die Erfahrung, daß die Journalisten Ihnen in der Regel wohl gesonnen sind. Mancher stellt verwundert fest, daß er mit seinen Informationen über die Direktvermarktung auf offene Ohren stößt und schon einige Tage nach einem Gespräch mit einem Journalisten Interessantes über sich in der Zeitung lesen kann.

Aber man sollte sich hüten, Pressearbeit mit dem Holzhammer zu machen. Journalisten sind sehr feinfühlige Leute. Sie wittern nicht nur, wo eine Sensation naht, sie haben auch ein sehr feines Gespür dafür, ob man sie nur ausnutzen will oder ihnen wirklich etwas interessantes zu bieten hat. Den Kontakt zur Presse muß man pflegen, nicht erst dann, wenn man von ihr etwas will. Es gibt viele Gelegenheiten, zunächst selbst einen Beitrag zum Aufbau eines guten Verhältnisses zur Presse zu leisten: Man lädt zu einer Veranstaltung ein, übergibt – ohne sofort eine Gegenleistung dafür haben zu wollen – kleine Präsente (Selbstgemachtes, die ersten Erdbeeren) usw., informiert über sich.

Wer möchte, daß über ihn berichtet wird, muß Informationen bereit halten, die der Journalist verarbeiten kann. Dazu gehören Informationen über den Betrieb, die Ziele und Aktivitäten, über produktionstechnische Probleme und Bedingungen, über interessante Erfahrungen aus den Vorjahren (z. B. Begebenheiten beim Selbstpflücken von Erdbeeren). Hierzu gehören aber vor allen Dingen auch Bilder, die man rechtzeitig machen muß! Wollen Sie beispielsweise im nächsten Jahr rechtzeitig über den Beginn der Erdbeer-Pflück-Saison informieren, müssen Sie schon in diesem Jahr Bilder von den Feldern machen (und zwar schwarzweiß, damit sie auch vernünftig gedruckt werden können).

Und überlegen Sie einmal: Sie haben vielleicht auch außer der Direktvermark-

Donnerstag, den 12. Dezember 1985 — Landkreis Osn

Direktvermarkter schlossen sich zusammen

Feldzug für das deutsche Ei

Neuer Verein — Markige Werbung für „Kleinprodukte"

Osnabrück. „Ei und Ei ist zweierlei", meinen die Verantwortlichen des Erzeugerverbundes für Eier- und Geflügeldirektvermarktung Weser-Ems, deren neugegründeter Verein es sich zum Ziel gesetzt hat, auf das deutsche Qualitätsei aufmerksam zu machen. Dabei ziehen sie vor allem gegen Händler ins Feld, die Billigeier aus anderen Ländern auf den Markt bringen. Das sei zwar nichts Verwerfliches, sagen Vereinsvorsitzender Matthias Tepe (Hilter) und Geschäftsführer Karl Behrens (Oldenburg), doch könnten diese Eier in der Regel nicht den hohen Qualitätsanforderungen entsprechen, wie sie der Erzeugerverbund stelle.

In dem Verbund haben sich Eierdirektvermarkter zusammengeschlossen. Sie streben die Koordinierung der Marketingmaßnahmen für Produkte aus den angeschlossenen Eierdirektvermarktungsbetrieben und die Beratung über einen reibungslosen Eierabsatz. An den Mann gebracht wird in der Region Weser-Ems das Hühnerprodukt durch Verkauf auf dem Eierhof, auf dem Wochenmarkt oder aber am Eierwagen. Immerhin finden etwa 70 Prozent der Eier auf diesem Weg zum Verbraucher.

Strenge Qualitätskontrollen von neutraler Seite sollen die Gewähr für die Einhaltung der Verbundregeln bieten. Das Vertriebssystem sorgt, keine lange Lagerung vorausgesetzt, für einen zügigen Absatz und damit für Frische. Tierärztliche Überwachung der Legehennenbestände sind den Haltern ebenso wichtig wie die Mindestqualitätsanforderungen an das zentral eingekaufte Futter.

Nur wer die strengen Richtlinien einhält, ist berechtigt, das markant gestaltete Verbundzeichen zu Werbe- und Informationszwecken zu benutzen. In Osnabrück vertreiben fünf Erzeuger dieses Verbundes ihre Produkte. „Der beste Weg zum frischen Ei: direkt vom Bauernhof" heißt es auf dem Aufkleber.

Manch einer mag sich da vorstellen, daß auf diesem Bauernhof die Hennen pickend über die Höfe stolzieren. Dem ist nicht so. Daß die Eier solcher Hühner besser seien, als die ihrer in Käfigen lebenden „Kolleginnen", sei ein Ammenmärchen, meint Eiererzeuger Tepe. Vielmehr sei das Gegenteil der Fall. Freilebende Hühner erkrankten sehr viel schneller und seien oft tuberkulös durchseucht.

Für viele Hausfrauen spielt die Dotterfarbe eine wichtige ... Nur wenige wissen, daß ...

„DER BESTE WEG zu...
markter. In Osnabrück

wichtsklassen eins ...
Karl Behrens und ...
Tepe wissen, wovon ...
chen, wenn sie behau...
diese Hausfrauenan...
sachlichen Standp...
nicht haltbar ist. ...
kommt es auf das I...
und das ist von ...
klasse fünf bis e...
gleich groß und nah...
Gewichtsdifferenz ...
durch das Eiklar ...
das zum Großteil a...

tung in anderen landwirtschaftlichen Gremien zu tun; auch hier gibt es vielleicht hin und wieder etwas Interessantes an die Presse zu berichten. Nutzen Sie auch diese Gelegenheiten, Kontakte aufzubauen.

Das Wichtigste an allem ist wohl, daß Sie die Journalisten nicht mit Banalitäten überschütten. Wenn Sie also an die Presse herantreten, dann nach Möglichkeit mit immer neuen Informationen. Hierzu gibt die folgende Checkliste einige Tips.

n Ei: direkt vom Bauernhof" — so lautet die Devise der Eierdirektver-
Erzeuger mit ihren Verkaufswagen unterwegs. Foto: Elmar Arlinghaus

Adoption: Ältere Kinder sind kaum noch gefragt

Pädagoginnen sollen Aufklärung leisten

Osnabrück. Angesichts zunehmender Schwierigkeiten, Adoptiv- [illegible] der Pflegeeltern [illegible] als [illegible]

bereits seine Zustimmung gegeben. Wie Landrat Tegeler mitteilte, sollen die beiden neuen Mitarbeiterinnen durch Aufklärung und Schulung der

Checkliste

Presseinformationen müssen interessant sein

Ein Journalist könnte z. B. daran interessiert sein

- wie Sie Ihre Schweine mästen, die Sie zum Verkauf anbieten
- wieviel Leute im vergangenen Jahr auf Ihren Erdbeer-Plantagen gepflückt haben
- welche Kinder die schönsten Bilder beim Malwettbewerb erstellt haben
- wie Sie Ihr Brot backen
- welche Tips Sie zum Einmachen haben
- warum Sie dieses Geschäft betreiben, was Sie für ein Mensch sind
- wann eine Veranstaltung, eine Ausstellung stattfindet und was es dort zu sehen gibt
- was man mit den Pilzen alles machen kann.

16

Was darf ich, was nicht?

Es soll immer noch Direktvermarkter geben, die über die „leidigen" Rechtsvorschriften stöhnen. Sie sollten sich eines Besseren besinnen. Auch ein Metzger, ein Bäcker, ein Lebensmittelhändler darf nicht tun, was er will. Er muß bei der Vermarktung seiner Produkte eine Reihe von Vorschriften einhalten. Gott sei Dank! Wo kämen wir denn sonst hin?

Ebenso darf und kann es für den Direktvermarkter keinen rechtsfreien Raum geben. Und im übrigen kann es auch für die gesamte Direktvermarktung nur vorteilhaft sein, wenn der Verbraucher weiß, daß hier alles mit rechten Dingen zugeht.

Was darf ich, was nicht? Diese Frage ist gar nicht so einfach zu beantworten. Denn es gibt immerhin über 200 Gesetzesvorschriften, mit denen der Landwirt konfrontiert werden kann. Muß er diese alle kennen? Selbst wenn er müßte, er könnte es ja gar nicht.

Was also sollte er tun?

Zunächst sollte er sich ganz klar darüber werden, daß ihm auf jeden Fall – bei dem einen früher, bei dem anderen später – die Überwachungsbehörden auf den Pelz rücken.

Da fährt zufällig jemand vom Ordnungsamt an seinem Betrieb vorbei und fragt sich: Was macht der denn da? Ein anderer wird mit seinem Fahrzeug von der Polizei gestoppt, und sei es auch nur bei einer Routinekontrolle. Und schließlich schläft ja auch der Wettbewerb nicht und erstattet Anzeige, z. B. weil die Ladenschlußzeiten nicht eingehalten werden, die Preisauszeichnung nicht durchgeführt wird usw. usw.

Es gibt nur den einen Weg, sich vorher zu den Behörden zu begeben oder fachlichen Rat bei Stellen einzuholen, die sich auskennen.

Über die Einhaltung der lebensmittelrechtlichen Vorschriften wachen die Veterinärämter (der Kreise bzw. kreisfreien Städte) und die Ordnungsämter. Für das Verkaufen auf der Straße benötigt man die Einwilligung der Straßenverkehrsbehörden. Über die Einhaltung handwerksrechtlicher Vorschriften wachen die Ordnungsämter (der Gemeinden und Städte). Mit Spezialproblemen muß man evtl. zum Bauamt gehen, zum Finanzamt oder zum Gewerbeaufsichtsamt.

Wer sich scheut, diese Behörden selbst anzusteuern, hat ja immer noch die Möglichkeit, zunächst Rat bei seinen berufsständischen Organisationen einzuholen (Landwirtschaftskammern, Beratungsstellen der regionalen Bauernverbände, staatliche Beratungsstellen), kann seinen Steuerberater befragen oder für andere Probleme einen privaten Unternehmensberater (z. B. bezüglich der Werbung) befragen.

Die verschiedenen berufsständischen Organisationen haben gerade in den letzten Jahren zum Rechtsteil umfangreiches Informationsmaterial zusammengestellt. Die Informationen daraus sind auch für diese Darstellung hier genutzt worden. In Einzelfragen muß man sich natürlich dieses Material beschaffen (der Bauernverband in München hat z. B. vor einiger Zeit ein gelbes Faltblatt mit den wichtigsten Rechtsvorschriften veröffentlicht, leitende Mitarbeiter der Landwirtschaftskammer Münster haben sowohl in top agrar als auch im Landwirtschaftlichen Wochenblatt Westfalen-Lippe zu den verschiedenen Rechtsproblemen detaillierte Darstellungen gegeben).

Nicht für alle Produkte und auf allen Absatzwegen gelten die gleichen Vorschriften. Auch deshalb muß der Landwirt nicht alle Gesetze kennen.

Andererseits aber gibt es einige grundsätzliche Vorschriften, die von jedem einzuhalten sind.

Dieses Buch kann und will keine Rechtsbelehrung durchführen. Es kann nur auf die wichtigsten Probleme hinweisen, mit denen sich der Direktvermarkter im Einzelfalle auseinanderzusetzen hat. Wie bei den Lottozahlen „Ohne Gewähr"; denn erstens ist die Rechtsprechung nicht in allen Ländern gleich und zweitens ist vieles einfach Auslegungssache der zuständigen Behörden.

Es wird gezeigt, wo die gesetzlichen Fallstricke sind, damit Sie als Direktvermarkter im Einzelfall wissen, wen Sie worüber um Detailauskünfte bitten müssen.

Alles nur eine Ausnahme!

Jeder Direktvermarkter sollte wissen, daß er in den Augen des Gesetzes nur eine Ausnahmeerscheinung ist. Das Vermarkten von Lebensmitteln obliegt im Grundsatz der gesetzlichen Vorschriften den dafür zugelassenen Unternehmen der Be- und Verarbeitungsstufe sowie des Handels. Diese Betriebe müssen ihre Tätigkeit dem Gewerbeaufsichtsamt anmelden, sie müssen sich dort registrieren lassen und häufig dafür (z. B. die Metzger und Bäcker) Voraussetzungen erfüllen, die ein Landwirt in vielen Fällen nicht bieten kann.

Der Gesetzgeber stellt die Landwirte von zahlreichen Gesetzesvorschriften frei, weil er davon ausgeht, daß

- die vermarkteten Produkte in dem landwirtschaftlichen Betrieb selbst erzeugt worden sind
- der Umfang der Vermarktungstätigkeit zwar nicht bedeutungslos, aber doch relativ gering ist.

Dies gilt nicht nur für die gewerberechtlichen Regelungen, sondern auch für alle anderen Vorschriften. Je umfangreichere Formen die Direktvermarktung auf einem Betrieb einnimmt, desto mehr Gesetze und Vorschriften sind in der Regel auch einzuhalten.

Lebensmittelrechtliche Vorschriften

Selbstverständlich darf auch ein Landwirt (genauso wenig wie jeder andere) keine gesundheitsschädlichen Lebensmittel in den Verkehr bringen, d. h. er darf keine Lebensmittel verkaufen, die z. B.

- verfault oder verschimmelt sind
- giftig sind
- Krankheitserreger tragen
- unerlaubte Rückstände von Pflanzenschutzmitteln, tierärztlichen Präparaten, Schwermetallen oder Desinfektionsmitteln aufweisen.

Solche – im Grunde genommen selbstverständlichen Vorschriften – findet man in dem „Grundgesetz" für alle lebensmittelrechtlichen Bestimmungen, dem **Lebensmittel- und Bedarfsständegesetz** (= „Gesetz über den Verkehr mit Lebensmitteln, Tabakerzeugnissen, kosmetischen Mitteln und sonstigen Bedarfsgegenständen").

Dieses Gesetz verbietet es z. B. auch, Lebensmittel zu verkaufen, die in ihrer Beschaffenheit „von der Verkehrsauffassung" abweichen und/oder den Verbraucher irreführen und täuschen, beispielsweise bezüglich der Zusammensetzung eines Produktes oder der Bezeichnung: Von einer Frikadelle, einer Bockwurst, einem Holländer Käse, einem Artländer Schinken, einer Münchner Weißwurst, einem „falschen" Filet, einem naturgereiften Apfel hat der Verbraucher bestimmte Vorstellungen, die man selbstverständlich erfüllen muß, wenn man betreffende Produkte anpreist bzw. mit den feststehenden Begriffen kennzeichnet.

Lebensmittel dürfen nicht mit Bezug auf Krankheitsverhütungserwartungen angeboten werden, also kein Ziegenkäse zur Verhinderung von Herzinfarkt oder anderes.

Im übrigen regelt dieses Gesetz die Anwendung der übrigen Vorschriften, z. B. zur Preisauszeichnung, Kennzeichnung, Anwendung der Handelsklassen usw.

Landwirte, die Lebensmittel be- und verarbeiten, dürfen diese natürlich nur unter den gebräuchlichen Bezeichnungen verkaufen, wenn sie die Mindestbedingungen einhalten, die für jedes einzelne Produkt im Lebensmittelbuch beschrieben sind. Dies gilt insbesondere für die Herstellung von Wurst und Fleischwaren, von Milchprodukten, von Getränken, Marmeladen, Brot und Backwaren.

Preisauszeichnung muß sein!

Das Lebensmittel- und Bedarfsgegenständegesetz schreibt in einer speziellen Verordnung unter anderem auch die Preisauszeichnungspflicht vor. Auch die Landwirte müssen danach die dem Letztverbraucher angebotene Ware („einschl. der Umsatzsteuer und sämtlicher Preisbestandteile") mit Preisen auszeichnen, und zwar so, daß die Preise gut lesbar sind und auch den Angeboten jeweils zugeordnet werden können (entweder durch Kennzeichnung auf der Ware, Schilder mit unmittelbarem Bezug zur Ware an den Behältnissen und/oder Preistafeln an der Wand).

Bei lose angebotener Ware müssen die Preise auf übliche und gut teilbare Mengen bezogen werden, z. B. kg, 100 g bzw. l, 100 ml. Für fertig verpackte Ware gibt es bei den einzelnen Warengruppen Vorschriften, in welchen Verpackungsgrößen (50 g, 125 g, 250 g, 500 g usw.) das betreffende Produkt verpackt werden darf und muß.

Vorsicht bei Fertigpackungen!

Wer lose Ware anbietet, seine Produkte vor den Augen der Verbraucher verpackt oder (auch ohne daß der Verbraucher dies sieht) Ware zur „alsbaldigen Abgabe an den Verbraucher" herstellt, muß sich bezüglich der Fertigpackungsverordnung keine Sorgen machen.

Wer aber abweichend davon „in Abwe-

senheit des Käufers Ware abpackt und verschließt, so daß die in dem Behältnis enthaltene Menge des Erzeugnisses ohne Öffnen oder merkliche Änderungen der Verpackung nicht verändert werden kann", muß die Bestimmungen der Fertigpackungsverordnung beachten.

Die Vorschriften beinhalten vor allen Dingen festgelegte Bedingungen für die Kennzeichnung der Verpackungen (nach der Lebensmittelkennzeichnungsverordnung):

- Name und Anschrift des Herstellers oder Verpackers
- Inhalt nach handelsüblicher Bezeichnung
- Mengenangabe
- Zutatenangabe
- Mindesthaltbarkeitsdatum
- evtl. Lagerungsvorschrift (z. B. Höchsttemperatur)

Werden in größerer Menge Produkte einheitlichen Gewichts hergestellt (z. B. Leberwurst in 250 g-Dosen) so muß der Hersteller auch durch statistische Aufzeichnungen der Verwiegungen sicherstellen, daß er bestimmte Toleranzen in der Einwaage nicht unterschreitet.

Wer Wurst im Darm herstellt oder seinen Schinken in Folienverpackung einschweißt, produziert damit noch keine Fertigpackung.

Typische Fertigpackungen dagegen sind: Wurst und Würstchen in Dosen, Eingemachtes in fest verschlossenen Gläsern, Milch in zugeschweißten Tüten, Getränke in Flaschen.

Draufschreiben, was drin ist!

Wer Lebensmittel nicht im Originalzustand verkauft, sondern be- und verarbeitet (z. B. Wurst, Marmelade, Joghurt und

ähnliche Milchprodukte, Gemischtsalate), muß dem Verbraucher auf dem Etikett deutlich machen, woraus das Produkt zusammengesetzt ist (Bestandteile, Zutaten). Er muß auch nach der **Zusatzstoff-Zulassungsverordnung** alle sogenannten Zusatzstoffe angeben, die er bei der Produktion des betreffenden Produktes eingesetzt hat, z. B. bei der Wurstherstellung

- Nitritpökelsalz oder Kaliumnitrat
- Kutterhilfsmittel (Salze von organischen Säuren und Phosphate).

In der Zusatzstoff-Zulassungsverordnung sind zu diesen Hilfsmitteln außerdem Bedingungen und Grenzen bezüglich der Verwendungsintensität angegeben.

Hygiene über alles!

Schon aus eigenem Interesse sollten die Direktvermarkter darauf achten, daß sie pingelich genau die Hygienevorschriften einhalten. Auch hierzu muß man nicht jede einzelne Vorschrift kennen, sondern zunächst einmal den Willen haben, dem Verbraucher nichts anzubieten, was man auch nicht selbst unter den gegebenen Produktionsbedingungen verzehren würde. Nur Ware, die unter absolut reinlichen Bedingungen produziert wurde, mit Trinkwasser gereinigt wurde, durch fachgerechte Kühlung oder Erhitzung haltbar gemacht wurde, darf verkauft werden.

Es versteht sich von selbst, daß die für die Produktion benutzten Räume und Geräte permanent gereinigt und den gesetzlichen Vorschriften entsprechend desinfiziert werden müssen.

Dies gilt in besonderem Maße für die Produktion aller verderblichen Produkte (wie Fleisch, Wurst, Geflügel, Milch, Brot).

Die Hygieneverordnungen schreiben für jedes einzelne der betreffenden Produkte vor,

- in welchem Zustand die betreffenden Räume sein müssen (z. B. ob separat vorhanden, in welcher Entfernung von Stallungen, wie groß, wie hoch, wie ausgestattet usw.)
- in welchem Zustand die für die Be- und Verarbeitung genutzten Geräte sein müssen (z. B. Material der Verkaufs- und Arbeitstische)
- welche Voraussetzungen an die für die Verarbeitung genutzten Tierbestände zu stellen sind (z. B. Tuberkulosefreiheit, Brucellosefreiheit beim Rind, das für die Milchproduktion eingesetzt wird)
- welche Bakterienkeime enthalten oder nicht enthalten, welche bis zu welcher Grenze enthalten sein dürfen, wie hoch und wie niedrig die pH-Werte sein dürfen (z. B. bei der Rohmilch)
- in welchem Umfang der Betrieb bzw. die Bestände vom Veterinäramt kontrolliert werden müssen
- in welcher Form Waschgelegenheiten angetroffen werden müssen und vieles andere mehr.

Wer Backware, Eiprodukte, Fische, Fleisch und Fleischerzeugnisse, Feinkostsalate und ähnliches, Milch und aus Milch hergestellte Produkte, Speiseeis „herstellt, behandelt oder in Verkehr bringt" benötigt nach dem Bundesseuchengesetz ein Gesundheitszeugnis, „wenn er diese Tätigkeit erstmalig ausübt". Gehen Sie also rechtzeitig zu Ihrem Gesundheitsamt. Dieses Zeugnis muß nach neuester Rechtsprechung nicht regelmäßig erneuert werden. Man ist aber verpflichtet, Erkrankungen anzumelden, die unter das Bundeseuchengesetz fallen (z. B. Salmonellen-Befall) und darf selbstverständlich die genannten Tätigkeiten nicht mehr ausführen, wenn man entsprechende Krankheiten hat.

Ohne Hygiene geht nichts! Schon mancher mußte viel Lehrgeld bezahlen, weil er glaubte, den Segen des Veterinäramtes nicht zu benötigen. Später wurde ihm dann der Schlachtraum zugemacht, die ganzen Investitionen waren umsonst.

Anwendung finden diese Vorschriften

zwar häufig nur bei Absatzmengen, die über den Minimal-Absatz hinausgehen (bei Milch z. B. bei 10–20 l je Tag, unterschiedlich in den Ländern). Beachtet werden sollten sie aber von allen Betrieben.

Die Einhaltung der Hygienevorschriften ist nicht nur für den einzelnen Landwirt und für seine Verbraucher sehr wichtig. Das Gesamtimage der Branche kann erheblich geschädigt werden, wenn durch mangelnde Hygiene Skandale entstehen. Stellen Sie sich nur vor, Salmonelleninfektions-Fälle gehen durch die Presse in Verbindung mit der Direktvermarktung von Fleisch oder Geflügel!

Die Landwirtschaft ist in jüngster Zeit skandalgeschädigt genug. Es muß nicht auch noch die Direktvermarkter erwischen.

Gehen Sie deshalb rechtzeitig zum Veterinäramt und lassen Sie sich sagen, wie Sie Ihre Räume für die Herstellung der verderblichen Nahrungsmittel herrichten müssen (welche Fliesen Sie gebrauchen, welche Farbe diese haben müssen, ob Sie einen Fettabscheider benötigen, wie der Fußboden beschaffen sein muß usw.).

Die Auskunft dazu kann Ihnen keiner verwehren. Wer Angst hat, ihm würden zu viele Auflagen gemacht oder er müsse zuviel investieren, der hat auch wahrscheinlich so ungünstige Voraussetzungen, daß er besser ganz die Finger von der Produktion entsprechend empfindlicher Produkte läßt.

Hygiene ist überall dort ein kritischer Punkt, wo leicht verderbliche Ware unverpackt angeboten wird. Die Einhaltung der notwendigen Hygienevorschriften ist in der Regel nicht ohne Investitionen zu bewerkstelligen. Diese Investitionen betreffen die notwendigen Spüleinrichtungen, aber auch die entsprechenden Verkaufseinrichtungen (z. B. Theken, bei denen man unter anderem auch darauf achten muß, daß die verschiedenen Nahrungsmittel nicht miteinander in Berührung kommen, z. B. unverpacktes Geflügel, Fleisch und Käse durch räumliche Entfernungen oder durch Trennwände so voneinander getrennt gelagert werden, daß eine gegenseitige nachteilige Beeinflussung nicht stattfinden kann).

Was zur Kühlung erforderlich ist, welche Temperaturen eingehalten werden müssen, und wie beispielsweise diese Bedingungen eingehalten werden können (etwa durch Glas-„Schürzen" über den Theken), auch das erfahren Sie bei Ihrem zuständigen Veterinäramt (und vorab können Sie ja auch schon einmal Ihren Metzger oder Lebensmittelhändler fragen).

Wozu Handelsklassen?

Für zahlreiche Lebensmittel, insbesondere die pflanzlichen Produkte (aber z. B. auch Eier), gilt allgemein die Vorschrift, daß diese nur unter den festgelegten Handelsklassenbezeichnungen verkauft werden dürfen. Es handelt sich dabei entweder um nationale Handelsklassenverordnungen oder Qualitätsnormenverordnungen oder auch um EG-Vermarktungsnormen.

Im wesentlichen schreiben diese Gesetze vor

– daß die betreffenden Lebensmittel nur nach bestimmten Güteeigenschaften verkauft werden dürfen, daß sie in Gütegruppen einzuteilen sind
– nach welchen Kriterien (in der Regel Größe und äußerlich sichtbare Qualität) die Einstufung zu erfolgen hat
– welche Toleranzen dabei einzuhalten sind
– in welcher Verpackung und Aufmachung die Produkte verkauft werden dürfen
– wie sie zu kennzeichnen sind.

Bei Eiern gilt darüber hinaus der „Packstellenzwang", d. h. nach den Handelsklassenvorschriften vermarktete Eier müssen in offiziell zugelassenen Packstellen abgepackt werden.

Für die Handelsklassenvorschriften gilt

in der Regel keine Anwendungspflicht beim Ab-Hof-Verkauf. Der Betrieb darf die Handelsklassen aber anwenden (nicht bei Eiern, wenn diese nicht über eine Packstelle gelaufen sind!).

Auf allen anderen Absatzwegen müssen die Handelsklassen angewendet werden (aber auch hier gibt es wieder Ausnahmen: Bei Kartoffeln zum Einkellern werden bestimmte Bedingungen nicht gefordert, Eier auf dem Verkaufswagen, die nicht über eine Packstelle gelaufen sind, dürfen nicht mit den Handelsklassenkennzeichnungen versehen werden).

Denken darf man alles, sagen nicht!

So überzeugt mancher davon ist, daß seine Wurst besser ist als die eines anderen Anbieters, daß seine Produkte natürlich und gesund sind, sagen darf er das noch lange nicht!

Denn es gibt ein Gesetz gegen unlauteren Wettbewerb, welches in Deutschland jede Art vergleichender Werbung untersagt. Sie dürfen schon darauf hinweisen, daß Ihre Waren zu den besten gehören, die man sich vorstellen kann, aber nicht, daß sie „besser sind als ...".

Wie schnell ist man auch geneigt, auf der grünen Welle reitend von gesundem Obst, der heilenden Wirkung von Kräutern zu sprechen. Dürfen darf man das nicht.

So dürfen z. B. auch Landwirte, die Eier verkaufen, die nicht von freilaufenden Hühnern stammen, den Begriff „land-

frisch" in ihrer Werbung nicht verwenden!

Ebensowenig, wie den Verbraucher durch falsche Angaben irreführen. Man darf ihm also nicht erzählen, daß die Eier aus Bodenhaltung sind, wenn sie tatsächlich aus Käfighaltung stammen. Man darf nicht sagen, daß die Produkte alle auf dem eigenen Betrieb erzeugt wurden, wenn man sie zugekauft hat. Man darf auch nicht sagen, daß die Erdbeeren nicht gespritzt sind, wenn man eine Botrytisbehandlung durchgeführt hat, als die Verbraucher es gerade nicht gesehen haben.

Seit einiger Zeit darf man auch keine Werbung mehr mit durchgestrichenen Preisen machen. D. h. man darf nicht einen bestehenden Preis durchstreichen, einen anderen danebensetzen, um die Preisgünstigkeit der Waren zu signalisieren.

Und man darf Zugaben und Rabatte nur in begrenztem Umfang geben, auf keinen Fall in einer solchen Form damit werben, daß auf den Kunden ein Kaufzwang ausgeübt wird (was nicht heißen muß, daß man nicht beim Abwiegen der Erdbeeren oder Kartoffeln zugunsten des Kunden auch etwas großzügig sein darf, daß man die Leute beim Erdbeerpflücken nicht naschen lassen darf, den Kindern nicht ein Stück Wurst, einen Apfel oder ähnliches zustecken darf).

Auch sonst darf sich der Direktvermarkter in der Werbung nicht alles erlauben. Er darf z. B. nicht unmittelbar vor der Verkaufsstelle eines Konkurrenten Handzettel verteilen. Das verstößt gegen das Gebot des fairen Wettbewerbs.

Es ist unzulässig, durch Hinweise auf Selbstverständlichkeiten Vorteile gegenüber dem Wettbewerb zu erhaschen. Ist z. B. für ein Produkt (Fleisch, Damwild) eine amtliche tierärztliche Kontrolle ausdrücklich vorgeschrieben, darf dies in der Werbung nicht herausgestellt werden.

Einfach so auf die Straße?

Darf man das? Hat man nicht schon einmal was von einer Reisegewerbeordnung gehört?

Normalerweise unterliegen Straßenverkauf und Hausbelieferung der Reisegewerbeordnung, d. h. man muß sich hierfür beim Ordnungsamt eine Reisegewerbekarte ausstellen lassen. Gewerbliche Direktvermarkter müssen dies ohnehin. Man erhält die Karte in der Regel für 3 Jahre und muß sie ständig mit sich führen (auch fremde Verkaufsfahrer).

Aufgepaßt: Das Ordnungsamt macht dem Finanzamt über die Ausstellung der Karte eine Mitteilung! Wenn Landwirte aber mit Ausnahme eines geringen Zukaufanteils (der in den meisten Bundesländern mit weniger als 15 % angesetzt wird) nur die von ihnen selbst erzeugten Produkte auf dem Wagen führen, benötigen sie in der Regel keine Reisegewerbekarte.

In manchen Gegenden muß man für den Straßenverkauf eine sogenannte Sondernutzungserlaubnis beantragen (kostet geringe Gebühr). Derartige Erlaubnisse geben dem Selbstvermarkter das Recht, an bestimmten Plätzen oder auf bestimmten Routen die Verkaufstätigkeit durchzuführen. Man muß dann also die genauen Fahrtrouten und die Haltestellen angeben.

Die Anträge hierfür sind bei den jeweiligen Behörden zu stellen, die für die „Straßenbaulast" zuständig sind.

Wer mit dem Wagen durch die Straßen fährt, muß auch darauf achten, daß er durch das Werben, Anbieten und Verkaufen seiner Produkte andere Verkehrsteilnehmer nicht gefährdet (gilt auch für Fußgänger). Lautsprecherdurchsagen, das Läuten einer Glocke, verkehrsbehinderndes Verteilen von Zetteln und Warenproben werden dem Fahrverkäufer heute relativ schnell untersagt. Ähnliches gilt nicht nur für eine bewegliche Verkaufsstelle, sondern auch für Verkaufsstände, die am Rande der Straßen eingerichtet werden. In geschlossenen Ortschaften wird die Erlaubnis für Sondernutzung durch die Gemeinde, auf überörtlichen Straßen durch die Straßenverkehrsbehörde erteilt.

Wer auf die Straße geht, unterliegt selbstverständlich der Straßenverkehrsordnung. D. h. er muß natürlich alle Voraussetzungen erfüllen, die jeder andere Verkehrsteilnehmer auch zu erfüllen hat. Und er muß in besonderer Weise darauf achten, daß er durch seine Verkaufstätigkeit den Verkehr nicht stört; denn grundsätzlich ist das „Anbieten von Waren und Leistungen aller Art auf den Straßen sowie außerhalb geschlossener Ortschaften, jede Werbung durch Bild, Schrift, Licht und Ton gemäß Straßenverkehrsordnung verboten, wenn dadurch Verkehrsteilnehmer in einer den Verkehr gefährdenden oder erschwerenden Weise abgelenkt oder belästigt werden können".

Ab 18.30 Uhr ist der Laden dicht!

Beim Ab-Hof-Verkauf ist das Ladenschlußgesetz zu beachten, wenn von „derselben Stelle" aus für unbegrenzte Zeit landwirtschaftliche Erzeugnisse vorrätig gehalten und vertrieben werden. Als Bedingung wird das Vorhandensein einer festen Verkaufseinrichtung (fester Sokkel, aufgrund der Türen, Fenster und Einrichtung als Verkaufsraum erkennbar) angesehen. Nicht betroffen sind Landwirte, die nur zu bestimmten Zeiten (z. B. während der Erntesaison) Obst, Gemüse, Kartoffeln etc. verkaufen.

Ausnahmen vom Ladenschlußgesetz sind auch für Kur-, Ausflugs-, Erholungs- und Wallfahrtsorte möglich, sowie beim Verkauf von Milch und Milcherzeugnissen, frischen Früchten, Blumen. Es lohnt sich auf jeden Fall, nach Sonderregelungen bei den örtlich zuständigen Ordnungsämtern zu fragen.

Die Landesregierungen können dies durch Rechtsverordnungen im einzelnen festlegen.

Hat für einen Landwirt das Ladenschlußgesetz Geltung, sind folgende Verkaufszeiten einzuhalten:

Montag–Freitag 7.00–18.30 Uhr

Samstag 7.00–14.00 Uhr.

Wie üblich gelten auch für den Landwirt dann die längeren Öffnungszeiten für den jeweils 1. Samstag im Monat (bzw. den 2. Samstag, wenn der 1. ein Feiertag ist) sowie die Samstage vor Weihnachten: An diesen Tagen darf das Geschäft jeweils bis 18.00 Uhr geöffnet sein.

Das Ladenschlußgesetz gilt übrigens auch für denjenigen, der seine Waren im Straßenverkauf vom Auto aus oder an der Haustür des Endverbrauchers verkauft!

Bauen ohne Genehmigung?

So wenig jemand anders an irgendeiner Stelle einfach ein Haus errichten kann, so wenig darf der Direktvermarkter – wo auch immer – einfach einen Verkaufsraum einrichten.

Soweit er auf dem Hof eine Garage, einen Teil seiner bisherigen Betriebsgebäude zum Verkaufsraum umbauen will, muß er je nach Lage der Dinge eine Baugenehmigung dafür einholen oder zumindest eine Baunutzungsänderung beantragen.

Wenngleich dies häufig nicht so scheint, sind auch in der Regel (die Bauordnungen der Länder sind hier nicht ganz einheitlich) solche Verkaufsanlagen baugenehmigungspflichtig, die trotz ihrer prinzipiellen Beweglichkeit überwiegend ortsfest genutzt werden (wozu unter Umständen auch Verkaufswagen und Anhänger gezählt werden).

Und was mancher nicht weiß: Auch das Aufstellen und Anbringen von Schildern (= Werbetafeln) ist eine baurechtlich genehmigungspflichtige Maßnahme, wobei bezüglich der Einzelregelungen länderspezifische Besonderheiten gelten (in vielen Fällen wird eine solche Fläche dann baugenehmigungspflichtig, wenn sie eine Größe von mehr als 0,8 m überschreitet), 0,5–0,8 m – unterschiedlich in den Bundesländern.

Kleinere Werbeschilder dagegen sind in der Regel genehmigungs- und anzeigefrei; auch werden Schilder nicht beanstandet, wenn sie direkt am Ort des Verkaufs vorübergehend aufgestellt sind (z. B. auf Erdbeerfeldern).

Außerhalb geschlossener Ortschaften dürfen solche Schilder/Werbetafeln nur in größerer Entfernung von Kreis-, Land- und Bundesstraßen aufgestellt werden (wobei in der Regel Entfernungen von ca. 40–50 m anzusetzen sind). Unabhängig von dieser Regelung sind diese Schilder aber auch je nach Größe genehmigungs- bzw. anzeigenpflichtig. Bezüglich der Schilder in geschlossenen Ortschaften wendet man sich direkt an das Ordnungsamt.

Ist Ihre Waage auch geeicht?

Das Eichgesetz schreibt vor, daß Meßgeräte zur Bestimmung u.a. der Masse und des Volumens geeicht sein müssen, wenn sie im geschäftlichen Verkehr verwendet oder so bereitgehalten werden, daß sie ohne besondere Vorbereitung in Gebrauch genommen werden können.

Für Waagen, die in landwirtschaftlichen Betrieben im geschäftlichen Verkehr bereitgehalten werden, sieht das Gesetz eine Ausnahme von der Eichpflicht vor, wenn diese Meßgeräte nur innerbetrieblich verwendet werden – also wenn kein Verkauf damit durchgeführt wird und sie deutlich erkennbar als nicht geeicht gekennzeichnet sind. Eine auch nur gelegentliche Verwendung einer nicht geeichten Waage ist nicht zulässig.

Nicht jedes Gewerbe hat einen schlechten Ruf

Wenn Landwirte das Stichwort Gewerbe hören, schrecken die meisten auf. Den einen schrecken vermeintliche zusätzliche Kosten und Abgaben an das Finanzamt. Der andere hat einfach Angst vor etwas Fremdem.

Und doch ist der Schritt zur Gewerbetätigkeit für viele Direktvermarkter der einzige Weg, vernünftig zu arbeiten und dabei auch steuerliche und rechtliche Probleme in einem geordneten Rahmen zu handhaben.

Was würde die Eintragung eines Gewerbebetriebes für den Landwirt bedeuten? Der Landwirt müßte – wie andere Gewerbebetriebe auch – Umsatzsteuer/Mehrwertsteuer ans Finanzamt abführen, er müßte nach Überschreiten bestimmter Freigrenzen Gewerbesteuern bezahlen. Er muß vor allen Dingen durch ordnungsgemäße Buchhaltung die Überwachung des Betriebes möglich machen. Und das hat natürlich zur Folge, daß er hierfür die Mehraufwendungen zu tragen hat, evtl. einen Steuerberater bezahlen muß usw.

Bevor wir uns mit den Einzelheiten beschäftigen, ist eine wichtige Klärung notwendig:

Nicht jeder, der Gewerbe sagt, meint das gleiche; man muß zunächst steuerrechtliche und gewerberechtliche Aspekte unterscheiden.

Gewerbe- und steuerrechtliche Gesichtspunkte

Im einzelnen gelten folgende wesentliche steuerliche Unterschiede in der Behandlung von Gewerbebetrieben im Verhältnis zu Betrieben der Land- und Forstwirtschaft:

- Für den Gewerbebetrieb wird ein eigener Einheitswert festgestellt; somit ergeben sich Konsequenzen für die Grundsteuer (B) und eventuell für die

Vermögens- und Erbschaftssteuer.
- Gewerbebetriebe werden beim Überschreiten bestimmter Freibeträge zur Gewerbesteuer veranlagt;
- bei der Umsatzbesteuerung gelten die Bestimmungen der Regelbesteuerung;
- bei der Einkommensbesteuerung entfallen eine Reihe von Vergünstigungen (l. u. f. Freibetrag, Steuerabzugsbetrag, Sonderabschreibungen u. a.);
- ein Verlustausgleich mit anderen Gewinnen ist nicht möglich;
- gesonderte Gewinnermittlung;
- sonstige Konsequenzen (Beitrag zur Berufsgenossenschaft, Beitrag zur Industrie- und Handelskammer, gesonderter Stromtarif).

Die genannten Nachteile werden nur dann voll wirksam, wenn durch die Aufnahme einer gewerblichen Tätigkeit der Gesamtbetrieb gewerblich wird. Solange die Urproduktion steuerlich ein landwirtschaftlicher Betrieb ist und lediglich das Ladengeschäft oder der Be- oder Verarbeitungsbetrieb gewerblich werden, sind die negativen Auswirkungen gering.

Besteht die Gefahr, daß durch die Einrichtung eines Ladengeschäftes bzw. eines Be- oder Verarbeitungsbetriebes auch die landwirtschaftliche Produktion gewerblich wird, muß unbedingt durch klare Abgrenzung der Betriebe erreicht werden, daß zwei getrennte Betriebe (ein landwirtschaftlicher und ein gewerblicher) anerkannt werden.

Bei den Überlegungen ist in jedem Fall ein versierter Steuerberater hinzuzuziehen.

Die Grundlage für die gewerbe- und steuerrechtliche Behandlung von Gewerbebetrieben bilden das Gewerbe- und das Steuerrecht.

Danach besteht grundsätzlich für jedermann die Pflicht, ein Gewerbe anzuzeigen, wenn er ein sogenanntes „stehendes Gewerbe" betreibt. Wenn er also Waren be- und verarbeitet und/oder damit Handel betreibt.

Nicht unter diese Regelung fällt das Marktgewerbe und das Reisegewerbe. Hierfür gibt es besondere Bestimmungen.

Nach allgemeiner Meinung ist unter Gewerbeausübung jede auf Gewinnerzielung gerichtete und in Fortsetzung begonnene Tätigkeit zu verstehen, die in ihrer Art nach erlaubt ist.

Wo es Grundsätze gibt, gibt es in der Regel auch Ausnahmen. Und so ist es auch hier. Von der Pflicht, ein Gewerbe anzuzeigen, sind

- die **Urproduktion**
- sogenannte **Bagatellgewerbe**

ausgenommen.

Und gerade diese beiden Aspekte sind für die Landwirtschaft wichtig:

- Ein Landwirt muß seine Direktvermarktungstätigkeit der zuständigen Stadt- oder Gemeindebehörde (z. B. Ordnungsamt) nicht mitteilen, wenn diese als eine „auf die Gewinnung roher Naturerzeugnisse gerichtete Tätigkeit" zu verstehen ist; der Gesetzeshüter geht davon aus, daß dies bei den meisten Tätigkeiten der Landwirtschaft, Forstwirtschaft, des Gartenbaus, Weinbaus, der Tierzucht, Jagd, Fischerei sowie beim Sammeln von wilden Beeren und Früchten und anderen Naturprodukten der Fall ist. (Zum Gewerbe zählt aber die Tätigkeit als Handelsbetrieb, als Landschafts- und Friedhofsgärtnerei sowie die Tätigkeit als Kränze- und Blumenbinderei).
- Aber selbst dann, wenn ein Landwirt Tätigkeiten durchführt, die über die Gewinnung von Roh- und Naturerzeugnissen hinausgehen, wird er nicht sogleich gewerbemeldepflichtig. Solange er diese Tätigkeiten in geringfügigem und unerheblichem Umfang durchführt, ist er auch von der Meldepflicht freigesprochen.

Das kann z. B. der Fall sein, wenn fehlende Intensität oder Dauerhaftigkeit der Erwerbsabsicht bzw. Tätigkeit vorliegt (wenn man z. B. hin und wieder einige Schweine für einige Kunden schlachtet).

In der Praxis ist die Beurteilung, ob eine landwirtschaftliche Tätigkeit noch geringfügig oder nicht geringfügig ist, oft eine Ermessensfrage. Die zuständigen Behörden (fragen Sie hier nach bei den Gemeindeverwaltungen) richten sich bei ihrer Beurteilung nach dem „Gesamterscheinungsbild der Tätigkeit" (unter Gesichtspunkten der Gewinnerzielung und der Dauerhaftigkeit).

Wann also besteht die Gefahr, bei der Direktvermarktung gewerblich (insbesondere unter steuerlichen Gesichtspunkten) zu werden?

Unter folgenden Bedingungen:

1. Wenn man „in größerem Umfang" **zukauft** und ein Handelsgeschäft betreibt
2. Wenn man die erzeugten Rohprodukte **be- und verarbeitet**

Was und wieviel darf ich zukaufen, ohne gewerblich zu werden?

Wer intensiver Direktvermarktung betreibt, insbesondere über einen eigenen Laden auf dem Hof oder über das Auto im Fahrverkauf, kommt über kurz oder lang gar nicht umhin, Ware zuzukaufen. Er muß ja dem Verbraucher ein attraktives Sortiment bieten, damit dieser des öfteren zu ihm kommt und die Einkaufsbindung sich festigt. Oft fängt der Zukauf damit an, daß man zu bestimmten Saisonzeiten (z. B. Weihnachten) Gänse oder Puten zukauft, den Eierverkauf durch Wurst- und Fleischwaren interessanter macht, als Gemüseverkäufer Dauerkunden durch Hinzunahme von Eiern ins Sortiment gewinnen will.

Hier tritt die bekannte 30 %-Grenze in Kraft: Wer „dauernd" und „nachhaltig" mehr als 30 % des Gesamtumsatzes des Betriebes (also nicht nur des auf die Direktvermarktung bezogenen Betriebsteiles) zukauft, muß das Gewerbe anmelden, ... aber nur, wenn folgende Bedingungen erfüllt sind:

- Die Zukaufgrenze muß dauerhaft überschritten werden, d. h. mindestens 3 Wirtschaftsjahre lang hintereinander (dann tritt im 4. Wirtschaftsjahr die gewerbliche Tätigkeit in Kraft); wer also nur vorübergehend den Anteil erhöht, weil vielleicht in einem Jahr viele Kunden nach Spezialprodukten, wie Puten oder Gänse, fragen oder der Absatz von Kartoffeln oder Äpfeln aufgrund schlechter Witterungsbedingungen bei gleichbleibendem Zukaufvolumen gesunken ist, wird noch nicht gewerblich.
- Wer durch Umbau- und/oder Ausbaumaßnahmen oder auch durch systematische Erweiterung des Zukaufanteils deutlich zu erkennen gibt, daß er den Betrieb langfristig umorganisieren will, bekommt möglicherweise schon im 1. Jahr Probleme, wenn ihm eine entsprechende Absicht unterstellt bzw. nachgewiesen wird. Er wird dann schon im 1. Jahr Gewerbebetrieb.

Bevor Sie Angst bekommen oder sich bei den Behörden melden, sollten Sie gut rechnen: Die 30 %-Grenze berechnet sich auf der Basis des Einkaufswertes der zugekauften Waren im Verhältnis zu den Gesamterlösen des gesamten landwirtschaftlichen Betriebes. Man hat also doch einigen Spielraum.

Was und wieviel darf ich be- und verarbeiten?

Zunächst: Wer seine Produkte nur reinigt und für den Verkauf zurichtet, muß sich keine Sorgen machen. Dies gehört noch zur Urproduktion.

Bei der Be- und Verarbeitung von landwirtschaftlichen Produkten handelt es sich um einen sogenannten landwirtschaftlichen „Nebenbetrieb", der aber grundsätzlich unter steuerlichen Gesichtspunkten zum landwirtschaftlichen Betrieb gehört (d. h. für diesen Nebenbetrieb fallen keine gesonderten steuerlichen Behandlungen an).

Ein nicht gewerbsmäßiger landwirtschaftlicher Nebenbetrieb liegt vor allen Dingen unter folgenden Voraussetzungen vor:

- es besteht ein organischer Zusammenhang zwischen der Landwirtschaft und dem Nebenbetrieb
- der Haupt- und Nebenbetrieb wird von der gleichen Person geführt
- die Tätigkeit im Nebenbetrieb darf einen „üblichen Rahmen" nicht überschreiten
- der Schwerpunkt der Tätigkeit muß beim landwirtschaftlichen Hauptbetrieb liegen.

Folgende Verhältnisse können diesen Rahmen aber sprengen und diesen Nebenbetrieb zum Gewerbebetrieb machen:

● **Die überwiegende Verarbeitung von zugekauften Rohstoffen für die Herstellung von Verkaufsprodukten:** Wer bei der Produktion seiner Verkaufsgüter (z. B. Fleischwaren oder Marmelade) in großem Umfang bzw. überwiegend (von den zuständigen Finanzbehörden werden zwischen 40 und 50 % angesetzt) Rohstoffe zukauft, wird gewerblich. Wer z. B. Marmelade produzieren will, benötigt Gläser, Zucker und evtl. auch andere Früchte zum Mischen. Wer Wurstwaren herstellt, benötigt zusätzliches Fleisch von anderen Tieren (z. B. Rindfleisch, wenn er nur Schweinefleisch zur Verfügung hat), er muß Zutaten, Därme und andere Hilfsstoffe zukaufen. Auf dieser Basis produzierte fünf Gläser Marmelade im Monat oder fünf Würste wird man einem Direktvermarkter noch nicht übelnehmen. Aber darüber hinaus kann das Finanzamt schon anfangen zu zählen. Es kann daher nie schaden, wenn man sich selbst Unterlagen erstellt, anhand derer man den Nachweis über die Geringfügigkeit der Produktion führen kann. Also auch hier zählt zunächst die „Bagatelle-Regelung". Wo allerdings die Bagatelle anfängt und aufhört, das entscheidet im Einzelfall das einzelne Gewerbeaufsichtsamt bzw. das jeweilige Finanzamt.

● **Die Verarbeitungsintensität:** Nach den Erfahrungen, die jeder Mensch machen kann (man nennt dies „Verkehrsgeltung") wird die Produktion bestimmter Erzeugnisse manchmal von vornherein als gewerbliche Tätigkeit angesehen. Schon der gesunde Menschenverstand sagt, daß und warum ein Metzger Fleischwaren herstellen darf, ein Bäcker Brot, ein Müller Mehl, eine Industriefirma Branntwein. Und der Gesetzeshüter setzt häufig auch ganz einfach diesen gesunden Menschenverstand bei seiner Beurteilung der Lage ein. Deswegen steht gerade das Verwursten von Schweinefleisch oder Rindfleisch und das Backen von Brot, das Herstellen von Marmelade und ähnlichen Produkten unter Kontrolle der Gesetzeshüter. Und schließlich wachen ja auch die Wettbewerber aus dem Handwerksbereich darüber, daß hier nicht der Wettbewerb mit unfairen Mitteln ausgetragen wird. Normalerweise haben diesbezüglich die Gesetzeshüter schon bei der kleinsten Verarbeitungsmenge die Möglichkeit einzuschreiten. Wenn dies in der Praxis dennoch nicht immer geschieht, dann wiederum auch, weil hier die „Bagatelle-Regelung" aus der Sicht der jeweiligen Behörde eine Ausnahme zuläßt.

Weil es doch manchmal eine Frage der Einstellung und der Auslegung der jeweiligen Behörden ist, kann man in der Praxis durchaus feststellen, daß an dem einen Ort etwas erlaubt ist, was an dem anderen Ort verboten wird. Und es ist deshalb auch sehr schwer, ein Urteil darüber abzugeben, was man tun darf und was nicht.

Kein Gewerbe liegt in vielen Fällen vor, weil die Be- und Verarbeitung von jeher üblich für den landwirtschaftlichen Betrieb bzw. die landwirtschaftliche Tätigkeit ist; sie darf aber dann nicht den „üblichen" Rahmen überschreiten. So war es immer schon üblich, daß Landwirte entgeltlich ihre Milch, ihr Brot, ihre Butter, ihren Käse an einen kleineren Kreis von Verbrauchern/Wanderern oder ähnlichen Zielgruppen abgeben. Warum sollte dies plötzlich verboten sein? Nur wer umfangreichere Vorkehrungen für den Verkauf trifft (z. B. Tische und Stühle aufstellt), signalisiert damit, daß er dieses Geschäft „gewerblich betreiben will".

Wer über Kleinmengen hinaus Produkte verarbeiten will, sollte sich in jedem Falle gründlich schlau machen; denn es kann ihm passieren, daß nicht nur sein Direktvermarktungs-Betriebsteil als gewerblich eingestuft wird, sondern der gesamte Betrieb. Dies ist der Fall, wenn

– die Be- und Verarbeitung dauernd und nachhaltig mehr als 40 % aller Erzeugnisse des landwirtschaftlichen Betriebes umfaßt und gleichzeitig

– die für die Herstellung eingesetzten Rohstoffe zu über 30 % aus dem eigenen landwirtschaftlichen Betrieb stammen.

Häufig läßt sich hier nur der Weg beschreiten, daß der Betrieb geteilt wird, in einen landwirtschaftlichen Teil und einen gewerblichen. Den einen Betriebsteil leitet der Mann, den anderen die Frau bzw. dieser wird an die Kinder übertragen.

Dies hat dazu noch steuerliche Vorteile: Aus dem landwirtschaftlichen Betrieb lassen sich die Produkte mit dem Mehrwertsteueraufschlag (13 %) an den Gewerbebetrieb verkaufen. Der pauschalierte Landwirt muß diesen Betrag nicht an das Finanzamt abführen. Der Gewerbebetrieb, der seine Ware mit 7 % Mehrwertsteuer an den Verbraucher verkauft, kann die bezahlte Mehrwertsteuer als Vorsteuer abziehen und erhält evtl. noch vom Finanzamt Geld zurück.

Andere Vorteile kommen hinzu: Dem landwirtschaftlichen Betrieb bleiben Steuervorteile wie der land- und forstwirtschaftliche Freibetrag, die Möglichkeiten von Sonderabschreibungen erhalten, während im Verarbeitungsbetrieb im Rahmen einer Freigrenze (von üblicherweise DM 36 000,– Gewinn) noch keine Gewerbesteuern anfallen.

Bezüglich der Frage, in welchem Umfang die grundsätzlich schon gewerblichen Tätigkeiten im Rahmen der Bagatelle-Regelung noch als landwirtschaftlich toleriert werden, müssen das Gewerberecht und das Steuerrecht getrennt betrachtet werden.

Das Finanzamt sagt klipp und klar: Wenn die gewerblichen Tätigkeiten bestimmte Anteile an den Umsätzen des Gesamtbetriebes übersteigen (z. B. 10 %) sind sie steuerlich als Gewerbe anzusehen.

Dagegen gibt es nach dem Gewerberecht die sehr auslegungsfähige Formulierung, daß „gelegentlich“ und in „erheblichen Mengen“ Produkte der höheren Verarbeitungsstufe auch an Kunden außerhalb der eigenen Familie und Verwandtschaft verkauft werden dürfen.

Wer also z. B. Wurst, Eiernudeln oder Brot regelmäßig und in „erheblichen“ Mengen verkauft, übt eine gewerbliche Tätigkeit aus.

Die Handwerksordnung

Gedanklich von den steuerrechtlichen Bestimmungen zu trennen sind die handwerksrechtlichen Regelungen.

Nicht zuletzt zum Schutze des Handwerks gibt es die Handwerksordnung, in der festgelegt ist, unter welchen Bedingungen und Voraussetzungen bestimmte Produkte erzeugt/verarbeitet werden dürfen.

In unserem Zusammenhang interessiert besonders die Handwerksordnung für das Metzger- und das Bäckergewerbe. Die Handwerksordnung schreibt vor, daß jemand dies in die Handwerksrolle eintragen muß, wenn er einen „selbständigen Betrieb eines Handwerks als stehendes Gewerbe ausübt". Die Eintragung erfolgt bei der für die jeweilige Regierung zuständigen Handwerkskammer.

Das wäre ja noch nicht so schlimm, wenn man dafür nicht den Meisterbrief haben müßte!

Wer diese Voraussetzung nicht hat, kann einen Handwerksbetrieb nur dann in die Handwerksrolle eintragen lassen, wenn er „gleichwertige" Voraussetzungen schafft (z. B. dadurch, daß er einen Meister für die betreffende Tätigkeit einstellt).

Warum soll man diesen Schritt überhaupt gehen? Weil man dazu verpflichtet ist, wenn man handwerkliche Tätigkeiten, wie z. B.

- die Herstellung von Wurst oder das „qualitative" Zerlegen von Fleisch in verkaufsfertige Portionen
- oder die Herstellung von Brot und Backwaren aus nicht selbst erzeugten Rohstoffen
- oder das Mahlen von Getreide

in so erheblichem Umfang durchführt, daß man damit mehr Umsatz macht und mehr Arbeitszeitaufwand hat als ein „ohne Hilfskräfte arbeitender Betrieb des betreffenden Handwerkszweiges".

Bezüglich der Umsatzgrenzen werden gegenwärtig Größenordnungen zwischen 50 000,– und 100 000,– DM in den einzelnen Bezirken der Handwerkskammern „gehandelt" (im Bäckerhandwerk sind die Beträge gewerblich niedriger als im Fleischerhandwerk).

Diese „Unerheblichkeitsgrenzen" gelten aber nur für einen Nebenbetrieb, der mit einem landwirtschaftlichen Hauptbetrieb verbunden ist. Eine solche Verbundenheit liegt z. B. vor, wenn

- die handwerkliche Tätigkeit dem landwirtschaftlichen Hauptbetrieb dient (z. B. Verarbeitung von Fleisch aus eigener Produktion, geringfügiger Zukauf fremder Produkte)
- eine wirtschaftliche, organisatorische und fachliche Verbundenheit beider Betriebe gegeben ist, d. h. der Nebenbetrieb den landwirtschaftlichen Hauptbetrieb ergänzt
- der Handwerksbetrieb dem landwirtschaftlichen untergeordnet ist
- der Landwirt und die Angehörigen in beiden Betrieben tätig sind
- die wesentliche Arbeitskraft dem landwirtschaftlichen Betrieb gewidmet ist.

Auch wenn ein Landwirt aufgrund der Unerheblichkeitsgrenzen handwerkliche Tätigkeiten wie Verwursten, Brotbacken, portionsfertiges Zerteilen von Fleisch, Mehlmahlen usw. verrichten darf, ohne in die Handwerksrolle eingetragen zu werden, darf er noch längst nicht alles, was beispielsweise ein Meister in dem betreffenden Gewerbe darf. Wer Fleisch und Wurst herrichtet, darf z. B. kein Hackfleisch verkaufen. Über Details dieser Regelung sollte man sich bei der zuständigen Handwerkskammer oder der Kreisveterinärbehörde rechtzeitig informieren.

Gewerbe oder nicht

Ohne Gewähr dafür zu bieten, daß diese Regelungen in jedem Einzelfall auch von den zuständigen Behörden in der gleichen Weise gesehen werden, kann man sich etwa bei den einzelnen Produkten an folgenden Grenzen orientieren.

noch landwirtschaftliche Tätigkeit (Rohzustand und 1. Bearbeitungsstufe)	**schon gewerbliche Tätigkeit** (höhere Bearbeitungsstufe)
Schlachten und Zerlegen von Mastrindern in Viertel	weitere Teilzerlegung, Herstellung portionsfertiger/tafelfertiger Teile (es sei denn, dies wird auf ausdrücklichen Wunsch des Kunden vorgenommen)
Schlachten und Zerlegen von Schweinen, Kälbern, Puten, Wild, Ziegen, Schafen in Hälften	weitere Teilzerlegung, Aufbereitung von Portionspackungen (es sei denn, dies wird im Auftrag des Kunden vorgenommen) Herstellen von Wurst- und Fleischwaren (auch von geräuchertem Schinken und anderen Produkten)
Verkauf von Milch und Verarbeitung von Milch zu Milcherzeugnissen, wie Butter, Quark, Käse, Molke, Sahne, Joghurt (auch mit Fruchtzusätzen) und andere Milcherzeugnisse	Herstellen von kondensierter Milch, Milchpulver, Eiweiß oder Speiseeis
Verarbeitung von Getreide oder Kartoffeln zu Rohsprit und weitere Veredlung zu Feinsprit	Herstellung von Trink-Branntwein
Verkauf von Fischen, einschließlich der Zerlegung zu Filets, der Räucherung und Haltbarmachung	Herstellung von Backwaren/Teigwaren
Holzverarbeitung zu Brettern, Bohlen, Balken und Latten, Fräsen und Imprägnieren von Rundhölzern	Holzbearbeitung wie Schleifen, Hobeln, Imprägnieren, Herstellung von z. B. Gartenmöbeln
Herstellung von Kartoffelflocken, Stärkemehl, Sirup aus Zuckerrüben, Mehl aus Getreide, Konservierung von Feldfrüchten, Gemüsen und Obst	Verarbeitung von Gemüse und Feldfrüchten zu Fertiggerichten
Färben von Eiern	Herstellung von Eiernudeln, Eierlikör

noch landwirtschaftliche Tätigkeit (Rohzustand und 1. Bearbeitungsstufe)	**schon gewerbliche Tätigkeit** (höhere Bearbeitungsstufe)
Verkauf von Blumen, Baumschul- und Gartenbauerzeugnissen	Dienstleistungen des Gartenbaus (Friedhofsgärtnerei, Landschaftsbau, Blumenbinderei)
Keltern von Wein, Säften und Mosten, Herstellung von Winzersekt	Herstellung von anderem Sekt / Likör
Herstellung von Arznei- und Gewürzpflanzen (getrocknet in größeren Tüten wie z. B. 100 Gramm)	Herstellen von Tee-Mischungen oder Teebeuteln u. a.

Siehe zu diesen Regelungen im einzelnen: Felsmann, W.: Einkommensbesteuerung der Land- und Forstwirtschaft, Bonn 1983.

Das eigene Ladengeschäft und das Gewerbe

	.... % der landw. Produktion werden über das Ladengeschäft abgesetzt	.... % vom Ladenumsatz sind selbsterzeugte Produkte	.... % werden als Zukauf fremder Erzeugnisse über das Ladengeschäft abgesetzt
Das Ladengeschäft ist Bestandteil des landwirtschaftlichen Betriebes	mehr als 40 %	mehr als 30 %	weniger als 30 % des Umsatzes des Gesamtbetriebes
Das Ladengeschäft und der landwirtschaftliche Betrieb bilden einen einheitlichen Gewerbebetrieb	mehr als 40 %	mehr als 30 %	mehr als 30 % des Umsatzes des Gesamtbetriebes
Das Ladengeschäft ist ein landwirtschaftlicher Nebenbetrieb	nicht mehr als 40 % mehr als 40 %	keine Bedeutung weniger als 30 %	weniger als 30 % des Umsatzes des Ladengeschäftes
Das Ladengeschäft ist ein selbständiger Gewerbebetrieb	nicht mehr als 40 % mehr als 40 %	keine Bedeutung weniger als 30 %	mehr als 30 % des Umsatzes des Ladengeschäftes

Wer ein eigenes Ladengeschäft hat und zusätzlich mit Ware handelt, muß außerdem folgendes bedenken (immer vorausgesetzt, daß die 30 %-Zukaufgrenze überschritten wird).

- Wenn in dem Handelsgeschäft über 40 % der gesamten landwirtschaftlichen Produktion des Betriebes vermarktet werden, wird der gesamte landwirtschaftliche Betrieb incl. des Handelsgeschäftes als eine Einheit und als Gewerbebetrieb angesehen.
- Liegt der Anteil der Ware, die im landwirtschaftlichen Betrieb produziert wird und im Handelsbetrieb verkauft wird, unter 40 % des Umsatzes des Geschäftes, wird nur der Handelsbetrieb als separate Einheit als Gewerbebetrieb eingestuft. Bei der Bewertung werden die im eigenen landwirtschaftlichen Betrieb produzierten Produkte nicht mit den Verkaufspreisen eingesetzt, sondern mit den normalerweise zu erzielenden Abgabepreisen an Wiederverkäufer.

Es gibt hier allerdings auch eine Ausnahme: Wenn zwar die Grenze von 40 % überschritten wird, aber die im landwirtschaftlichen Betrieb produzierte Menge unter 30 % des Gesamtumsatzes ausmacht, werden zwei getrennte Betriebe unterstellt.

17 Beispiele erfolgreicher Direktvermarktung

Im folgenden werden einige Beispiele aufgezeigt, wie man bei den einzelnen landwirtschaftlichen Produkten vorgehen sollte und was man dabei alles beachten muß.

Die Auswahl der Beispiele ist selbstverständlich willkürlich getroffen worden. Es gibt weit über 100 Lebensmittel, die der Landwirt verkaufen kann. Hinzu kommen Weihnachtsbäume, Schaffelle und andere Nicht-Lebensmittel. Es ist unmöglich, auf jedes einzelne Produkt einzugehen.

Die Informationen zu den hier erwähnten Produkten können auch nicht jede Frage beantworten, die sich der Landwirt in der Praxis stellt. Dafür sind die Produktion und Vermarktung viel zu vielseitig.

Andererseits gelten für jedes einzelne Produkt mehr oder weniger die allgemeinen Ausführungen im 1. Teil dieses Handbuches.

Die ausgewählten Produkte kommen aus sehr unterschiedlichen Bereichen der landwirtschaftlichen Produktion. Dies ist bewußt so geschehen, um die Vielfalt und die große Unterschiedlichkeit der Bedingungen der Direktvermarktung zu zeigen.

Was sollen die Beispiele? Sie sollen aufmerksam machen, zum Nachdenken anregen, zum systematischen Planen auffordern, den einen oder anderen Tip für den Alltag geben.

Schweinefleisch

Absatzmöglichkeiten und Probleme

Man kann davon ausgehen, daß etwa 10–15 % der Haushalte prinzipiell bereit sind, Schweinefleisch beim Landwirt zu kaufen. Es wäre aber Unsinn, daraus ein Marktpotential zu berechnen. Der einzelne Betrieb wird vielmehr unter produktionstechnischen, arbeitswirtschaftlichen Gesichtspunkten und im Hinblick auf seine verkaufstechnischen Möglichkeiten überlegen, wie viele Haushalte er regelmäßig mit Schweinefleisch versorgen kann. Er sollte bei seiner Kalkulation davon ausgehen, daß ein Haushalt mit vier Personen (zwei Erwachsene, zwei Kinder) bei ihm im Jahr etwa das Fleisch eines halben Schweines beziehen kann. Bei größeren Haushalten mag diese Menge bis auf ein Schwein ansteigen.

Erfahrungsgemäß muß demnach ein Direktvermarkter, der beispielsweise 100 Schweine im Jahr als Frischfleisch verkaufen will, 150 bis 200 Haushalte zu seinen Kunden zählen. Wenn er einen Teil des Fleisches verwurstet, den gleichen Kunden auch diese Wurst verkauft, wird die Zahl der Haushalte etwa 100 bis 150 betragen müssen.

Diese Zahl an Haushalten zu gewinnen, wird in jedem Einzugsbereich eines direktvermarktenden Betriebes keine übermäßig großen Schwierigkeiten bereiten.

Die Hausfrau kauft natürlich kein halbes Schwein am Stück. Sie will entweder für den kurzfristigen Verzehr tischfertige Ware (wie beim Metzger) oder aber portionsgerecht aufbereitete Ware für die Tiefkühltruhe. Wer mit der Direktvermarktung von Fleisch beginnt, sollte immer versuchen, den Haushalten größere Mengen zum Einfrieren zu verkaufen und das halbe Schwein „im Auftrag des Kunden" portionsgerecht zu zerteilen und abzupacken (Schnitzel, Koteletts, Schulterbraten, Nackenbraten, Bauch, Haxen usw.).

War es früher häufig noch möglich, dabei auch Knochen und Abschnitte an den Kunden weiterzugeben, wird sich der Direktvermarkter künftig darauf einstellen müssen, alles in den Haushalten nicht verwertbare Material selbst weiterzuverkaufen (z. B. an Zerlegebetriebe, Fleischwarenfabriken, Spezialbetriebe [die z. B. Köpfe putzen], den Metzger oder den Schlachthof).

In noch größerem Umfang gilt dies für denjenigen, der das Fleisch in noch kleineren Portionen anbietet, d. h. Schinken, Koteletts, Braten usw. einzeln verkauft. So viele Probleme diese Verkaufsform auch mit sich bringt, sie ist doch häufig eine unausweichliche Konsequenz intensiveren Einstiegs in den Fleischverkauf: Schon mit 200 Haushalten sind häufig die Grenzen der Verkaufsmöglichkeiten von Schweinehälften oder „größeren Portionen" erreicht; wer mehr Kunden erreichen will, muß in den Kleinportionenverkauf einsteigen.

Er darf aber folgende Probleme nicht aus den Augen verlieren:

Mit dem Verkauf von ganzen Tieren, Hälften oder größeren Portionen kann ich mich preislich aus dem Vergleich mit den aggressiven Handelsunternehmen heraushalten; beim Verkauf von Einzelteilen (z. B. Koteletts zur Grillzeit) läuft man schnell Gefahr, sich an die Sonderangebote des Lebensmitteleinzelhandels anzuhängen (damit sind natürlich die in der Direktvermarktung möglichen guten Spannen bald zunichte).

Wer Einzelteile verkauft (insbesondere in der Theke aufgeschnitten anbietet), wird sofort vom Finanzamt als Gewerbebetrieb eingestuft (denn das Zerteilen eines Schweines (kleiner als die Hälfte) ist dem Landwirt nur „im Auftrag/auf Bestellung des Kunden" erlaubt).

Das beste Fleisch im Fachgeschäft.
Hof

Außer den zusätzlichen Arbeiten für die Zerlegung (wozu man im übrigen auch mehr Know how benötigt) erfordert der Verkauf von Kleinteilen in der Regel zusätzliche Investitionen in der Lager- und Kühltechnik sowie in Warenpräsentation und Verkaufstheke, in Arbeitsmaterial usw.

Da der Verbraucher einkauft und auswählt wie im Fachgeschäft, muß man ständig ein relativ breites Sortiment zur Verfügung haben, und zwar an mehreren Tagen in der Woche (wenigstens regelmäßig freitags und samstags: Hälften-Verkauf kann man dagegen auch in 14tägigem oder 3wöchigem Abstand machen); man muß schon einen guten Kundenstamm haben und viel Werbung betreiben, um eine solche Art des Warenangebotes durchhalten zu können.

Produktion und Verarbeitung

Im Prinzip muß die Schweinemast für die Direktvermarktung keine zusätzlichen Aufwendungen oder neuartigen Produktionstechniken mit sich bringen. Es gibt aber auch hier Möglichkeiten, sich einen besonderen Namen zu machen, sich im Wettbewerb von anderen Anbietern abzusetzen:

- die Schweine werden nicht im Stall, sondern auf der Weide gehalten
- die Schweine werden länger gemästet, so daß das Fleisch besser reift
- es kommen garantiert keine Schweine zum Verkauf, die aus irgendwelchen Gründen während der Mast mit Medikamenten versorgt werden mußten oder aber mit Masthilfen gefüttert wurden
- es wird nur Fleisch von bestimmten Rassen (z. B. streßstabilen Ausgangslinien) angeboten.

Solche von der Norm abweichenden Produktionstechniken können natürlich Mehraufwand bedeuten (insbesondere die Verlängerung der Mastzeit, der Verzicht auf optimale Futterverwertung durch bestimmte Haltungs- und Fütterungsformen). Sie sind aber eine wichtige Grundlage, auf der sich der Betrieb profilieren kann, um dem Verbraucher ein glaubwürdiges Qualitätsversprechen zu geben und sich in der Preiskalkulation unabhängig von den Mitbewerbern zu machen.

Nicht unerheblich sind dagegen auf jeden Fall die in der Fleischvermarktung zusätzlich anfallenden Kosten bzw. Aufwendungen für Schlachtung, Be- und Verarbeitung: Entweder man steckt selbst die 8 Stunden Zeit pro Schwein in Schlachtung und Zerlegung oder man bezahlt 50,– bis 70,– DM an einen Metzger, der diese Arbeit im Lohn erledigt.

Kalkulation

Der Verbraucher erwartet beim Einkauf von Fleisch beim Landwirt nicht nur bessere Qualitäten (speziell im Vergleich zur Theke des Lebensmittel-Sortimentshandels), sondern auch einen deutlichen ökonomischen Nutzen. Deshalb wird man in der Regel Schweinefleisch (dies trifft für Rindfleisch auch zu) unter dem Preis anbieten, den das Fleischerfachgeschäft für vergleichbare Ware nimmt (Faustzahl: 20 %).

Die Basis für eine richtige Kalkulation wird man dabei nur finden, wenn man – ähnlich wie der Metzger – das Schwein in Teilstücke zerlegt und die einzelnen Teilstücke entsprechend ihrem Marktwert beim Metzger bewertet (gleichgültig, ob das Fleisch in Teilstücken oder in Vierteln oder Hälften verkauft wird). In der Regel wird man auf diese Weise einen zusätzlichen Rohertrag erzielen, der um etwa 100,– bis 150,– DM über der üblichen Marktverwertung der Schweine liegt (Bezugsbasis = 2-Hälften-Gewicht).

Davon abgezogen werden müssen die Schlachtkosten, eventuell die Zerlegekosten (falls dies beispielsweise im Lohn von einem Metzger übernommen wird) und schließlich auch Abschreibungen und Zinsen für das in Umbau bzw. Ausbau des Betriebes investierte Kapital. Die

Kalkulationsbeispiel: Schweinefleisch

Vermarktung = 100 Schweine, 14tägig 4 Stück

Marktleistung:

3 700 kg Frischfleisch x 10,– DM	37 000,– DM	
3 000 kg Verarbeitungsfleisch x 4,50 DM	13 500,– DM	
	Gesamt	50 500,– DM

Kosten:

Afa + Zinsen für Schlacht- und Verarbeitungsraum, Kühlraum und Geräte (17 % von 30 000,– DM)	5 100,– DM	
Reparaturen, Instandhaltung	500,– DM	
Schlacht- und Zerlegekosten	8 000,– DM	
	Gesamt	13 600,– DM

Mehrerlös gegenüber Verkauf an Handel:

Erlös bei Verkauf an Handel = 3,– DM x 8 000 kg = 24 000,– DM — Mehrerlös 12 900,– DM

Deckungsbeitrag je Familien-Akh:

(bei 800 Stunden Arbeitsaufwand) 16,13 DM

Bewertung der Teilstücke beim Schwein – Schlachthälfte –

	Anteil %	Menge kg	Wert-anteil %	Verkaufs-preis DM/kg
Frischfleisch gesamt	46	18,4	78	9,84
Kotelett mit Filet	18	7,2	28	9,—
Schinken o. K.	12	4,8	30	14,—
Schulter o. K.	3	1,2	7	12,—
Bauchspeck	5	2,0	5	5,—
Dicke Rippe	4	1,6	5	7,—
Eisbein	4	1,6	3	6,—
Verarbeitungsfleisch	39	15,6	22	4,50
Knochen/Abfall/Verlust	15	6,0	—	—
Gesamt	100	40,0	100	6,43

Kosten für die notwendigen Investitionen können mit beispielsweise 5 000,– DM sehr gering sein, aber auch weit über 10 000,– DM hinausgehen. Dies richtet sich natürlich danach, welche Voraussetzungen der Betrieb hinsichtlich der durch die Hygieneverordnungen gegebenen Richtlinien erfüllt. Die Abschreibungen und Zinsen sind auf die baulichen Veränderungen mit etwa 15 % pro Jahr zu veranschlagen, auf technische Anlagen (Kühlung, Kühltheken usw.) mit etwa 20 %.

Und schließlich sind ja auch die Aufwendungen für Werbung, Telefon, Porto, technische Hilfsmittel, Tragetaschen, zusätzliche Wannen usw. zu berücksichtigen.

Was darf ich, was nicht?

Fleischvermarktung ist neben der Milchvermarktung wohl das komplizierteste Rechtskapitel. Aber berücksichtigen Sie eines: Die Aufsichtsbehörde, das Veterinäramt, kommt sowieso früher oder später. Es hat also gar keinen Zweck, sich zu verstecken (es sei denn, man vermarktet so geringe Mengen, daß diese kaum ins Gewicht fallen). Deshalb nimmt man am besten vorher schon den Kontakt zu dieser Behörde auf, um nicht später böse Überraschungen zu erleben.

Was muß man im wesentlichen beachten? Der Fleischverkauf kommt hauptsächlich mit gewerberechtlichen, schlachtrechtlichen und hygienerechtlichen Regelungen in Kontakt, häufig auch in Konflikt.

Von grundlegender Bedeutung sind folgende Vorschriften:

Der Landwirt darf selbstverständlich für den eigenen Bedarf Hausschlachtungen durchführen. Der Verkauf von Fleisch an den Verbraucher geht aber über die Hausschlachtung hinaus. Nach dem Tierschutzgesetz darf allerdings nur jemand das Schlachten durchführen, der die notwendigen Kenntnisse hat. Für die Praxis bedeutet das: Schlachten darf, wer schon mehrmals dabei war und sich durch Anleitung z. B. eines erfahrenen Metzgers die Kenntnisse erworben hat.

Der Landwirt darf ein Schwein nach der Schlachtung nur in Hälften zerteilen und verkaufen, aber „auf Bestellung des Kunden" auch truhenfertig bzw. tischfertig herrichten; wer ohne diese Einschränkung fein zerlegte Teilstücke verkauft, wird **gewerblich,** d. h. er muß an das Finanzamt Mehrwertsteuern und Gewerbesteuern abführen (letzteres im Rahmen bestimmter Freigrenzen).

Verboten ist in jedem Fall der Verkauf von Hackfleisch, wenn dafür nicht ein Metzgermeister eingestellt wird oder zumindest verantwortlich gemacht werden kann (weil er mit dem Landwirt vertragliche Vereinbarungen getroffen hat).

Die Herstellung von Fleisch- und Wurstwaren für den Verkauf ist eine gewerbliche Tätigkeit (es sei denn, diese Tätigkeit fällt nur gelegentlich in unerheblichem Umfang oder im Rahmen einer Hausschlachtung im Auftrag des Kunden an).

Wer steuerrechtlich (aufgrund der Feinzerlegung oder Verwurstung) Gewerbebetrieb wird, ist dies noch nicht handwerksrechtlich; solange die Tätigkeit noch in so geringfügigem Umfang durchgeführt wird, daß sie als „unerheblich" im Sinne der Handwerksordnung angesehen wird. Dies ist der Fall, „wenn sie während eines Jahres den durchschnittlichen Umsatz und die durchschnittliche Arbeitszeit eines ohne Hilfskräfte arbeitenden Betriebes des betreffenden Handwerkszweiges nicht übersteigt".

Diese Durchschnittssätze können bei den Handwerkskammern erfragt werden. Sie liegen etwa zwischen 50 000 und 100 000 DM pro Jahr.

Auch die für den Direktverkauf geschlachteten Schweine unterliegen der Notwendigkeit der Fleischbeschauung durch den dafür vom Veterinäramt autorisierten Tierarzt oder Fleischbeschauer.

Wer schlachten will, braucht dazu einen besonderen Schlachtraum, die Be- und Verarbeitung sowie der Verkauf müssen in einem davon getrennten Raum stattfinden.

Betriebs- und Verkaufsräume müssen sich in gutem baulichen Zustand befinden, genügend groß, trocken, hell und be- bzw. entlüftbar sein. Die Verkaufsräume müssen von Stallungen, Dungstätten oder Jauchegruben soweit entfernt liegen, daß eine nachteilige Beeinflussung der Lebensmittel ausgeschlossen ist.

Der Fußboden von Verkaufsräumen muß massiv, wasserundurchlässig, gegen Fett und Fettsäuren widerstandsfähig und leicht zu reinigen sein. Die Wände müssen bis zur Höhe von mindestens 2 m mit abwaschfestem, hellfarbigem Anstrich auf glattem Putz versehen oder mit hellfarbigen, glasierten Platten belegt sein. Im übrigen müssen die Wände und Decken mit heller, nicht abblätternder Farbe gestrichen sein. Die Dekkenhöhe muß mindestens 3 m betragen (aufpassen, falls sie später abgehängt werden soll).

Schlachträume müssen mit Fettabscheidern/Vorrichtungen zum Auffangen des Blutes versehen sein.

Die Arbeitsgegenstände müssen rost- und korrosionsfrei sein und stets sauber und frei von Reinigungsmitteln. Verkaufs- und Arbeitstische müssen mit einer glatten, riß- und spaltfreien, leicht abwaschbaren Platte oder einem entsprechenden Belag versehen sein; unverpacktes Fleisch ist (z. B. in der Theke) gegenüber den Kunden abzuschirmen (Schutz vor Berührung und Atem).

Das Wasser für das Herrichten bzw. Bearbeiten von Fleisch sowie die Reinigung der Geräte muß Trinkwasserqualität haben.

In Verkaufsräumen muß eine Waschgelegenheit mit Seife, Handbürste und Einmalhandtüchern vorhanden sein.

Sofern das Fleisch nicht unmittelbar am Schlachttag verkauft wird, sondern gelagert wird, muß sichergestellt werden, daß die Kerntemperatur im Fleisch nicht mehr als 7 °C beträgt.

Alle Personen, die mit der Be- und Verarbeitung des Fleisches zu tun haben, müssen ein Gesundheitszeugnis des zuständigen Gesundheitsamtes haben (siehe Teil „Recht und Steuer").

Wie fange ich es an?

100 bis 150 Kunden lassen sich in der Regel im „Schneeballsystem" finden. Jeder hat Bekannte, die wiederum andere ansprechen können usw. Falls dies nicht der Fall ist, muß der Betrieb gezielt im engeren Einzugsgebiet persönlich an Haushalte herantreten, sein Angebot unterbreiten, eine erste Probelieferung vornehmen (selbstverständlich gegen Bezahlung), um so einen Kundenstamm aufzubauen. Bis die Mund-Propaganda wirkt, sind auch kleinere Anzeigen in örtlichen Anzeigenblättern oder der Tageszeitung nützlich.

Der Landwirt sollte dabei seine ganze Planung, aber auch seine Überzeugungskunst aufwenden, um die Haushalte davon zu überzeugen, daß sie nicht nur für den kurzfristigen Verbrauch, sondern für den längerfristigen Verbrauch (d. h. Lagerung) halbe Tiere bzw. Viertel-Tiere kaufen.

Dies hat für ihn zwei Vorteile:

Er kann die Schlachtungen und Zerlegungen auf wenige Tage konzentrieren (beispielsweise alle 3 Wochen 6 bis 8 Tiere) und somit den Vermarktungsaufwand reduzieren.

Wenn die Verbraucher auch Einzelteile (Schnitzel, Koteletts, Braten usw.) kaufen können, suchen sie sich möglicherweise nur die wertvolleren Teilstücke bzw. die gerade für die Saison passenden Teilstücke (z. B. Koteletts zur Grillzeit) heraus und der Landwirt hat Probleme, den Rest zu verwerten (dies führt häufig zur Notwendigkeit, neben der Fleischvermarktung auch die Wurstproduktion zu betreiben).

Gemäß der Ausnahmeregelung zur Handwerksordnung darf der Landwirt nur Viertel oder größere Teile der Tiere an den Verbraucher weitergeben (solange er dies in unerheblichem Umfang tut). Er darf also keine Thekenpräsentation machen wie beispielsweise das Metzgereifachgeschäft, ohne steuerrechtliche Schwierigkeiten zu bekommen. Erlaubt dagegen ist das Zerteilen des Fleisches „auf speziellen Wunsch des Kunden hin" (d. h. er darf die vom Kunden bereits gekaufte Hälfte für das Lagern in der Tiefkühltruhe zurechtschneiden).

Über die Kunden legt man sich eine Kartei an. 14 Tage bis 1 Woche vor der Schlachtung werden die in Frage kommenden Haushalte angerufen und auf den Schlachttag hingewiesen. Bei dieser Gelegenheit läßt sich auch bereits eine Vorbestellung bezüglich der gewünschten Teile/Teilstücke erreichen. Auch dies vereinfacht den Ablauf. Soweit die betrieblichen Voraussetzungen dafür gegeben sind und die Bereitschaft der Kunden da ist, das Fleisch beim Landwirt abzuholen, sollte man die Kunden ihr Fleisch selbst abholen lassen. Bei dieser Gelegenheit lassen sich nicht nur andere Produkte (z. B. Kartoffeln, Gemüse, Obst usw.) mit verkaufen. Die Beziehungen des Verbrauchers zum Betrieb wird auch enger. Falls die Möglichkeiten oder die Bereitschaft des Verbrauchers nicht da sind, kann der Landwirt das Fleisch auch „auf spezielle Bestellung des Kunden hin" ausliefern.

Solange der Kundenkreis begrenzt und bekannt ist, kann man sich in der Werbung auf folgende Maßnahmen beschränken:

- Ein Handzettel (evtl. auch gefaltete mehrere Seiten) mit der Auflistung des Angebotes.
- Eine kleine Informationsbroschüre über den Betrieb, Begründungen und Beweise für die Leistungsfähigkeit (insbesondere Qualität).
- Ein Konzept für die Verbraucheransprache per Telefon, entsprechende Bestellformulare.
- Evtl. Tips und Rezepte für Lagerung und Zubereitung des Fleisches.

Wer dagegen größere Mengen verkauft und/oder seinen Kundenstamm nicht namentlich kennt, kann mit

- regelmäßigen Anzeigen in der Tageszeitung, in lokalen Informations- und Werbeblättern,
- Handzetteln, die in einem bestimmten Einzugsbereich verteilt werden,

in der Regel genügend Kunden auf sein Angebot aufmerksam machen.

Der Verbraucher erwartet von Schweinefleisch, daß es

- zart und saftig ist
- frisch ist
- von natürlich aufgezogenen Schweinen stammt
- in der Pfanne nicht schrumpft.

Wie können Sie dem Verbraucher mitteilen, daß Ihr Schweinefleisch diesen Qualitätsanforderungen entspricht?

Zum Beispiel folgendermaßen:

„Zart und saftig wie noch nie,
schmeckt Dir unser Borstenvieh"

„Schweinefleisch wie zu Großmutters Zeiten"

„Alle reden von Qualität, wir nicht ...
Wir haben sie!"

Man muß in der Werbung auch nicht immer die Vorteile des eigenen Produktes herausstellen. Oft wird der Verbraucher schon genügend angesprochen, wenn Sie ihn einfach durch lustige, freundliche Schlagzeilen aufmerksam machen, z. B.

„Heut' schon Schwein gehabt?"

„Seht, ein solches Klasse-Schwein
kann doch nur vom Bauern sein"

„Schwein kann jeder haben,
unseres nur Qualitätsbewußte"

Heute schon
Schwein gehabt
Zart und saftig wie noch nie -
jetzt im Angebot für Sie!
Bauer Frischmeyer
IM WIESENGRUND 13 · 1234 ENGELSHEIM 3

So, und jetzt texten Sie selbst einmal Ihre Anzeige!

Sie haben verschiedene Möglichkeiten, über Ihr Produkt und über Ihren Betrieb etwas zu sagen. Gehen Sie einfach von den verschiedenen Seiten heran!

1. Welche Eigenschaft hat mein Produkt (Frische, geschmackliche Besonderheit, Reife usw.)?

____

____

____

2. Welchen Nutzen hat der Verbraucher, wenn er das Produkt bei mir kauft (Aufbereitung der Ware, längere Haltbarkeit usw.)?

____

____

____

3. Welche Zusatznutzen biete ich dem Verbraucher (Bauernhof-Erlebnis, Angebote für die Kinder usw.)?

____

____

____

4. Was macht der Wettbewerb, wo bin ich besser als der Wettbewerb (Produktionstechnik, Auswahl der Produkte, spezielle Sorten usw.)?

____

____

____

5. Woran könnte der Kunde besonderen Spaß haben, wenn er zu Ihnen kommt?

____

____

____

Checkliste

Und jetzt nichts wie ran an die Planung!

Wieviel will ich im Jahr, im Monat, in der Woche verkaufen?

Wieviel Kunden brauche ich dafür?

Wie viele dieser Kunden wohnen im engeren Einzugsgebiet?

Wo kann ich sonst Kunden herbekommen?

Welche Investitionen sind notwendig?

Wie finanziere ich diese Investitionen?

Weiß ich, welche rechtlichen Bestimmungen ich einhalten muß? Bei wem kann ich mich informieren?

Werde ich gewerblich? Was muß ich tun?

Wie kann ich dem Verbraucher mein Sortiment schmackhaft machen?

Was kann ich ihm zusätzlich verkaufen?

Wieviel Geld will ich in die Werbung stecken?

Wie mache ich meine Werbung interessant?

Wie will ich den Erfolg am Jahresende kontrollieren?

Rindfleisch

Absatzmöglichkeiten und Probleme

Rindfleisch verkauft sich nicht so leicht wie Schweinefleisch; vor allen Dingen auch deshalb nicht, weil nicht alle Haushalte regelmäßig Rindfleisch essen und der Pro-Kopf-Verbrauch deutlich unter dem Schweinefleischverbrauch liegt.

Man sollte deshalb bei der Berechnung von Marktpotentialen davon ausgehen, daß maximal 10 % der Haushalte in einem bestimmten Einzugsgebiet bereit sind, Rindfleisch beim Landwirt zu kaufen. Nur wenige dieser Haushalte aber benötigen beim Rindfleisch etwa ein halbes Tier. Rindfleisch verkauft sich häufig nur als „⅛ Rind" oder in Form von Teilstücken.

Dabei spielt natürlich auch der deutlich über dem Schweinepreis liegende Einkaufspreis für die Haushalte eine Rolle. Und wieviel Haushalte legen schon für 100 kg Rindfleisch auf einen Schlag 1 000,– DM auf den Tisch?

Wer alle 14 Tage ein Rind schlachtet, also 25 Tiere im Jahr verkauft, hat damit häufig schon genügend Aufwand, d. h. nicht nur mit Schlachtung und Zerlegung, sondern insbesondere auch damit, genügend Kunden zu finden. Denn er benötigt hierfür etwa einen Kundenstamm von 200 Haushalten, die sich jeweils in Gruppen von 4 oder 8 Haushalten ein Rind teilen.

Darüber hinaus sollte man berücksichtigen, daß der Verkauf von Rindfleisch häufig neben Fleischwaren und Wurst eine ideale Ergänzung zum Schweinefleischverkauf ist. Man kann dem Verbraucher Abwechslung bieten und verstärkt die Kundenbindung.

Produktion und Verarbeitung

Selbstverständlich kann man auch die für die Direktvermarktung in Frage kommenden Tiere aus der normalen Population einfach herausziehen. Aber auch hier gilt das gleiche, wie bei der Schweinefleischvermarktung: Qualität verbessert die Kundenbindung und ist somit langfristig die beste Grundlage zur Absicherung des Kundenpotentials.

Deshalb gehen auch viele Direktvermarkter gerade in der Rindfleischproduktion eigene Wege, indem sie

- auf der Grundlage spezieller Rinderrassen produzieren
- Medikamente und Masthilfen vermeiden
- Ochsenfleisch und Färsen verkaufen
- auf „artgerechte" Tierhaltung achten und die Tiere auf der Weide, in Tiefställen usw. halten und ihnen „Bewegungsfreiheit" geben.

Rinder zu schlachten ist natürlich wesentlich aufwendiger als Schweine zu schlachten, schon wegen der Größe und des Gewichtes der Tiere. Wer hierfür einen eigenen Schlachtraum baut, hat häufig wesentlich höhere Aufwendungen als beispielsweise der Schweinevermarkter.

Und noch ein wichtiger Gesichtspunkt macht die Rindfleischvermarktung nicht leichter, sondern eher schwieriger:

Qualitätsrindfleisch kann man nur verkaufen, wenn es lange genug abhängt (Rinderviertel, Steaks 14 Tage bis 3 Wochen, Vorderviertel 8 bis 12 Tage, Fleisch zum Kochen etwa 3 bis 4 Tage).

Hierzu benötigt man Kühlräume, die nicht dauernd geöffnet werden, damit nicht so viel Feuchtigkeit an das Fleisch herankommt und eine einheitliche Kerntemperatur von 7 °C erhalten bleibt.

Öffentliche Kühlhäuser erfüllen häufig diese Bedingungen nicht.

Wer die Voraussetzungen zur Lagerung von Vierteln oder halben Tieren in dieser Form nicht hat, das Fleisch aber für die Verbraucher lagern muß, weil diese keinen Platz haben, muß es luftdicht in Folienbeuteln einschweißen und benötigt hierfür zusätzliche Geräte. Im übrigen gilt das gleiche auch für das Lagern des Fleisches in den Haushalten der Hausfrauen.

Aufwendig genug ist das Vermarkten von Rindfleisch mit Sicherheit. Wer selbst schlachtet und zerlegt, muß pro Tier 15 bis 20 Stunden Arbeitszeit ansetzen. Wer dafür einen Metzger beschäftigt, muß auch mit Kosten zwischen 200,– DM und 250,– DM rechnen.

Kalkulation

Etwa 30 % sollte man beim Verkauf von Rindfleisch mehr erlösen, als auf dem üblichen Vermarktungsweg. Das sind etwa 700,– DM bis 1 200,– DM je Tier, abhängig von der Qualität der Tiere und der Qualität des Kundenstammes.

Als Richtwert für die Kalkulation gilt auch hier: Der Verbraucher erwartet bei Abnahme einer größeren Fleischmenge (z. B. für die Vorratshaltung) einen deutlichen ökonomischen Nutzen, der sich schon einstellt, wenn das Fleisch etwa 20 % billiger als im Fleischerfachgeschäft (im Durchschnitt) angeboten wird.

Die richtige Kalkulation wird man beim Rindfleisch auch nur finden, wenn man – siehe Schweinefleischkalkulation – das Rind in Teilstücke zerlegt und die einzelnen Teilstücke entsprechend ihrem Marktwert beim Metzger bewertet, um dann aufgrund der unterschiedlichen Anteile der verschiedenen Teilstücke einen Durchschnittspreis für das Achtel, das Viertel oder aber Teilsortimente zu ermitteln.

Von den genannten Mehrerlösen sind natürlich die Kosten für Zerlegung, Schlachtung, für Abschreibung und Zinsen, für Werbung und alle übrigen Aufwendungen zu tragen (siehe Beispielskalkulation).

Kalkulationsbeispiel: Rindfleisch

	Schlachtgewicht bei Geschlachtetvermarktung an Großschlachter kg	Marktleistung bei Geschlachtetvermarktung an Großschlachter DM	Marktleistung bei Direktvermarktung DM
33 Mastrinder	10 600	74 200,–	127 000,–
Brutto-Mehrerlös der Direktvermarktung			53 000,–
Kosten der Direktvermarktung:			
Schlachthaus, einschließlich Kühlhaus, Schlachtanlagen und -geräte		(17% von DM 35 000,–)	5 400,–
Kühltransportfahrzeug		(27% von DM 50 000,–)	8 500,–
Schlacht- und Betriebskosten einschließlich Fremdlohn			7 000,–
Vertriebs- und Werbekosten			5 000,–
			25 950,–
Netto-Mehrerlös der Direktvermarktung			27 050,–
Deckungsbeitrag je Familien-Akh (Arbeitszeitanspruch der Familien-AK = 600 Stunden)			45,–

Was darf ich, was nicht?

Im Grundsatz gelten hier die gleichen Bestimmungen wie bezüglich der Schweinefleischvermarktung. Verkaufen darf der Landwirt das Rind in Vierteln, ohne (sofern die Vermarktung in geringem Umfang stattfindet) als Gewerbebetrieb eingestuft zu werden.

Wie fange ich es an?

Die Rindfleischvermarktung ist noch weniger als die Schweinefleischvermarktung mit einem Massenartikelverkauf zu vergleichen. Man wird sich bei der Rindfleischvermarktung noch stärker darauf konzentrieren müssen, einen geeigneten Kundenkreis zu finden.

Dies sind häufig Haushalte der mittleren und oberen Schichten, die auch das nötige Kleingeld haben, sich auf längere Zeit mit so hohen Aufwendungen zu bevorraten, wie dies zwangsläufig der Rindfleischverkauf mit sich bringt.

Wer damit anfängt, sollte in seinem Umfeld 10 bis 20 Haushalte gezielt ansprechen, um beispielsweise einmal mit den ersten fünf Tieren Erfahrungen zu sammeln. Dann läßt sich der Kundenkreis „im Schneeballsystem" ausweiten.

Wenn dies nicht über persönliche Kontakte möglich ist, muß man es eben mit

Kalkulation Rinderhälfte (168 kg Schlachtgewicht)

	Anteil %	Menge kg	Wert-anteil %	Verkaufs-preis DM/kg
Roastbeef	3,8	6,4	9,0	24,–
Filet	1,6	2,7	7,0	35,–
Hüfte	2,0	3,4	4,0	20,–
Schwanzstück	4,8	8,1	9,0	20,–
Oberschale	4,0	6,8	8,0	20,–
Nuss	2,5	4,2	5,0	20,–
Bugstück	2,0	3,4	4,0	20,–
falsches Filet	1,0	1,7	2,0	20,–
Schild	1,7	2,9	2,0	14,–
Zungenstück mit Hals	6,1	10,2	9,0	14,–
Hohe Rippe	3,5	5,9	4,0	12,–
Brust o. K.	3,0	5,0	2,0	10,–
Querrippe	4,5	7,6	3,0	10,–
Vorder-/Hinterbein	3,2	5,4	3,0	10,–
Schabfleisch/Gulasch	3,5	5,9	6,0	15,–
Gesamt f. Verkauf	47,2	79,6	77,0	1 323,–
Verarbeitungsfleisch	26,8	45,0	23,0	395,–
Knochen und Abfall	26,–	43,4	–	–

dem „Klinkenputzen" versuchen. Im übrigen gelten diesbezüglich die gleichen Anregungen wie zum Schweinefleischverkauf.

Rindfleisch ist auch ein Artikel, der sich möglicherweise gut bei Großverbrauchern (Gaststätten, Kantinen usw.) absetzen läßt. Hierzu gehört ein klares Produktversprechen (bessere Qualität, garantiert abgehangenes Fleisch, gute Warenaufbereitung), absolute Lieferfähigkeit, ein guter Service und ein guter Draht zu den örtlichen Chefs bzw. Einkaufsleitern der betreffenden Betriebe.

Die Werbung wird ähnlich aufgebaut wie in der Schweinefleischvermarktung.

Wer mutig ist, kann dagegen auch einen zweiten Weg beschreiten. Über Fachzeitschriften kann man spezielle Lesergruppen erreichen, um möglicherweise auch einen überregionalen Verkauf von Qualitätsrindfleisch zu organisieren. Mit Anzeigen in Zeitschriften wie „Die Zeit", „Essen und Trinken", in Fachzeitschriften für bestimmte Berufsgruppen erreicht man solche Zielgruppen, wenn auch mit relativ großem Streuverlust und hohen Werbeaufwendungen.

Der Verbraucher erwartet, daß Rindfleisch

– ausgereift ist (lange genug abgehangen)
– zart ist
– preisgünstig ist.

Wie können Sie es ihm sagen? Zum Beispiel so:

– „Besonders zart nach Bauern-Art"
– „Abgehangen und ausgereift ist unser Rindfleisch"

Sie können natürlich auch einfach auf die Angebote hinweisen:

- „Rinderviertel – jede Woche – truhenfertig zerlegt"

Oder Sie versuchen, mit „flotten Sprüchen" auf sich aufmerksam zu machen:

- „(S)tierisch gut"
- „Vater, Mutter, Kind – alle lieben unser Rind"
- „Schau Dir an den schönen Stier, morgen schon gehört er Dir"

So, und jetzt texten Sie selbst einmal Ihre Anzeige!

Sie haben verschiedene Möglichkeiten, über Ihr Produkt und über Ihren Betrieb etwas zu sagen. Gehen Sie einfach von den verschiedenen Seiten heran!

1. Welche Eigenschaft hat mein Produkt (Frische, geschmackliche Besonderheit, Reife usw.)?

2. Welchen Nutzen hat der Verbraucher, wenn er das Produkt bei mir kauft (Aufbereitung der Ware, längere Haltbarkeit usw.)?

3. Welche Zusatznutzen biete ich dem Verbraucher (Bauernhof-Erlebnis, Angebote für die Kinder usw.)?

4. Was macht der Wettbewerb, wo bin ich besser als der Wettbewerb (Produktionstechnik, Auswahl der Produkte, spezielle Sorten usw.)?

5. Woran könnte der Kunde besonderen Spaß haben, wenn er zu Ihnen kommt?

Checkliste

Und jetzt nichts wie ran an die Planung!

Wieviel will ich im Jahr, im Monat, in der Woche verkaufen?

Wieviel Kunden brauche ich dafür?

Wie viele dieser Kunden wohnen im engeren Einzugsgebiet?

Wo kann ich sonst Kunden herbekommen?

Welche Investitionen sind notwendig?

Wie finanziere ich diese Investitionen?

Weiß ich, welche rechtlichen Bestimmungen ich einhalten muß? Bei wem kann ich mich informieren?

Werde ich gewerblich? Was muß ich tun?

Wie kann ich dem Verbraucher mein Sortiment schmackhaft machen?

Was kann ich ihm zusätzlich verkaufen?

Wieviel Geld will ich in die Werbung stecken?

Wie mache ich meine Werbung interessant?

Wie will ich den Erfolg am Jahresende kontrollieren?

Fleischwaren und Wurst

Absatzmöglichkeiten und Probleme

Wurst vom Bauernhof („Bauernwurst") ist ein vom Verbraucher sehr gefragter Artikel. Auch der Direktvermarkter hat viel davon:

- neue Kunden werden gewonnen
- ein bestehendes Sortiment in anderen Warengruppen läßt sich hervorragend ergänzen
- in der Schweineproduktion sind zusätzliche Erlöse zu erzielen.

Das Interesse des Verbrauchers scheint groß zu sein, sind es auch die Marktchancen? Sie sind es, aber mit folgenden Einschränkungen:

Welcher Haushalt verzehrt schon mehr als 1 kg Wurst in der Woche? In der Regel liegt die Menge eher bei einem Pfund.

Wer ißt schon tagtäglich die gleiche Wurst? In der Regel ist der Aufschnittstisch vielseitig gedeckt (in Deutschland gibt es über 400 Wurstsorten).

Der Wurstkonsum ist „Aufschnittkonsum". Die meisten Wurstsorten werden scheibenweise im Handel gekauft. Stückware (am ehesten noch bei Leberwurst, Dauerwurst, Schinken und geräucherten Fleischwaren im Angebot) ist nicht in jedem Haushalt gefragt.

Für den Direktvermarkter hat dies folgende Konsequenzen:

- Wer große Mengen eines Artikels erzeugt, braucht einen großen Kundenkreis bzw. viel Laufkundschaft (z. B. über eine Verkaufsstelle an einer gut befahrenen Straße).
- Je kleiner das Stammkundenpotential ist, desto vielseitiger muß das Sortiment sein.

Es gibt viele Beispiele, wie sich Betriebe mit regionalen Wurst-/Fleischwarenspezialitäten einen Namen gemacht haben und über die Wurstverarbeitung 200 und mehr Schweine vermarkten. Wer hinter die Kulissen schaut, stellt dabei aber schnell fest, daß es sich häufig um Betriebe handelt, die entweder einen guten Standort haben, Kundenströme zu Ausflugsgebieten nutzen und/oder einen Großteil der Ware über zusätzliche Absatzwege verkaufen (z. B. Gastronomie, Lebensmittelhandel).

Die Mehrzahl der Direktvermarkter aber wird die Strategie eines breiteren Sortiments fahren müssen, um einen genügend großen Umsatz zu erzielen.

Wurst und Fleischwaren lassen sich überall verkaufen: Auf dem Wochenmarkt, über den Verkaufswagen, im Laden auf dem Betrieb.

Wer Frischfleisch verkauft und die Wurstproduktion zur Resteverwertung betreibt, wird kaum Absatzprobleme haben. Denn die Fleischkunden werden das Wurstangebot gerne annehmen.

Wer dagegen die lukrativen Verdienstmöglichkeiten der reinen Wurstproduktion sieht (denn die Deckungsbeiträge sind wesentlich günstiger als die der Fleischvermarktung), sollte nicht blind vor Eifer werden. Das Produzieren von Wurst und Fleischwaren heißt Bewältigen eines Mengenproblems, was schon die folgende Überschlagsrechnung zeigt:

- 10 Schweine verwursten und zu Mettwurst (je 750 g) verarbeiten heißt: 440 Abnehmer dafür finden (denn aus 10 Schweinen lassen sich ungefähr 330 kg Mettwurst erzeugen).
- Wer Rotwurst, Leberwurst, Blutwurst und ähnliche Produkte herstellt, muß mindestens 1,5mal wenn nicht 2mal soviel Kunden finden (denn die Gesamtmenge an Wurst in kg ist mehr als doppelt so groß).

Produktion und Verarbeitung

Wer Frischfleisch (Koteletts, Schinken, Schultern, Bauchspeck, dicke Rippe, Eisbein) verkauft und seine Schweine etwa bis 110/120 kg ausmästet, behält etwa 20 bis 25 kg Verarbeitungsfleisch übrig, nachdem er dem Verbraucher das Frischfleisch truhenfertig zubereitet hat.

Die Menge reicht für die Produktion von etwa 10 bis 15 kg Dauerwurst (bei etwa 40 % Gewichtsverlust durch Austrocknung und Fehlproduktion) oder für 35 bis 40 kg Kochwurst.

Mindestens 3 Stunden für die Verwurstung wird man an Arbeitszeit benötigen. Bei 4 Schweinen die Woche wären das 12 Stunden. Bereits bei einer solchen Größenordnung benötigt man vernünftige Arbeitsgeräte (z. B. einen kleinen Kutter zum Zerkleinern des Fleisches, einen vernünftigen Kochkessel, eine Abfüllanlage, eine Kammer zum Trocknen bzw. zum Räuchern – sofern hier nicht bestehende Räumlichkeiten und Anlagen genutzt werden können).

Betriebe, die sich auf die Dauerwurstproduktion spezialisieren, richten sich darauf auch häufig in der Mast ein. Jeder Landwirt weiß, daß die Qualität von Dauerwurst um so besser wird, je ausgereifter das eingesetzte Material ist. Deshalb eignen sich ja gerade ältere Sauen hervorragend für die Wurstproduktion. Deshalb müssen die speziell für die Produktion von Dauerwurst und Fleischwarenspezialitäten (z. B. Geräuchertes/Geselchtes, Schinken in den verschiedenen Angebotsformen) eingestallten Masttiere auch zu größeren Endgewichten gemästet werden (auf etwa 150 bis 200 kg Lebendgewicht).

Damit ist selbstverständlich eine Verschlechterung der Futterverwertung verbunden, was bei der Kalkulation berücksichtigt werden muß.

Wie man Wurst und Fleischwaren produziert, das sollte der Landwirt eigentlich aus Erfahrung wissen. Auf den meisten Höfen gibt es eine überlieferte Tradition,

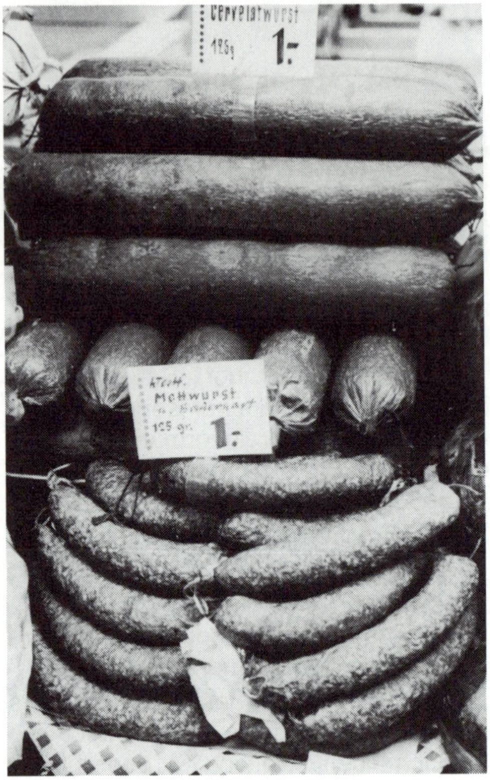

gibt es originelle Rezepte. Wer dazulernen will, kann ja beim Metzger in die Lehre gehen bzw. sich die einschlägigen Fachbücher für den Metzger besorgen. Welche Mindestanforderungen der Gesetzgeber an Wurst und Fleischwaren stellt, die nach herkömmlichen Bezeichnungen verkauft werden, kann man im „Lebensmittelbuch“ nachlesen (siehe hierzu auch Kapitel „Recht und Steuer“).

Kalkulation

Bei der Produktion von Wurst fallen auf den verschiedenen Stufen Kosten an, die je nach betrieblicher Situation bei der Bewertung des Produktionsverfahrens sehr unterschiedlich hoch angesetzt werden müssen:

- Verschlechterung der Futterverwertung in der Mast, schlechtere Ausnutzung der Stallplätze
- Zinsen und Abschreibungen für Investitionen

Schlachtraum, Kühlraum
Verarbeitungsraum
Schlacht- und Verarbeitungsgeräte
Reparaturen

- Fremdlöhne
- Betriebskosten
- Materialkosten (Därme, Gewürze usw.)

Wer das ganze Schwein verwurstet, muß etwa mit 70,– DM bis 80,– DM Materialkosten rechnen, mit 15,– DM bis 20,– DM Betriebskosten. Je nach Umfang, indem ihm der Metzger beim Schlachten und auch beim Verwursten hilft, fallen für diesen noch einmal Kosten zwischen 50,– DM und 200,– DM an. Den Aufwand für die Vermarktung eingerechnet, hat er selbst 15 bis 20 Arbeitsstunden pro Schwein einzuplanen.

Wurst und Fleischwaren gehören zu den Produkten, bei denen sich der Direktvermarkter hervorragend durch den Anspruch „Qualität" gegenüber industriell gefertigten Waren profilieren kann, z. B. durch

- das sorgfältige Pökeln, besondere Räuchertechnik
- sorgfältige Auswahl der Rohware
- Dauer des Trocknens in der Luft
- Zusammensetzung der Wurst.

Diese Gelegenheiten darf man natürlich nicht vorbeigehen lassen. Andererseits muß sich die bessere Qualität natürlich auch im Verkaufspreis niederschlagen. Wer seinen Schinken „naturreifen" läßt, ihm 1 Jahr zum Reifen und Trocknen gibt, hat natürlich höhere Verluste. Wenn er Fleisch in die Wurst gibt, kann und muß er dafür natürlich auch vom Verbraucher mehr Geld verlangen. Und der Verbraucher ist auch bereit, diese Ware zu honorieren.

Wer also als Direktvermarkter Superqualitäten produziert, sollte auch in der Preiskalkulation nicht zu zimperlich sein:

Kalkulationsbeispiel Wurst

	Kochwurst		Rohwurst
Produktions-Basis	100 Schweine, 80 kg Schlachtgewicht		100 Schweine, 110 kg Schlachtgewicht
Marktleistung	2 000 kg Rohwurst = DM 56 000,–		6 050 kg Rohwurstmasse
	1 200 kg Leberwurst = DM 14 400,–		abzüglich 40 % Verluste (Trocknung, Verderb)
	1 000 kg Sülze = DM 14 000,–		Erlös = DM 25,– / kg
	1 100 kg Blutwurst = DM 13 200,–		
Gesamt =		DM 97 600,–	DM 90 700,–
Kosten			
a) Schlachtraum, Geräte, Verkaufsraum, Kühlraum, (17 % Afa + Zinsen von DM 40 000,–)		6 800,–	6 800,–
b) Material/Betriebskosten		8 000,–	8 000,–
c) Fremdlöhne		10 500,–	10 000,–
d) Werbung		5 000,–	5 000,–
Gesamt =		DM 29 800,–	DM 29 800,–
Mehrerlös gegenüber Verkauf der Schweine an Handel	(80 x 100 x DM 3,– = DM 24 000,–)		(110 x 100 x DM 2,80 = DM 38 800,–)
Mehrerlös =		DM 43 800,–	DM 30 100,–
Deckungsbeitrag je Familien-Akh (Arbeitszeitbedarf der Familien-Akh = 1 600 Std.)		DM 27,40	(1 300 Std.) DM 23,10

Man muß sich dann am oberen Niveau von Fachgeschäften orientieren und darf keine Scheu haben, Dauerwurst mit 25,– bis 30,– DM, Kochwurst mit 10,– bis 15,– DM (je kg) zu kalkulieren.

Was darf ich, was nicht?

Wer wurstet, wird steuer- und gewerberechtlich zum Gewerbebetrieb, wer dies in großem Stil tut, auch handwerksrechtlich. Diesbezüglich und auch bezüglich der übrigen Produktions- und Verarbeitungsbedingungen gelten die bereits im Zusammenhang mit dem Verkauf von Schweinefleisch skizzierten Bedingungen.

Darüber hinaus muß der Produzent von Wurst und Fleischwaren die bereits an anderer Stelle dargestellten Kennzeichnungsvorschriften und (soweit er die Ware in Einheitsgrößen bzw. Einheitsgefäßen verkauft) die Vorschriften der Fertigpackungsverordnung beachten. Letzteres z. B. beim Abfüllen von Kochwurst in Gläsern oder fest verschlossenen Dosen.

Die Fertigpackungsvorschriften können einen Betrieb vor nicht unerhebliche Probleme stellen: Man muß Geräte zum exakten Dosieren haben, feste Toleranzgrenzen einhalten, darüber Aufzeichnungen machen.

Wie fange ich es an?

Wohin mit der ganzen Wurst? Das ist hier die Frage. Wer Wurst verkaufen will, tut gut daran, von Anfang an verschiedene Absatzwege zu suchen:

Kenne ich andere Direktvermarkter (z. B. Eiervermarkter), die meine Wurst mit auf den Wagen nehmen?

Gibt es in der Nähe Hotels und Gaststätten, die einen Teil meiner Ware abnehmen?

Bei welchen lokalen oder regionalen Anlässen könnte ich einen Stand aufbauen, um die Bevölkerung auf mich aufmerksam zu machen und größere Mengen auf einmal umzuschlagen?

Gibt es in der Nähe Lebensmittelgeschäfte, bei denen ich evtl. mit einem Sonderverkauf ins Geschäft kommen kann?

Wieviel Menschen kommen täglich an meinem Betrieb vorbei, die ich durch Schilder auf mich aufmerksam machen kann?

Wieviel Stammkunden habe ich für andere Erzeugnisse, denen ich beispielsweise alle 14 Tage 1 kg Wurst verkaufen kann?

Wie kann ich eine Adressenkartei aufbauen, um Spezialitäten zu bestimmten Saisonzeiten (z. B. Schinken zu Weihnachten) anzubieten?

Die **Werbung** ergibt sich im wesentlichen aus den verschiedenen Absatzwegen, die ich benutze:

Eine Reihe von Kunden kann und muß ich persönlich ansprechen (z. B. den Handel, Hotels, meine Stammkunden).

Hierfür benötige ich ähnliches Werbematerial wie für den Verkauf von Schweinefleisch.

Je größer meine Absatzmenge wird, desto mehr bin ich auf die Nutzung der Medien angewiesen: Regelmäßige Anzeigen in den lokalen Zeitungen, Informations- und Werbeblätter helfen mir, die notwendige Breitenwirkung zu erreichen.

Für Besonderheiten mit echtem Spezialitätencharakter kann ich auch den Versandhandel organisieren. Hierfür sind Anzeigen in überregionalen Zeitschriften notwendig. Die Anzeigen richten sich nach der Zielgruppe.

Der Kunde kommt zum Landwirt, weil er etwas „Hausgemachtes" haben will.

Was versteht der Kunde darunter? Hausgemachtes heißt aus der Sicht des Verbrauchers:

- nach alten, überlieferten Rezepten hergestellt
- handgemacht = wir Landwirte verstehen etwas vom Wursten
- hoher Fleischanteil = wirklich was drin
- individuelle Würzung

Dies kann man dem Verbraucher etwa folgendermaßen näherbringen:

„Hausgemachte Spezialitäten"
„Schlachtfest bei Bauer ..."

„Bei uns hat das Wursten eine lange Tradition"

„Das Rezept ist unser Geheimnis, den Geschmack können Sie mit uns teilen!"

„Unsere Bauernwurst – eine Spezialität"

Geben Sie darüber hinaus Ihren Würsten und Ihren Fleischwaren einen Namen. Sie können dabei auf betriebliche Besonderheiten, auf Regionen und Landschaften hinweisen.

Zum Beispiel:

„Gutswurst vom Gutshof"

„Wurst aus dem alten Dorf"

„Oma Eiler's Lieblingswurst – sie schmeckt Ihnen bestimmt auch".

So, und jetzt texten Sie selbst einmal Ihre Anzeige!

Sie haben verschiedene Möglichkeiten, über Ihr Produkt und über Ihren Betrieb etwas zu sagen. Gehen Sie einfach von den verschiedenen Seiten heran!

1. Welche Eigenschaft hat mein Produkt (Frische, geschmackliche Besonderheit, Reife usw.)?

____

____

____

2. Welchen Nutzen hat der Verbraucher, wenn er das Produkt bei mir kauft (Aufbereitung der Ware, längere Haltbarkeit usw.)?

____

____

____

3. Welche Zusatznutzen biete ich dem Verbraucher (Bauernhof-Erlebnis, Angebote für die Kinder usw.)?

____

____

____

4. Was macht der Wettbewerb, wo bin ich besser als der Wettbewerb (Produktionstechnik, Auswahl der Produkte, spezielle Sorten usw.)?

____

____

____

5. Woran könnte der Kunde besonderen Spaß haben, wenn er zu Ihnen kommt?

____

____

____

Checkliste

Und jetzt nichts wie ran an die Planung!

Wieviel will ich im Jahr, im Monat, in der Woche verkaufen?

Wieviel Kunden brauche ich dafür?

Wie viele dieser Kunden wohnen im engeren Einzugsgebiet?

Wo kann ich sonst Kunden herbekommen?

Welche Investitionen sind notwendig?

Wie finanziere ich diese Investitionen?

Weiß ich, welche rechtlichen Bestimmungen ich einhalten muß? Bei wem kann ich mich informieren?

Werde ich gewerblich? Was muß ich tun?

Wie kann ich dem Verbraucher mein Sortiment schmackhaft machen?

Was kann ich ihm zusätzlich verkaufen?

Wieviel Geld will ich in die Werbung stecken?

Wie mache ich meine Werbung interessant?

Wie will ich den Erfolg am Jahresende kontrollieren?

Eier

Absatzmöglichkeiten und Probleme

Neben der Vermarktung von Kartoffeln hat ja die Direktvermarktung von Eiern bereits jahrelange Tradition (im Norden Deutschlands stärker als im Süden). In dieser Zeit haben sich natürlich vielfältige Formen und auch sehr unterschiedliche Größenordnungen herausgebildet.

Der Verkauf **an der Haustür,** der im Grunde genommen sehr standortunabhängig betrieben werden kann; größere Betriebe fahren mit Lastwagen die Eier in die Städte, lassen sie dann von kleineren Fahrzeugen ausfahren; hierzu benötigt man im wesentlichen ein festes Absatzgebiet (Gemeinden, Stadtteile, usw.); die Eier sind vielfach heute nur noch das Grundsortiment, auf manchen Fahrzeugen werden weitaus mehr als 100 Artikel ausgefahren (siehe hierzu das Kapitel „Fahrverkauf").

Der Verkauf **auf dem Wochenmarkt:** Wer auf einem größeren Wochenmarkt einen Stand hat oder bekommen kann, findet hier eine nach wie vor sehr günstige Verkaufschance. Mit geringen Kosten und nicht zu hohem Aufwand (außer, daß man regelmäßig, bei Wind und Wetter, anwesend sein muß) lassen sich häufig Mengen umschlagen, die beispielsweise beim Verkauf ab Hof nie zu erreichen sind (siehe hierzu das Kapitel „Wochenmarkt").

Verkauf **ab Hof:** Wer nur Eier ab Hof verkauft, wird es auch an guten Standorten wohl nicht sehr weit über 300 Stammkunden bringen; damit lassen sich wohl kaum mehr als die Eier von etwa 1 000 Hühnern verkaufen.

Zu einer festen Verkaufseinrichtung auf dem Hof gehören die Eier ebenso als Standardsortiment und Kundenbringer, wie auch das übrige Sortiment in einem solchen Geschäft zusätzlich Eierkäufer anzieht. Wer also einen Laden auf dem Hof hat und selbst keine Eier produziert, sollte sich einen anderen landwirtschaftlichen Betrieb als Zulieferanten suchen. (Im übrigen siehe hierzu das Kapitel „Verkaufseinrichtung auf dem Hof".)

Produktion und Verarbeitung

Die seit einigen Jahren anhaltenden Diskussionen über die Hühnerhaltung haben auch viele Direktvermarkter zweifeln lassen, ob es richtig ist, Eier zu verkaufen, die unter „normalen" Produktionsmethoden gewonnen worden sind (sprich: Käfighaltung).

Die meisten Eiervermarkter haben ihre traditionellen Haltungsformen nicht umgestellt und haben auch bislang keine Absatzeinbußen gehabt. Auf der anderen Seite haben sich auch einige Direktvermarkter mit „Eiern aus Bodenhaltung" einen Namen gemacht und profitieren von der hohen Sensibilität einiger Verbraucherschichten bezüglich der Haltungsformen.

Es gibt Verbraucher, die absolut nur Eier aus Bodenhaltung oder sogar aus Freilandhaltung haben wollen und bereit sind, hierfür auch 5 bis 10 Pfennig mehr zu bezahlen. Aber man muß bislang feststellen, daß diese Verbraucherschicht in der Minderheit ist. Bislang haben Tests (beispielsweise Präsentation von „normalen" Eiern neben „Eiern aus Bodenhaltung") häufig gezeigt, daß die meisten Verbraucher die „normalen" Eier kauften (wenn diese etwa 8 Pfennig billiger waren).

Manche Direktvermarkter verkaufen sowohl Eier aus Bodenhaltung als auch aus Käfighaltung. Letzteres kann man natürlich nicht schreiben oder sagen. Deshalb gehen einige den Weg, weiße Eier aus Käfighaltung anzubieten, braune aus Bodenhaltung. Das muß natürlich keine Empfehlung oder Richtlinie sein. Es zeigt nur, daß es eben viele Wege zum Ziel gibt.

Auch wer Eier verkauft, hat viele Möglichkeiten, dem Verbraucher zusätzliche Angebote zu unterbreiten, indem er beispielsweise

- die Eier zu Nudeln und Eierlikör verarbeitet
- „die leckeren Kleinen" für Kinder anbietet
- zu Ostern gekochte, farbige Eier im Sortiment führt
- weiße Eier und braune Eier anbietet
- ausgesucht große Frühstückseier anbietet
- Bruch-, Knickeier zum Backen günstiger verkauft.

Selbstverständlich gehören zum Eierverkauf auch die Suppenhühner. Mit dem Schlachtgeflügelsortiment kann eine 2. Schiene aufgebaut werden. Geflügelwurst schließlich rundet das Sortiment ab.

Kalkulation

Erfahrene Vermarkter rechnen mit Nettogewinnen (Erlös abzüglich fixer und variabler Produktions-/Vermarktungskosten) von 4,5 bis 5,0 Pfennig je Ei. Kalkulationen in der Vergangenheit haben ergeben, daß diese Erlöse sowohl beim Fahrverkauf als auch beim Verkauf ab Hof erzielt werden, weil die zusätzlichen Kosten beim Fahrverkauf durch die noch besseren Verkaufspreise aufgefangen werden.

Der Anbieter auf dem Wochenmarkt ist daher stärker als der Anbieter ab Hof oder der Fahrverkäufer an die Marktsituation gebunden. Er muß sich stärker der Preiskalkulation der Konkurrenten auf dem Wochenmarkt und auch im Lebensmittelhandel anpassen. Auf jeden Fall sind aber auch hier höhere Preise zu erzielen, als sie der Verbraucher beim Kauf der Eier im Sortimentshandel bezahlen muß.

Kalkulation: Eier

Produktion = 5 000 Legehennen × 250 Eier/Henne

	Ab-Hof-Verkauf	Fahrverkauf
Marktleistung:		
1 250 000 Eier	à 0,20 DM = 250 000,— DM	à 0,24 DM = 300 000,— DM
3500 Schlachthennen à 3,75 DM	13 125,— DM	13 125,— DM
Gesamt	263 125,— DM	313 125,— DM
Kosten:		
Bestandserneuerung	38 000,— DM	38 000,— DM
Futterkosten	120 000,— DM	120 000,— DM
Strom, Wasser, Tierarzt, Versicherung u. a.	8 800,— DM	8 800,— DM
Abschreibungen, Zinsen	18 000,— DM	18 000,— DM
Eier sammeln, sortieren	15 000,— DM	15 000,— DM
Vermarktung (Verpackung, Verkauf, Auslieferung, Werbung)	16 000,— DM	68 000,— DM
Gesamt	215 800,— DM	267 800,— DM
Deckungsbeitrag gesamt	47 325,— DM	45 325,— DM
je Ei	3,8 Pfg	3,6 Pfg
je Henne	9,50 DM	9,00 DM

Über die zu erzielenden Gesamtgewinne entscheiden also im wesentlichen die bei den jeweiligen Absatzformen zu erreichenden Kundenzahlen.

Was darf ich, was nicht?

Wer Eier direkt vermarktet, sollte folgende Gesetzesgrundlagen kennen:

Normalerweise müssen Eier, die in den Markt kommen, in den dafür geschaffenen Packstellen sortiert und klassifiziert werden (in die bekannten Qualitäts- und Größenklassen); wer Eier von anderen Betrieben zukauft und vermarktet, unterliegt ebenfalls der EG-Vermarktungsnorm, die diesen Packstellenzwang vorschreibt; auch wer Eier an den Lebensmitteleinzelhandel und an Großverbraucher verkauft, muß diese über eine amtlich zugelassene Packstelle nach Güte- und Gewichtsklassen sortieren und kennzeichnen lassen, wenn er nicht selbst eine anerkannte Packstelle hat.

Wer Eier aus eigener Erzeugung ab Hof, an der Haustür oder auf öffentlichen Märkten verkauft, kann von der Ausnahmevorschrift der EG-Vermarktungsordnung Gebrauch machen.

Er muß dann allerdings die Eier lose verkaufen (also nicht in 10er oder 6er Packs) und darf die Güte- und Gewichtsklassen der EG-Verordnung nicht verwenden.

Wer dies aber will, kann sich in Bonn beim „Bundesamt für Ernährung und Landwirtschaft" einen Antrag auf Zulassung einer Packstelle holen. Dort bekommt er dann genannt, welche Voraussetzungen er zu erfüllen hat.

Wie fange ich es an?

Wer Eier von 5 000, 10 000 oder mehr Legehennen verkaufen will, sollte sich zunächst bemühen,

- eine Tour aufzubauen
- oder einen Stand auf einem guten Wochenmarkt zu erreichen.

Wenn dies nicht möglich ist, muß man möglicherweise bei Ab-Hof-Verkauf auf einen Teil der Produktion verzichten und den Mindererlös durch den Verkauf anderer Waren auszugleichen versuchen.

Als Direktvermarkter – besonders wenn Sie täglich größere Mengen vermarkten wollen – sind Sie auf Kundenwerbung durch Anzeigen und Handzettel angewiesen.

Hier gibt es einen ganz besonderen Service für Direktvermarkter: Die CMA stellt spezielle Werbemittel zur Verfügung.

Man muß nur dorthin schreiben und sich das Werbepaket „Eier-Direktvermarktung" anfordern.

Aus Bildern, Zeichen, Schriften, Anzeigenrahmen können Sie sich selbst eine Anzeige, einen Handzettel basteln.

Die gleichen Werbemittel erhalten Sie als Aufkleber für Ihr Fahrzeug.

Sie können natürlich auch Ihre eigene Werbung machen, z. B. so:

„Raus aus dem Einerlei
Probieren Sie doch mal unser Ei!"

„Die kleinsten, dicksten, schönsten Eier,
die gibt es nur beim Bauern Meier"

„Ei, Ei, Ei – da bin ich schon"
(Aufschrift auf dem Fahrzeug)

„Wir sind immer pünktlich, egal wie lange
es dauert!"

Anzeigen hierfür zu machen, ist im Grunde genommen nicht sehr schwierig. Dazu das folgende Beispiel.

So, und jetzt texten Sie selbst einmal Ihre Anzeige!

Sie haben verschiedene Möglichkeiten, über Ihr Produkt und über Ihren Betrieb etwas zu sagen. Gehen Sie einfach von den verschiedenen Seiten heran!

1. Welche Eigenschaft hat mein Produkt (Frische, geschmackliche Besonderheit, Reife usw.)?

____

____

____

2. Welchen Nutzen hat der Verbraucher, wenn er das Produkt bei mir kauft (Aufbereitung der Ware, längere Haltbarkeit usw.)?

____

____

____

3. Welche Zusatznutzen biete ich dem Verbraucher (Bauernhof-Erlebnis, Angebote für die Kinder usw.)?

____

____

____

4. Was macht der Wettbewerb, wo bin ich besser als der Wettbewerb (Produktionstechnik, Auswahl der Produkte, spezielle Sorten usw.)?

____

____

____

5. Woran könnte der Kunde besonderen Spaß haben, wenn er zu Ihnen kommt?

____

____

____

Checkliste

Und jetzt nichts wie ran an die Planung!

Wieviel will ich im Jahr, im Monat, in der Woche verkaufen?

Wieviel Kunden brauche ich dafür?

Wie viele dieser Kunden wohnen im engeren Einzugsgebiet?

Wo kann ich sonst Kunden herbekommen?

Welche Investitionen sind notwendig?

Wie finanziere ich diese Investitionen?

Weiß ich, welche rechtlichen Bestimmungen ich einhalten muß? Bei wem kann ich mich informieren?

Werde ich gewerblich? Was muß ich tun?

Wie kann ich dem Verbraucher mein Sortiment schmackhaft machen?

Was kann ich ihm zusätzlich verkaufen?

Wieviel Geld will ich in die Werbung stecken?

Wie mache ich meine Werbung interessant?

Wie will ich den Erfolg am Jahresende kontrollieren?

Gemüse

Absatzmöglichkeiten und Probleme

Der Verkauf von Gemüse gehört zu den attraktivsten Bereichen der Direktvermarktung. Gemüse ist ein Produkt, welches der Verbraucher gerne sehr frisch kauft, d. h. sehr gerne vom Landwirt. Die Palette reicht vom üblichen Grob-, über Feingemüse bis zum Spargel. Alle Produkte haben selbstverständlich ihre Besonderheiten (so wird beispielsweise der Spargel einmal in der Saison in größeren Mengen gekauft, während das andere Gemüse auch in der Saison häufiger in kleineren Partien gekauft wird (wie z. B. Salat, Möhren, Kohl usw.).

Wer sich nicht nur auf Einzelprodukte (wie z. B. Spargel) konzentrieren will, sondern als Dauerlieferant des jeweiligen Saisongemüses Stammkunden haben will, muß relativ regelmäßig eine breite Palette anbieten. Diese kann er aber nur bis zum einem gewissen Umfang anbauen. Aus diesem Grunde wird man mit der Gemüseproduktion auch immer nur einen geringen Teil der Einkaufsmengen des Kunden abdecken können (20 bis 30 %).

Produktion und Verarbeitung

Gemüse produzieren ist natürlich etwas anderes als Getreide, Raps, Zuckerrüben. Der Anbau erfordert spezielle Kenntnisse. Deshalb muß der eine oder andere hierfür noch einmal die Schulbank drücken.

Zum Glück stehen ja auch bei den Landwirtschaftsämtern bzw. den Landwirtschaftskammern Berater zur Verfügung, die dem Neuling gerne auf die Sprünge helfen.

Wenn überhaupt, werden die meisten Landwirte Gemüse nur als „Freilandkultur" anbauen (was natürlich die „unter Glas-Kultur" nicht ausschließt).

Und arbeitsaufwendig ist der Gemüseanbau allemal.

Wieviel ha Freilandgemüse soll man denn nun anbauen?

Die Frage beantwortet sich fast von selbst, wenn man sich die Mengen anschaut, die pro ha erzeugt werden können: Stellen Sie sich vor, Sie haben auf 1 ha nur eine Gemüseart: Wo wollen Sie dann beispielsweise hin mit 200 dt Kopfsalat, 100 dt Buschbohnen, 300 dt Wirsing, 250 dt Gurken, 600 dt Weißkohl?

Flächenerträge vom Freilandgemüse (1986)

	ca. dt/ha
Weißkohl	640
Rotkohl	460
Wirsing	280
Grünkohl	190
Rosenkohl	130
Blumenkohl	230
Kohlrabi	220
Kopfsalat	180
Spinat	130
Möhren	380
Sellerie	290
Porree	250
Spargel	35
Buschbohnen	110
Stangenbohnen	160
Einlegegurken	260
Tomaten	380

Solche Mengen kann man nur über den Großmarkt, eine Absatzeinrichtung, evtl. noch auf gutgehenden Wochenmärkten verkaufen. Beim Ab-Hof-Verkauf ist dies in der Regel ausgeschlossen. Deshalb werden sich die meisten Direktvermarkter immer auf die Produktion eines breiteren Gemüse-Sortiments auf einer kleineren

Fläche konzentrieren (zwischen ¼ und 1 ha), auf der dann 5 bis 20 Gemüsesorten angebaut werden.

Dies hat nicht nur den Vorteil, daß regelmäßig für den Kunden verschiedene Gemüsesorten zur Verfügung stehen. Man reduziert damit auch das Anbau- und Verkaufsrisiko.

Arbeitsaufwendig sind auch Bearbeitung und Vermarktung. Frischprodukte wie Gemüse müssen natürlich im Top-Zustand an den Verbraucher geliefert werden. Reinigen, Sortieren, Verpacken, Anbieten kosten viel Zeit.

Je intensiver jemand die Gemüseproduktion und -vermarktung betreibt, desto eher wird er auch einen Punkt erreichen, von dem an über Verarbeitung, Lagerung, Kühlung nachgedacht werden muß.

Dies ist häufig eine kritische Investitionsphase, die wiederum nur bei größerem Mengenabsatz bewältigt werden kann. Massenproduktion aber zieht häufig Absatzdruck nach sich und nicht wenige Betriebe haben den damit verbundenen Preisverfall nicht mehr aufhalten können. Risikolos also ist der Anbau von Gemüse auch nicht.

Kalkulation

Auf einer Freilandgemüsefläche von 1 ha lassen sich durchaus Deckungsbeiträge von über 50 000 DM erzielen. Dies würde aber schon den Einsatz von Fremdarbeitskräften zur Bedingung haben, wodurch die Hälfte dieses Deckungsbeitrages beansprucht würde.

Wer nicht sofort mit größeren Flächen einsteigen will, kann ja mit 1 000 m² Anbaufläche beginnen. Auch hier wird er mit einem etwas breiteren Sortiment einen Deckungsbeitrag von über 4 000 DM erreichen können.

Wenn wir davon ausgehen, daß er für die Produktion und Vermarktung dieser Produkte keine Fremdarbeitskräfte benötigt (was normalerweise auch nicht der Fall ist), könnte er einen Stundenlohn für sich selbst von 15 DM bis 20 DM (zum Teil auch mehr) erreichen.

Die Lohnaufwendungen sind im Gemüsebau die wichtigsten Aufwandpositionen, denn der Gemüsebau ist arbeitsaufwendig.

Wer allerdings Gemüse unter Glas anbaut, muß mit wesentlich höheren Kosten rechnen; denn er wird dies ja vor allen Dingen auch machen, um außerhalb der Hauptsaison das Freilandgemüse verkaufen zu können (um dadurch höhere Preise zu erzielen). In diesem Fall ergeben sich hauptsächlich Investitionskosten für die Gewächshäuser, aber auch die für die Produktion notwendigen Heizkosten, die je nach Zeitpunkt der Produktion für eine Fläche von beispielsweise 1 000 m² Größenordnungen von 2 000 DM deutlich übersteigen können.

Kalkulationsbeispiel: Gemüsevermarktung

Produktionsfläche = 1 000 m²

Marktleistung:				
100 m²	Kopfsalat	=	400 kg à 2,60 DM	1 040,– DM
200 m²	Blumenkohl	=	500 kg à 1,80 DM	900,– DM
100 m²	Weißkohl	=	500 kg à 0,90 DM	450,– DM
100 m²	Rosenkohl	=	100 kg à 1,30 DM	130,– DM
200 m²	Buschbohnen	=	300 kg à 4,50 DM	1 350,– DM
50 m²	Möhren	=	300 kg à 1,50 DM	450,– DM
50 m²	Porree	=	150 kg à 2,60 DM	390,– DM
100 m²	Wirsing	=	300 kg à 1,10 DM	330,– DM
100 m²	Kohlrabi	=	200 kg à 1,90 DM	380,– DM
			Gesamt	5 420,– DM
Kosten:				
Saatgut, Düngemittel, Pflanzenschutz, Bewässerung				420,– DM
Maschinenkosten				150,– DM
Verpackungsmaterial				500,– DM
			Gesamt	1 070,– DM
Deckungsbeitrag je Familien-Akh (für Produktion und Absatz, Arbeitsaufwand = 250 Stunden)				17,40 DM

Im Freilandgemüseanbau wird darüber hinaus häufig Folie eingesetzt (hält die Pflanzen sauber und reduziert den Unkrautwuchs). In diesem Fall wären die darauf entfallenden Kosten natürlich in die Produktionskosten einzuplanen.

Ein besonderes Problem im Gemüsebau ist das Thema: Rationalisierung durch Maschineneinsatz. Für so kleine Flächen, wie sie in der Beispielsrechnung zugrundegelegt werden, lohnt sich der Einsatz von Maschinen nicht, vieles muß in arbeitsaufwendiger Handarbeit erledigt werden.

Teuer sind vor allem Maschinen wie Vollernter (ein dreireihiger kostet schon ca. 150 000,– DM), Sortier- und Abpackanlagen (zusammen ebenfalls über 100 000,– DM). Diese Maschinen können nur auf größeren Flächen rationell eingesetzt werden oder in Kooperation mit anderen Landwirten. Die damit notwendige Mengenproduktion kann dann wiederum nur auf preisdrückenden Absatzwegen vermarktet werden. Eine sorgfältige und vorsichtige Planung ist zur Risikominderung erforderlich.

Was darf ich, was nicht?

Für den Gemüseverkauf gelten zum Teil EG-Qualitätsnormen, zum Teil deutsche Handelsklassenvorschriften. Diese geben an, in welchen Güteeigenschaften, Größensortierungen, mit welchen Toleranzen, in welcher Verpackung und Aufmachung und mit welcher Kennzeichnung Gemüse verkauft werden darf.

Unter die deutschen **Handelsklassenvorschriften** fallen folgende Produkte:

- Dicke Bohnen, Feldsalat, Gemüsepaprika, Knollensellerie, Kohlrabi, Kulturchampignons, Porree, Radies, Rettiche, rote Beete, Schwarzwurzeln, Meerrettich.

EG-einheitliche **Qualitätsnormen** gibt es für

- Blumenkohl, Kopfkohl, Rosenkohl, Spinat, Kopfsalat, Endiviensalat, Chicorée, Pflückerbsen, grüne Bohnen, Möhren, Zwiebeln, Knoblauch, Spargel, Tomaten, Gurken, Bleichsellerie, Gemüsepaprika.

Alle Landwirte, die Gemüse ab Hof an den Verbraucher abgeben, und zwar „für den persönlichen Bedarf des Kunden", sind frei von der Verpflichtung zur Einhaltung der Vorschriften.

Wer Gemüse auf dem Wochenmarkt verkauft, muß die Qualitätsnormen einhalten; selbstverständlich auch der, der die Ware an Wiederverkäufer (Lebensmitteleinzelhandel, Fachgeschäfte) verkauft.

Er kann auch nach Handelsklassen verkaufen (muß es nicht); wenn er sich dafür entscheidet, muß er natürlich alle Regelungen dieser Vorschriften einhalten.

Wie fange ich es an?

Gemüse von 1 ha Ackerland (mit Ausnahme der Massenprodukte Erdbeeren und Spargel) lassen sich häufig im verfügbaren Einzugsgebiet nicht vollständig absetzen. Der Betrieb benötigt für eine solche Fläche zusätzliche Absatzwege wie den Großmarkt oder den Wochenmarkt.

Das Gemüse ist aber auch für einen Betrieb, der beispielsweise Schwerpunkte in anderen Sortimenten hat (wie z. B. Eier, Fleisch oder Kartoffeln), ein hervorragender Artikel zur saisonalen Ergänzung. Damit lassen sich Kunden gewinnen und halten. Speziell Gemüse und Kartoffeln ergänzen sich auch häufig sehr gut, ebenfalls das saisonal anfallende Obst!

Wie spreche ich den Verbraucher an?

Es gibt viele verschiedene Gemüsesorten, aber eine zentrale Anforderung seitens der Verbraucher: Frische!

Frische ist das, was der Verbraucher neben Geschmack, Aroma, Natürlichkeit gerade vom direktvermarktenden Landwirt erwartet.

Wenn Sie aber in Anzeigen, in Handzetteln, Broschüren, Prospekten usw. immer wieder das Wort Frische wiederholen, wird das natürlich auch für den Kunden langweilig.

Frische kann man auf vielfältige Weise ausdrücken, z. B.

- landfrisch
- gartenfrisch
- feldfrisch
- erntefrisch
- taufrisch
- tagfrisch
- frisch geerntet
- frisch gepflückt
- frisch geschnitten
- frisch gestochen
- frisch gesucht
- frisch gesammelt
- frisch aus der Natur
- frisch vom Lande
- frisch vom Bauern
- frisch vom Hof
- frisch aus dem Garten
- frisch auf Ihren Tisch
- frisch von Mutter Natur
- jetzt frisch
- heute frisch
- täglich frisch
- immer frisch
- selbstverständlich frisch
- knackig frisch
- natürlich frisch

Sie können Frische aber auch umschreiben:

- direkt vom Feld
- direkt vom Bauern
- direkt auf Ihren Tisch
- direkt aus dem Garten
- frisch wie der junge Morgen
- frisch wie der Morgentau
- frisch wie die Landluft

Und wenn Sie Mut haben, machen Sie Ihre Werbung witzig, frech, etwas origineller:

„Da hab'n wir den Salat"

„So ein Salat"

„Auch Vegetarier müssen nicht ins Gras beißen"

„Lieber Erbsen im Topf als Bohnen in die Ohren"

„Freu Dich Fritzchen, freu Dich Fritzchen, morgen gibt's Selleriesalat"

So, und jetzt texten Sie selbst einmal Ihre Anzeige!

Sie haben verschiedene Möglichkeiten, über Ihr Produkt und über Ihren Betrieb etwas zu sagen. Gehen Sie einfach von den verschiedenen Seiten heran!

1. Welche Eigenschaft hat mein Produkt (Frische, geschmackliche Besonderheit, Reife usw.)?

____

____

____

2. Welchen Nutzen hat der Verbraucher, wenn er das Produkt bei mir kauft (Aufbereitung der Ware, längere Haltbarkeit usw.)?

____

____

____

3. Welche Zusatznutzen biete ich dem Verbraucher (Bauernhof-Erlebnis, Angebote für die Kinder usw.)?

____

____

____

4. Was macht der Wettbewerb, wo bin ich besser als der Wettbewerb (Produktionstechnik, Auswahl der Produkte, spezielle Sorten usw.)?

____

____

____

5. Woran könnte der Kunde besonderen Spaß haben, wenn er zu Ihnen kommt?

____

____

____

Checkliste

Und jetzt nichts wie ran an die Planung!

Wieviel will ich im Jahr, im Monat, in der Woche verkaufen?

Wieviel Kunden brauche ich dafür?

Wie viele dieser Kunden wohnen im engeren Einzugsgebiet?

Wo kann ich sonst Kunden herbekommen?

Welche Investitionen sind notwendig?

Wie finanziere ich diese Investitionen?

Weiß ich, welche rechtlichen Bestimmungen ich einhalten muß? Bei wem kann ich mich informieren?

Werde ich gewerblich? Was muß ich tun?

Wie kann ich dem Verbraucher mein Sortiment schmackhaft machen?

Was kann ich ihm zusätzlich verkaufen?

Wieviel Geld will ich in die Werbung stecken?

Wie mache ich meine Werbung interessant?

Wie will ich den Erfolg am Jahresende kontrollieren?

Obst

Absatzmöglichkeiten und Probleme

Wie Gemüse wird auch Obst sehr gerne beim Landwirt gekauft.

Der Einkaufsbedarf der Haushalte ist sehr unterschiedlich und hängt sehr eng mit den Lagerungs- und Verwertungsmöglichkeiten zusammen.

Mit einem nach Erntezeitpunkten und Sorten differenzierten Sortiment kann man den Kunden häufiger auf den Hof holen: z. B. mit unterschiedlich reifenden Apfel- und Birnen-, Pflaumen- und Kirschensorten.

Wenn Ware zum Verarbeiten (Konfitüre, Fruchtsaft) gekauft wird, lassen sich größere Mengen absetzen.

Wieviel Haushalte benötigt man für den Absatz der einzelnen Kulturen? Wieviel kg kaufen die Haushalte?

Schon an anderer Stelle wurden hierzu Schätzungen gemacht. Übertriebene Absatzerwartungen wird jemand nicht haben, wenn er sich die Zahlen in der folgenden Tabelle einmal vor Augen führt.

Mengen in dieser Größenordnung lassen sich sicherlich noch mit vertretbarem Aufwand absetzen. Wer größere Anlagen hat, muß dagegen entweder sehr intensiv Werbung betreiben oder aber zusätzliche Absatzmöglichkeiten suchen (z. B. Großmärkte, Gaststätten, Bäckereien u. a.).

Obst bietet darüber hinaus hervorragende Möglichkeiten der Veredelung (z. B. zu Getränken, Konfitüren, Trockenobst). Hierdurch läßt sich das gesamte Programm attraktiver machen und man kann die Kunden häufiger einmal zum Kommen motivieren.

Produktion

Wer keine Erfahrung mit dem Obstanbau hat, sollte sich auf jeden Fall vorher mit den Gartenbauinstituten bzw. -beratungsstellen (der Kammern, Ministerien oder Bauernverbände) in Verbindung setzen. Nicht nur der Anbau, auch die Pflege der Obstkulturen erfordert eine Menge speziellen Wissens.

Schon die geeigneten Pflanzen zu finden (z. B. virusfreie Himbeerpflanzen) ist eine für den Laien nicht einfache Angelegenheit. Die einzelnen Obstarten erfordern spezielle Bodenbearbeitungsmaßnahmen. Die Pflanzung muß nach arbeitstechnischen und erntetechnischen

	für 100 Bäume/Sträucher mit .... kg Gesamtertrag	werden .... Haushalte benötigt,	die .... kg Obst je Haushalt im Jahr kaufen
Äpfel	4 000 kg	80	50
Birnen	3 000 kg	300	10
Sauerkirschen	1 500 kg	200	7,5
Süßkirschen	2 000 kg	400	5
Pflaumen/Zwetschen	2 400 kg	400	6
Mirabellen/Renekloden	2 100 kg	300	7
Pfirsiche	1 200 kg	200	6
Johannisbeeren	420 kg	140	3
Stachelbeeren	400 kg	80	5
Himbeeren (= 100 m^2)	300 kg	100	3

Gesichtspunkten richtig gemacht werden. Obstanlagen haben bestimmte Bedürfnisse an die Pflanzenernährung, der Pflanzenschutz ist wesentlich komplizierter als im Ackerbau und aufgrund der hohen Empfindlichkeit der meisten Kulturen von großer Bedeutung für die Produktion von Qualitätsobst.

Hinzu kommt, daß viele Obstsorten relativ schnell verderben, d. h. schnell vermarktet oder aber verarbeitet werden müssen, was eine gute Vorplanung und eine rechtzeitige Investition in die entsprechenden Anlagen notwendig macht.

Kalkulation

Ob Kernobst, Steinobst, Schalenobst oder Beerenobst: Obstplantagen legt man immer langfristig an. Eine Apfelplantage beispielsweise besteht 20 Jahre, eine Himbeerplantage auch über 10 Jahre.

Man muß diese Anlagen also unter produktionstechnischen, vermarktungstechnischen und auch finanziellen Gesichtspunkten sehr sorgfältig planen. Dabei muß man vor allen Dingen die hohen Kosten berücksichtigen, die mit der Anlage der Plantage zusammenhängen (über 20 000 DM je ha).

Man benötigt eine Reihe teurer Spezialmaschinen und Anlagen (Schmalspurschlepper, Sprühgeräte, Mulchgeräte, Sortiermaschinen, Kühlanlagen, Bewässerungsmaschinen), für die Abschreibungen, Zinsen und Reparaturen pro Jahr in Höhe von 5 000 bis 15 000 DM zu finanzieren sind.

Der Arbeitsaufwand je ha schwankt zwischen 400 Akh (z. B. bei Apfelanlagen) und 4 000 Akh (z. B. bei Himbeeranlagen).

Dennoch sind gute Deckungsbeiträge je ha zu erzielen (wenn die Witterung mitspielt und keine unvorhersehbaren Ertragsausfälle die beste Planung zunichte machen).

Was darf ich, was nicht?

Für den Obstverkauf gelten wie für den Gemüseverkauf die EG-Qualitätsnormen, zum Teil auch deutsche Handelsklassenvorschriften. Diese geben an, in welchen Güteeigenschaften, Größensortierungen, mit welchen Toleranzen, in welcher Verpackung und Aufmachung, mit welcher Kennzeichnung Obst verkauft werden darf.

Unter die deutschen Handelsklassenvorschriften fallen folgende Produkte:

Kalkulation: Äpfel

Marktleistung: 3 ha Apfelanbau = 360 dt verkaufsfähige Ware mal 2,– DM/kg			72 000,– DM
Kosten:			
Anlage der Plantagen	6 000,– DM		
Abschreibung und Zinsen für Maschinen und Gebäude (= 12 % von 300 000,– DM)	36 000,– DM		
Reparaturen und Betriebskosten	14 000,– DM		
Fremdlöhne (900 Stunden à 8,– DM)	7 200,– DM		
		Gesamt	63 200,– DM
Deckungsbeitrag:			
3 ha			8 800,– DM
1 ha			2 933,– DM
Deckungsbeitrag für Familien-Akh (für Produktion und Absatz, Arbeitsaufwand = 200 Stunden je ha)			14,67 DM

– Himbeeren, Brombeeren, Heidelbeeren, Preiselbeeren, Johannisbeeren, Stachelbeeren.

EG-einheitliche Qualitätsnormen gibt es für

– Äpfel, Birnen, Kirschen, Pflaumen, Erdbeeren.

Der Direktvermarkter darf grundsätzlich beim Ab-Hof-Verkauf bzw. beim Verkauf ab Feld sein Obst ohne Berücksichtigung der Handelsklassen bzw. der EG-Qualitätsnormen verkaufen.

Die Handelsklassen **muß** er auch nicht auf den übrigen Absatzwegen berücksichtigen, wohl aber die EG-einheitlichen Qualitätsnormen. Er **kann** aber seine Produkte auch nach den Handelsklasseneinordnungen verkaufen. Wenn er dies tut, muß er selbstverständlich die dort genannten Bedingungen exakt einhalten.

Wie fange ich es an?

Gründliche Planung ist die erste Voraussetzung. Die Investitionen für die Anpflanzung lohnen sich nur bei längerfristiger Nutzung. Die Folgekosten (Geräte und Maschinen) sind nur auf größeren Flächen wirtschaftlich einsetzbar.

Man kann das Risiko natürlich dadurch einschränken, daß man zunächst auf kleinen Flächen anfängt und die Investitionen für die teuren Spezialmaschinen einspart. Dies hat auch den Vorteil, daß man nicht sofort das volle Vermarktungsrisiko eingeht und für die kleineren Mengen wesentlich günstigere Preise erhält als der Produzent mit größeren Flächen, der auf die Nutzung der Leistungen von Absatzeinrichtungen angewiesen ist.

An guten Standorten (Durchfahrtsstraßen) läßt sich Obst selbstverständlich hervorragend auf Ständen (Marktständen) verkaufen, wenn diese einen guten Standplatz haben, gut sichtbar sind.

Wie spreche ich den Verbraucher an?

Die richtige Verbraucheranspache finden Sie ähnlich wie beim Gemüse über die Frische. Schauen Sie sich die Wortspielereien dort noch einmal an.

Wie Sie eine Frucht immer wieder und unterhaltsam bewerben können, sehen Sie auch an dem Beispiel der Heidelbeeren.

Kalkulation: Himbeeren

Marktleistung je ha: 120 dt × 4,20 DM/kg		50 400,– DM
Kosten je ha:		
Anlage der Plantage	5 000,– DM	
Düngung, Pflanzenschutz	1 500,– DM	
Maschinenkosten	1 000,– DM	
Bewässerung	300,– DM	
Lohnkosten (Fremdlöhne, Pflegen und Pflücken, Vermarkten)	27 000,– DM	
Verpackungsmaterial	4 500,– DM	
Werbung	5 000,– DM	
	Gesamt	44 300,– DM
Deckungsbeitrag je ha:		6 100,– DM
Deckungsbeitrag je Familien-Akh (für Produktion und Absatz, Arbeitszeitbedarf = 200 Stunden)		30,50 DM

Solche Anzeigen, in wöchentlichem Turnus geschaltet, erfüllen bestimmt ihren Zweck: Sie holen den Kunden auf den Hof. Sie zeigen den Kunden, daß Sie sich für ihn interessieren. Sie machen sich als Direktvermarkter interessant.

Dazu noch einige Tips, die zum Texten anregen sollen:

„Apfelfrisch vom Bauernhof"

„Sonnengereifte Birnen"

„Kochen Sie den Sommer ein ... Äpfel, Birnen, Pflaumen, Beerenobst ... Wir liefern die richtige Grundlage"

„Kirschen klauen ... sollen Sie bei uns nicht, wir pflücken sie natürlich für Sie"

„Mit unseren Birnen geht Ihnen ein Licht auf"

So, und jetzt texten Sie selbst einmal Ihre Anzeige!

Sie haben verschiedene Möglichkeiten, über Ihr Produkt und über Ihren Betrieb etwas zu sagen. Gehen Sie einfach von den verschiedenen Seiten heran!

1. Welche Eigenschaft hat mein Produkt (Frische, geschmackliche Besonderheit, Reife usw.)?

____

____

____

2. Welchen Nutzen hat der Verbraucher, wenn er das Produkt bei mir kauft (Aufbereitung der Ware, längere Haltbarkeit usw.)?

____

____

____

3. Welche Zusatznutzen biete ich dem Verbraucher (Bauernhof-Erlebnis, Angebote für die Kinder usw.)?

____

____

____

4. Was macht der Wettbewerb, wo bin ich besser als der Wettbewerb (Produktionstechnik, Auswahl der Produkte, spezielle Sorten usw.)?

____

____

____

5. Woran könnte der Kunde besonderen Spaß haben, wenn er zu Ihnen kommt?

____

____

____

Checkliste

Und jetzt nichts wie ran an die Planung!

Wieviel will ich im Jahr, im Monat, in der Woche verkaufen?

Wieviel Kunden brauche ich dafür?

Wie viele dieser Kunden wohnen im engeren Einzugsgebiet?

Wo kann ich sonst Kunden herbekommen?

Welche Investitionen sind notwendig?

Wie finanziere ich diese Investitionen?

Weiß ich, welche rechtlichen Bestimmungen ich einhalten muß? Bei wem kann ich mich informieren?

Werde ich gewerblich? Was muß ich tun?

Wie kann ich dem Verbraucher mein Sortiment schmackhaft machen?

Was kann ich ihm zusätzlich verkaufen?

Wieviel Geld will ich in die Werbung stecken?

Wie mache ich meine Werbung interessant?

Wie will ich den Erfolg am Jahresende kontrollieren?

Erdbeer-Selbstpflück-Anlagen

Absatzmöglichkeiten und Probleme

Erdbeer-Selbstpflück-Anlagen findet man inzwischen überall. Der Wettbewerb zwischen den Produzenten ist zum Teil schon so hart, daß in manchen Gebieten ein harter Preiskampf ausgebrochen ist.

Man kann davon ausgehen, daß prinzipiell 30 % der Haushalte (Zielgruppe: Haushalte mit Kindern, Haushaltsvorstände im mittleren Alter, mit mittlerem Einkommen) als potentielle Kunden anzusprechen sind. Da das Erdbeerpflükken eine Saisontätigkeit ist (ebenso wie das Abholen von Spargel), sind viele Haushalte durchaus bereit, bis zu 20 km zu fahren, sofern nicht ein Anbieter in der näheren Umgebung die Möglichkeit zum Pflücken bietet.

Erdbeer-Pflück-Anlagen haben nicht nur ihre Berechtigung in der Nähe von Ballungsgebieten (große Städte), sondern auch in ländlichen Regionen.

Wer ermitteln will, ob in einem Gebiet noch Bedarf für neue Anlagen vorhanden ist, kann dies überschlägig etwa folgendermaßen tun:

Der durchschnittliche Verbrauch an Erdbeeren pro Kopf der Bevölkerung liegt bei ca. 2 kg.

In einem Einzugsgebiet von 50 000 Einwohnern bestände also etwa ein Absatzpotential von 100 000 kg (= 1 000 dt).

Der durchschnittliche Ertrag pro ha kann etwa mit 100 dt geschätzt werden.

Nehmen wir an, in dem genannten Einzugsgebiet bestehen schon Selbstpflückanlagen in einer Größenordnung von 8 ha, dann würde das Absatzpotential mit 80 000 kg ausgeschöpft; es bliebe ein Restpotential für die Neuanpflanzung von 2 ha Erdbeeren.

Wer dagegen wissen will, wieviel Haushalte er erreichen muß, um die Erdbeeren von 1 ha abpflücken zu lassen, kann damit rechnen, daß der Käufer auf einer Plantage durchschnittlich etwa 5 bis 10 kg Erdbeeren pflückt. Man benötigt also – bei durchschnittlichem bis gutem Wetter – etwa 1 000 bis 1 500 Käufer, um die Erdbeeren von 1 ha zu vermarkten.

Bei 5 ha Erdbeeren benötigt man dann schon ein Einzugsgebiet von etwa 15 000 Haushalten (= ca. 40 000 Einwohner).

Die guten Erlöse, die mit Erdbeerplantagen zu erzielen sind, dürfen nicht über die Risiken hinwegtäuschen. Die Risiken liegen im wesentlichen – wenn man sich nicht schon bei der Ermittlung des Bedarfs verkalkuliert – in den unvorhersehbaren Wetterbedingungen: Mal ist es in der Reifezeit zu warm (die Erdbeeren reifen zu schnell), so daß man innerhalb der kurzen Pflückzeit nicht genügend Kunden erreicht; mal regnet es (die Erdbeeren erreichen nicht die gewünschte Qualität) und die Kunden bleiben aus.

Diese Risiken lassen sich nur dadurch einigermaßen in den Griff bekommen, daß man Vorsorge trifft und die Erdbeeren bei Ausbleiben des Kundenstromes mit Pflückkolonnen erntet, um sie dann auf anderen Absatzwegen zu vermarkten (Wochenmarkt, Großmarkt u. a.).

Produktion

Auf 1 ha Ackerfläche stehen 30 000 bis 35 000 Erdbeerpflanzen. Die gängigsten Sorten sind

- Senga Sengana
- Induka
- Korona
- Tenira
- Elvira.

Wer die Kundenbedürfnisse (Einfrieren, Einmachen, Frischverzehr) optimal befriedigen und die Saison etwas strekken will, wird mehrere Sorten anbauen.

Auch durch „unter Folien-Anbau" und/ oder den Einsatz von Frigo-Pflanzen kann man den Reifezeitpunkt etwas steuern und so den Zeitraum der Ernten ein wenig auseinanderziehen.

Der Anbau von Erdbeeren erfordert schon etwas mehr gartenbauliches Spezialwissen, als der Landwirt ohnehin aufgrund seiner Berufsausbildung hat. Man sollte deshalb auf jeden Fall die betreffenden Beratungsämter bzw. Schulen zu Rate ziehen, bevor man ins kalte Wasser springt.

An dieser Stelle können nur einige grundsätzliche Aspekte aufgezeigt werden:

Die Erdbeere liebt einen humosen und tiefgründigen Boden mit sehr guter Wasserführung (evtl. Beregnungsanlage notwendig!)

Vor der Pflanzung sollte der Boden gut abgesetzt sein (rechtzeitiges Pflügen notwendig).

Pflanzen kann man im Sommer (Ende Juli/1. Augusthälfte) oder im Frühjahr (Mai/Juni).

Gepflanzt werden entweder Grünpflanzen (die auch in Torftöpfen vorgezogen werden können und dann bereits kräftige Blätter bei der Pflanzung haben und sich auf dem Acker schneller entwickeln) oder Frigo-Pflanzen, die im Winter gerodet werden, sortiert und von den Blättern befreit werden, dann in Plastiktüten verpackt und in Kühlhäusern bei Temperaturen von $-1\,°C$ bis $-2\,°C$ gelagert werden.

Die Frigo-Pflanzen finden mehr und mehr Einsatz, weil sie

- sehr gleichmäßig wachsen
- weniger Wasserbedarf haben als Grünpflanzen
- früh gepflanzt werden können (vor Erntebeginn der bestehenden Kultur)
- eine kleine Ernte noch im Pflanzjahr bringen
- preisgünstiger sind als Grünpflanzen.

Virus- und wurzelfäulefreies Material erhält man aus kontrollierten Vermehrungsbetrieben.

Sommerpflanzungen von Erdbeerkulturen (Grünpflanzen) benötigen viel Wasser; deshalb ist häufig zusätzliche Bewässerung der Pflanzen notwendig (wer keine Möglichkeit zum Beregnen hat, muß evtl. bei Grünpflanzen-Einsatz den Pflanztermin auf das Frühjahr verschieben, die Pflanzen werden dann kurz vorher gerodet).

Erdbeeren benötigen (je nach Bodengüte) etwa 50 bis 120 kg N in 3 Gaben, zusätzlich Kalimagnesia. Phosphor ist in den meisten Böden in der Regel ausreichend vorhanden (Vorsicht: Erdbeeren sind chloridempfindlich).

Die wichtigste Pflanzenschutzmaßnahme ist die Bekämpfung von Grauschimmel. Häufig müssen auch Insektizide eingesetzt werden (gegen Erdbeerblütenstecher, rote Spinne und ähnliche Schädlinge).

Die Unkrautbekämpfung kann ebenfalls mit chemischen Mitteln durchgeführt werden, wird aber auch häufig per Hand erledigt. Auch das Einlegen schwarzer Folien dient der Unkrautbekämpfung.

Für die Pflanzung und den Pflanzenschutz benötigt man Spezialmaschinen (beispielsweise Pflanzenschutzspritzen mit einem größeren Tank als üblich = 2 000 l, andere Düsenanordnungen, Spezialreihenfräsen, Hackmaschinen, einen Schlegelfeldhäcksler, Mulchgeräte).

Gehäckseltes Stroh zwischen den Reihen dient nicht nur der Sauberkeit, sondern schützt auch vor zu starker Verunkrautung (man benötigt etwa das Stroh von 2 ha Getreidefläche für das Einstreuen von 1 ha Erdbeeren).

Kalkulation

Läuft die Saison gut, kann man von einer Erdbeerplantage durchaus Dekkungsbeiträge in Höhe von 15 000,– bis 20 000,– DM je ha holen. 150 dt je ha sind keine Seltenheit. In schlechten Jahren kann der Ertrag jedoch auch weit unter 100 dt liegen.

Schon deshalb muß man bei der Rechnung vorsichtig sein.

Und der Aufwand ist auch nicht zu unterschätzen:

- 4 000 DM und mehr für Pflanzgut
- 60 bis 80 Arbeitsstunden für Pflanzung und Pflege im 1. Jahr
- 30 bis 50 Arbeitsstunden für die Pflege in den Erntejahren (Stroheinlage, Strohbergung, Bodenbearbeitung, Pflanzenschutz usw.)
- Kosten für Düngung, Pflanzenschutzmittel in Höhe von 500 bis 600 DM pro Jahr
- Personal während der Erntezeit für das Einweisen, Wiegen und Kassieren (= 2 bis 4 Leute über 3 bis 5 Wochen).

Wer eine Erdbeerplantage mit Fremdarbeitskräften abpflücken läßt, muß allein hierfür mit Lohnkosten in Höhe von 10 000 bis 15 000 DM rechnen. Hinzu kommen Sachkosten (u. a. für Verpackungsmaterial) in Höhe von 5 000 bis 10 000 DM.

Kalkulation: Erdbeeren

Produktion

3jährige Nutzung
Vermarktung: ⅓ Lohnpflücke, ⅔ Selbstpflücke

Leistungen:

Durchschnittsertrag in 3 Jahren: 70 dt/Jahr/ha
Preise: 3,50 DM pro kg bei Absatz an Handel
2,40 DM pro kg bei Selbstpflücke
∅ 2,76 DM/kg
Erlöse: 2,76 DM/kg × 70 dt = 19 320,– DM/Jahr/ha

Kosten in 3 Jahren:	
1mal Pflanzgut (35 000 Pflanzen/ha)	5 000,– DM/ha
1mal Pflanzkosten 60 Std. à 15,– DM/ha	900,– DM/ha
1mal Schwarzfolie, Bodenbearbeitung	1 800,– DM/ha
3mal Düngung	1 200,– DM/ha
3mal Pflanzenschutz	2 400,– DM/ha
3mal Stroheinstreu	1 500,– DM/ha
3mal Pflege (40 Std. à 8,– DM)	960,– DM/ha
3mal Abschreibung/Zinsen für Maschinen	3 500,– DM/ha
2mal Pflückkosten, Verpackung	6 000,– DM/ha
2mal Personal (1 Fremd-Ak, 30 Tage, 4 h/Tag) à 8,– DM	1 920,– DM/ha
Sonstiges (Werbung, Telefon)	6 000,– DM/ha
Gesamtaufwand in 3 Jahren	31 180,– DM/ha
∅ Aufwand pro Jahr	10 393,33 DM/ha
Deckungsbeitrag/ha	8 926,67 DM/ha
Deckungsbeitrag je Familien-Akh (Arbeitszeitbedarf = 150 Stunden je ha)	59,51 DM

Die zu erzielenden Preise können je nach Saison- und Witterungsverlauf von Jahr zu Jahr relativ stark schwanken. In den zurückliegenden Jahren lagen sie

- bei Selbstpflückanlagen zwischen 2 DM und 2,50 DM je kg
- und für gepflückte Ware zwischen 3 DM und 3,50 DM je kg.

Was darf ich, was nicht?

Wer Erdbeeren zum Selbstpflücken anbaut, hat in der Regel keine großen Probleme mit gesetzlichen Vorschriften. Es gibt keine Handelsklassen, die er einzuhalten hat, die Plantagen können auch an Wochenenden geöffnet sein.

Und doch gibt es einige Fallstricke, über die man stolpern kann.

Wer z. B. seine Ware aus festen Verkaufsständen verkauft („Laden"), muß selbstverständlich auch hier die Ladenöffnungszeiten beachten.

Das Aufstellen von Schildern außerhalb geschlossener Ortschaften ist in der Regel untersagt. Man benötigt hierzu also Sondergenehmigungen.

Man hüte sich davor, in der Werbung diskriminierende Aussagen gegenüber der Konkurrenz zu gebrauchen oder aber mit gesundheitlichen Begriffen zu arbeiten; denn auch dieses ist nicht erlaubt.

Wie fange ich es an?

Um Erfahrungen zu sammeln, fängt man natürlich nicht gleich mit 20 ha Erdbeeren an, sondern mit 2 bis 3 ha, verteilt auf verschiedene Felder (wegen der Fruchtfolge und der besseren Erreichbarkeit der Kunden).

Mit dem Anbau mehrerer Sorten kann man unterschiedliche Kundenwünsche befriedigen und sich auch deutlich von der Konkurrenz abheben.

Organisation ist das Wichtigste:

- Schilder aufstellen, damit der Kunde die Anlagen findet
- Wegbeschreibungen geben
- einen automatischen Telefonbeantworter einsetzen, evtl. auch einen personellen Telefondienst einsetzen
- 2 Leute gehören mindestens an die Station zum Wiegen und Kassieren (an den Haupt-Pflück-Tagen)
- das Personal schulen, welches das Pflücken überwacht und die Menschen in die Reihen einweist (Argumentation, wenn jemand nach dem Pflanzenschutzeinsatz fragt, freundlich und hilfsbereit sein usw.)
- für den eiligen bzw. faulen Kunden auch permanent gepflückte Ware anbieten
- Behälter zum Pflücken (z. B. Kisten)
- Wasserversorgung (Faß mit Leitung und Kran z. B. zum Händewaschen)
- ausreichend Parkplätze
- Unterstellmöglichkeiten
- sonstiges Gemüse, Kartoffeln anbieten
- Werbung vorbereiten.

Und was machen Sie mit den Kindern, die nicht soviel Ausdauer wie die Erwachsenen haben? Soviel Aufwand ist es doch nicht, ein paar Spielgeräte, eine Torwand oder ähnliches aufzustellen!

Wer in einer kurzen Zeit von wenigen Wochen Tausende von Menschen zum Pflücken auf seine Felder holen will, kann die Werbung nicht mit links machen. Hier hilft nur systematisches Vorgehen:

Kontakte zur Presse aufnehmen: Vielleicht erreicht man ja etwa 14 Tage vor der Saison eine Berichterstattung in der Tageszeitung (hierzu müssen Sie Informationsmaterial haben, Interessantes aus dem vergangenen Jahr berichten, Bilder zur Verfügung stellen!).

Etwa 10 Tage vor Saisonbeginn schaltet man mittelgroße Anzeigen (zweispaltig, 70 bis 100 mm hoch), in denen auf den Beginn der Pflücksaison aufmerksam gemacht wird.

Einige Tage vor Beginn der Pflücksaison schaltet man täglich gleich große

Anzeigen in den Tageszeitungen/lokalen Werbeblättern mit Lage-Skizzen der Felder.

Für den Fall, daß die Saison nicht im normalen Rhythmus verläuft (z. B. zu schnell beginnt) hält man größere Anzeigen bereit, die den Kunden aggressiver zum Pflücken auffordern (auch wenn der Wettbewerb größer wird, ist das zusätzliche Einschalten dieser Anzeigen während der Saison notwendig).

Zeitungswerbung ist also für den Plantagenbesitzer das wichtigste Mittel zur Absatzförderung. Nur hierdurch erreicht er einen genügend großen Kundenkreis. Da die Tageszeitungen schon generell recht gut gelesen werden und in der Pflück-Saison auch genügend Sensibilität bei den Haushalten besteht, kann man beruhigt davon ausgehen, daß diese Anzeigen auch gesehen werden.

Wer Bedenken hat, nicht genügend aufzufallen, bzw. sich von seinen Mitbewerbern abheben will, kann natürlich auch (mit einem Aufpreis von ⅓ des Grundpreises) die Attraktivität seiner Anzeigen mit einer Zusatzfarbe (z. B. rot) verbessern.

Man kann durchaus in der Werbung deutlich machen, daß man mengenbezogene Rabatte gibt. Viel wichtiger als der Preisanreiz ist die Imagepolitik: Man muß dem Kunden klar machen, daß er garantiert nur qualitativ gute und geschmackvolle Erdbeeren kauft. Je mehr sich die Anbieter von Erdbeeren die Preise um die Ohren hauen, desto stärker geben sie auch dem Kunden das Gefühl, daß die Ware nicht viel taugt oder aber überreif ist und weg muß. Darüber kann man längerfristig den Kunden mit Sicherheit nicht zum Pflücken reizen.

Der Preis gehört also auf den Hof bzw. aufs Feld. Hier sollte es allerdings eine Selbstverständlichkeit sein, daß abgestuft nach Pflückmengen unterschiedliche Preise verlangt werden.

In der Regel genügt schon der einfache Hinweis, daß die Zeit zum Pflücken gekommen ist; denn die meisten Verbraucher warten ja darauf:

„Die Pflücksaison beginnt am nächsten Wochenende"

„Jetzt geht's los!"

Sie können es natürlich auch etwas interessanter machen:

„Da bin ich, die neue Erdbeersorte ..."

„Frieren Sie den Sommer ein"

„Die rot-süße Koalition"

„Komm und pflück mich!"

„Bück Dich und pflück mich!" (muß die Erdbeere sagen)

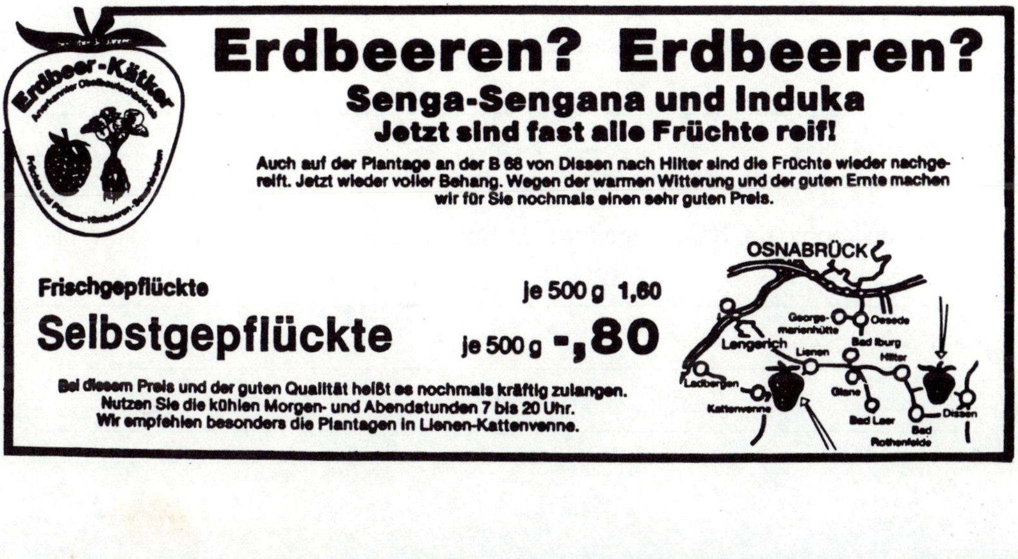

So, und jetzt texten Sie selbst einmal Ihre Anzeige!

Sie haben verschiedene Möglichkeiten, über Ihr Produkt und über Ihren Betrieb etwas zu sagen. Gehen Sie einfach von den verschiedenen Seiten heran!

1. Welche Eigenschaft hat mein Produkt (Frische, geschmackliche Besonderheit, Reife usw.)?

____

____

____

2. Welchen Nutzen hat der Verbraucher, wenn er das Produkt bei mir kauft (Aufbereitung der Ware, längere Haltbarkeit usw.)?

____

____

____

3. Welche Zusatznutzen biete ich dem Verbraucher (Bauernhof-Erlebnis, Angebote für die Kinder usw.)?

____

____

____

4. Was macht der Wettbewerb, wo bin ich besser als der Wettbewerb (Produktionstechnik, Auswahl der Produkte, spezielle Sorten usw.)?

____

____

____

5. Woran könnte der Kunde besonderen Spaß haben, wenn er zu Ihnen kommt?

____

____

____

Checkliste

Und jetzt nichts wie ran an die Planung!

Wieviel will ich im Jahr, im Monat, in der Woche verkaufen?

Wieviel Kunden brauche ich dafür?

Wie viele dieser Kunden wohnen im engeren Einzugsgebiet?

Wo kann ich sonst Kunden herbekommen?

Welche Investitionen sind notwendig?

Wie finanziere ich diese Investitionen?

Weiß ich, welche rechtlichen Bestimmungen ich einhalten muß? Bei wem kann ich mich informieren?

Werde ich gewerblich? Was muß ich tun?

Wie kann ich dem Verbraucher mein Sortiment schmackhaft machen?

Was kann ich ihm zusätzlich verkaufen?

Wieviel Geld will ich in die Werbung stecken?

Wie mache ich meine Werbung interessant?

Wie will ich den Erfolg am Jahresende kontrollieren?

Spargel

Absatzmöglichkeiten und Probleme

Spargel ist ein typisches Saisonprodukt und hat auch heute noch Spezialitätencharakter. Die Saisonalität des Anfalls bringt zwar eine Menge arbeitswirtschaftlicher Probleme mit sich, hat aber auch große Vorteile: Wenn die Spargelsaison kommt, freuen sich die Kunden, die Sensibilität ist relativ hoch und die Motivation zum Einkaufen ebenfalls.

Deshalb muß man als Spargelanbieter nicht unmittelbar neben seinen Konsumenten die Felder haben. Manche Verbraucher nehmen bis zu 50 km Fahrt auf sich, um 1-, 2- oder 3mal im Jahr 5 bis 15 kg Spargel beim Landwirt einzukaufen. Voraussetzung dafür ist natürlich, daß der Betrieb und der Spargel einen guten Namen beim Verbraucher haben.

Man kann damit rechnen, daß der durchschnittliche Spargelkäufer etwa 10 kg pro Einkauf mitnimmt. „Schon" mit 300 bis 350 Einkäufern/Haushalten hat man die Produktion von 1 ha Spargel vermarktet.

Darüber hinaus finden sich gerade in der Spargelzeit viele Gaststätten und Hotels, die gerne frisch gestochenen Spargel vom Direktvermarkter beziehen. Hier heißt es: Rechtzeitig Kundenkontakte aufbauen.

Produktion und Bearbeitung

Spargelplantagen sind zu wertvoll, als daß man den Kunden selbst darin herumstechen lassen könnte.

Erst im 5. Jahr bringt das Feld Erträge, und dann muß das Feld 10 Jahre gut in der Produktion bleiben.

Das Anlegen einer Spargelplantage erfolgt etwa folgendermaßen:

Im ersten Jahr erhält der Boden eine Gründüngung und zusätzliche Humuszufuhr (z. B. durch Torf oder Mist). Dies verbessert den Boden und gibt ihm die erste Grunddüngung.

Im zweiten Jahr wird gepflanzt, werden die Dämme angepflügt, auch Mineraldünger wird in dieser Zeit ausgebracht.

Im dritten und vierten Jahr sind die Felder lediglich zu düngen und zu pflegen (insbesondere Unkrautbekämpfung).

Im fünften Jahr beginnt die Ernte (geringe Ernten sind auch schon im 4. Jahr zu erzielen).

An jährlicher Pflege braucht der Spargel

- das Anpflügen der Dämme, die Unkrautbekämpfung (z. B. mit Kalkstickstoff, der auch gerne als langsam fließende N-Quelle genutzt wird)
- Düngung von 100 bis 120 kg N, 30 kg P, 200 bis 250 kg Ka, 30 kg Mg pro Jahr, regelmäßig etwa 30 dt Kalk pro Jahr
- zusätzliche Unkrautbekämpfung mit der Hacke.

Anfang Mai kann je nach Witterung gestochen werden, etwa bis zum 25. Juni. Dann läßt man die Spargelstangen wachsen, es entwickeln sich Laubsprosse, die im Spätherbst abgemäht werden, wenn das Feld eingeebnet wird.

Mit Spezialmaschinen erleichtert man sich die Arbeit: z. B. mit einer Spritze mit schrägen Düsen, dem Pflegeschlepper mit größerer Bodenfreiheit, Häufelgeräten, Maschinen zum Selbstschneiden der Stangen.

Spargelzeit ist für den Direktvermarkter Arbeitszeit. Über 1 000 Stunden/ha sind einzuplanen, für die Feldarbeit, das Stechen, Waschen, Schneiden, Sortieren, Verpacken und Verkaufen.

Kalkulation

Billig ist die Spargelproduktion nicht, aber es winken gute Erlöse.

In den ersten vier Jahren fallen nur Kosten an, etwa in einer Größenordnung von 20 000 DM je ha (für Anbau, Pflege, Zinsen, Ertragsausfall). Dieses Geld ist auf die 10jährige Kulturdauer umzulegen.

Die höchsten Kosten in den Erntejahren sind die Lohnkosten für Ernte, Sortierung und Verkauf, die durchaus die 10 000-DM-Grenze erreichen können.

Hinzu kommen Kosten für den Maschineneinsatz, Geräte für Bearbeitung und Verkaufseinrichtung.

Die Erträge schwanken nach den jährlich unterschiedlichen Witterungsbedingungen zum Teil relativ stark: Zwischen 15 und 40 dt je ha.

Setzt man vorsichtigerweise 26 dt je ha an (wobei allerdings fast ausschließlich Spargel der 1. Wahl einkalkuliert wird), so errechnet sich eine Marktleistung von etwa 26 000 DM (bei einem durchschnittlichen Preis von 10,– DM je kg Spargel).

Auf diese Weise kommt man immerhin zu einem Deckungsbeitrag von ca. 7 000 DM je ha, was eine Verwertung der Arbeitsstunde von 35,– DM einbringt.

Werden mehr familieneigene Arbeitskräfte eingesetzt und weniger Fremdpersonal, wird das Fremdpersonal zu geringen Kosten eingekauft, können die Erlöse auch deutlich darüberliegen.

Kalkulation: Spargel

Marktleistung/ha:	
2 600 kg Spargel, davon	
2 080 kg 1. Wahl à 10,– DM	20 800,– DM
520 kg 2. Wahl à 6,– DM	3 120,– DM
	23 920,– DM
Variable Spezialkosten/Jahr:	
Anbau (Pflanzung, Düngung, Pflanzenschutz, Nutzungskosten, Zinsansatz)	2 100,– DM
Maschinen (Spezialspritze, Pflegeschlepper, Häufelgerät)	2 400,– DM
Lohnkosten (900 Stück à 12,– DM für Ernte, Sortierung, Verkauf)	10 800,– DM
Geräte (Abschneidemaschine, Waage, Kühlung)	500,– DM
Sonstiges (Fahrtkosten, Werbung, Telefon, Verpackung etc.)	1 200,– DM
	17 000,– DM
Deckungsbeitrag/ha:	6 920,– DM
Deckungsbeitrag je Familien-Akh: (Aufwand Familien-Ak je ha = 200 Stunden)	34,60 DM

Was darf ich, was nicht?

Dem Spargelverkauf stellen sich keine rechtlichen Hindernisse in den Weg, die nicht zu überwinden wären. Das Wichtigste ist: Für Spargel gibt es EG-einheitliche Qualitätsnormen, in denen Güteeigenschaften, Größensortierungen, Toleranzen, Verpackungsnormen und Kennzeichnungsrichtlinien vorgegeben sind. Wer Spargel an den Handel verkauft oder auf dem Wochenmarkt absetzt, muß diese Normen einhalten. Wer den Spargel ab Hof verkauft oder an der Haustür, ist daran nicht gebunden, er kann aber freiwillig die Regelungen für sich in Anspruch nehmen.

Wie fange ich es an?

Man muß ja nicht sofort „in die Vollen" gehen. Wer mit 1 ha anfängt, sich damit einen kleinen Kundenstamm aufbaut, sammelt Erfahrungen und lernt, Produktion, Bearbeitung und Absatz zu organisieren.

Nicht wenige Betriebe in Deutschland haben Spargelanbauflächen von mehr als 10 ha. Häufig haben diese Betriebe aber auch zusätzliche Absatzwege, nicht nur den Ab-Hof-Verkauf.

Wenn die Verbraucher Spargel beim Landwirt kaufen, tun sie dies in der Regel in einem kleinen Verkaufsraum. Dadurch ergeben sich hervorragende Möglichkeiten, zusätzliche Artikel anzubieten: z. B. Kartoffeln, geräucherten Schinken, andere Räucherwaren, gekochten Schinken, Spargelverarbeitungsprodukte. Auch Eier, Wurst, Brot und alle Artikel, die in einen Laden auf dem Bauernhof gehören, lassen sich selbstverständlich im Zusammenhang mit dem Spargel anbieten. Dadurch kann man Kunden erreichen, die nicht nur in der Saison kommen, sondern auch zwischen den Spargelverkaufszeiten.

Jeder Landwirt, der Spargel von größeren Flächen direkt vermarkten will, muß sich Gedanken über die Werbung machen; denn er muß zwischen 300 und 400 Kunden erreichen, um den Ertrag von 1 ha zu verkaufen.

Und die Konkurrenz wird ja bekanntlich und offensichtlich größer.

Weil Spargel ein ähnliches Saisonprodukt wie Erdbeeren ist (wenn auch nicht selbst gepflückt wird), sind auch die Werbemaßnahmen mit denen für Erdbeeren zu vergleichen.

Über die gute Gestaltung von Anzeigen und Prospekten können Sie sich hervorragend profilieren; verschwenden Sie also ruhig etwas Zeit darauf!

Hier einige Tips dazu:

„Jetzt ist Spargelzeit"

„Maienzeit – Spargelzeit"

„Der Mai ist gekommen ... der Spargel auch"

„Wir haben die ersten Spargelspitzen entdeckt"

„Spargelfans aufgepaßt!"

„Unser Spargel kommt taufrisch wie eh und je auf Ihren Tisch"

„Wer Spargel ißt, der sündigt nicht"

„Es lebe der gute Geschmack"

So, und jetzt texten Sie selbst einmal Ihre Anzeige!

Sie haben verschiedene Möglichkeiten, über Ihr Produkt und über Ihren Betrieb etwas zu sagen. Gehen Sie einfach von den verschiedenen Seiten heran!

1. Welche Eigenschaft hat mein Produkt (Frische, geschmackliche Besonderheit, Reife usw.)?

____

____

____

2. Welchen Nutzen hat der Verbraucher, wenn er das Produkt bei mir kauft (Aufbereitung der Ware, längere Haltbarkeit usw.)?

____

____

____

3. Welche Zusatznutzen biete ich dem Verbraucher (Bauernhof-Erlebnis, Angebote für die Kinder usw.)?

____

____

____

4. Was macht der Wettbewerb, wo bin ich besser als der Wettbewerb (Produktionstechnik, Auswahl der Produkte, spezielle Sorten usw.)?

____

____

____

5. Woran könnte der Kunde besonderen Spaß haben, wenn er zu Ihnen kommt?

____

____

____

Checkliste

Und jetzt nichts wie ran an die Planung!

Wieviel will ich im Jahr, im Monat, in der Woche verkaufen?

Wieviel Kunden brauche ich dafür?

Wie viele dieser Kunden wohnen im engeren Einzugsgebiet?

Wo kann ich sonst Kunden herbekommen?

Welche Investitionen sind notwendig?

Wie finanziere ich diese Investitionen?

Weiß ich, welche rechtlichen Bestimmungen ich einhalten muß? Bei wem kann ich mich informieren?

Werde ich gewerblich? Was muß ich tun?

Wie kann ich dem Verbraucher mein Sortiment schmackhaft machen?

Was kann ich ihm zusätzlich verkaufen?

Wieviel Geld will ich in die Werbung stecken?

Wie mache ich meine Werbung interessant?

Wie will ich den Erfolg am Jahresende kontrollieren?

Kartoffeln

Absatzmöglichkeiten und Probleme

Die Vermarktung von Speisekartoffeln ist ja nun schon fast ein „alter Hut".

Aber auch, wenn etwas alt und bekannt ist, muß es nicht an Attraktivität verlieren. Im Gegenteil: Kartoffeln werden nach wie vor gerne beim Landwirt gekauft, ab Hof, auf dem Wochenmarkt und auch wie eh und je zur Einkellerungszeit.

Die amtlichen Angaben über die Direktvermarktung von Speisekartoffeln schwanken in den verschiedenen Regionen zwischen 10 % und 80 % (= Anteil am Gesamtspeisekartoffelabsatz).

Man darf sich von diesen Zahlen nicht beirren lassen. Häufig sind es Schwerpunktgebiete der Produktion, in denen selbstverständlich der Direktvermarktungsanteil geringer ist, da sich die Gesamtmenge auf diesem Weg gar nicht verkaufen läßt.

Der einzelne Landwirt kann davon ausgehen, daß mindestens 50 % der Haushalte in seinem Einzugsgebiet bereit sind, bei ihm zu kaufen (natürlich nur, wenn er ihnen sein Angebot schmackhaft macht).

Gute Absatzchancen hat der Direktvermarkter vor allen Dingen deshalb, weil Kartoffeleinkauf in erster Linie Vertrauenssache ist: Wie wird die Kartoffel den Winter über halten? Wie wird sie schmekken? Sind auch keine stippigen, faulen darunter?

Und der Verbraucher macht heute nicht überall im Handel die Erfahrung, daß die dort angebotenen Kartoffeln seinen Wünschen entsprechen. Hier liegt die Chance des Landwirts, die Kunden durch garantierte Qualität zu halten.

Mit 1 bis 2 dt je Haushalt sollte man im Verkauf etwa rechnen – wenn eingekellert wird, etwas mehr; wenn nicht eingekellert wird, etwas weniger.

1 000 Haushalte zu finden, sollte für einen qualifizierten Kartoffeldirektvermarkter keine Schwierigkeit sein. Er hat dadurch die Möglichkeit, den Ertrag von 4 bis 5 ha Speisekartoffeln zur Einkellerungszeit und in den nachfolgenden Monaten ab Hof zu verkaufen.

Darüber hinaus ist selbstverständlich auch der Wochenmarkt eine hervorragende Absatzmöglichkeit für Speisekartoffeln (ähnlich wie für Gemüse).

Wer aber 20, 30 oder mehr ha Kartoffeln anbauen will, wird nicht vergessen dürfen, rechtzeitig zusätzliche Absatzschienen zu suchen. Hier bietet sich auf der einen Seite der Fachhandel an (wo aber die Absatzmengen relativ gering sind), andererseits der Lebensmittelhandel. Speziell der Lebensmittelsortimentshandel (insbesondere die Verbrauchermärkte) gibt Landwirten in der Einkellerungszeit häufig die Gelegenheit, einen Verkauf vom Fahrzeug aus zu organisieren, beispielsweise auf den Parkplätzen vor den Geschäften. Selbstverständlich sind hier die erzielten Preise geringer als die beim Ab-Hof-Verkauf (bzw. verzehren die verlangten „Standgebühren" einen Teil des Erlöses). Aber für den Umschlag größerer Mengen ist diese Absatzschiene durchaus geeignet.

Produktion und Vermarktung

Jeder Landwirt weiß, wie man Kartoffeln produziert. Deshalb erübrigen sich die produktionstechnischen Ausführungen an dieser Stelle. Wer sich als Speisekartoffel-Direktvermarkter einen Namen machen will, sollte aber besonders folgende Punkte beachten:

Nur mit Spitzenqualität kann man sich auf Dauer einen guten Namen erhalten; man muß deshalb evtl. auf Massenerträge verzichten, stattdessen geschmackvollere Kartoffeln anbauen, die Ware gut sortieren (auch einen höheren Ausschuß in Kauf nehmen).

Das Anbauprogramm muß frühe, mittelfrühe und späte Sorten enthalten, damit man zu den verschiedenen Bedarfszeiten am Markt ist.

Das Programm muß auch für die verschiedenen Verwendungszwecke differenziert sein, d. h. man muß von Salatware bis zu den mehligkochenden Kartoffeln ein den unterschiedlichen Verbraucherwünschen entgegenkommendes Angebot präsentieren.

Je weniger Platz die Haushalte haben und je weniger Motivation die Haushalte zur Einkellerung von größeren Kartoffelmengen haben, desto mehr muß der Landwirt die Servicefunktion der Lagerung übernehmen; dies gilt natürlich noch mehr für den, der auf dem Wochenmarkt permanent präsent sein will; damit werden natürlich die Investitionen in geeignete Lagerräume und -anlagen für Speisekartoffeln notwendig.

Kalkulation

Jeder Landwirt weiß, daß die Preise für Speisekartoffeln in der Saison wie auch von Jahr zu Jahr sehr starken Schwankungen unterworfen sind. Man kann deshalb den Direktvermarktern von Speisekartoffeln nur immer wieder den Rat geben: Koppeln Sie sich von der allgemeinen Marktentwicklung ab, setzen Sie Ihre eigenen Preise fest und halten Sie diese in geringeren Schwankungsbreiten so stabil wie möglich.

Kalkulation: Speisekartoffeln

Anbau:

2 ha mit 600 dt Verkaufsware

Marktleistung:

30 %	in 50 kg-Säcken à 15,– DM		5 400,– DM
30 %	in 25 kg-Säcken à 8,– DM		5 760,– DM
30 %	in 12,5 kgSäcken à 4,50 DM		6 480,– DM
10 %	in 2,5 kg-Beuteln à 3,– DM		7 200,– DM
		Gesamt	24 840,– DM
		=	12 420,– DM/ha

Produktionskosten pro ha:

Saatgut	1 200,– DM
Düngung/Pflanzenschutz	900,– DM
Roden	600,– DM
Pflege	500,– DM
Aufbereitungs- und Vermarktungskosten pro ha	
Fremdlöhne für Sortieren, Verpacken = 100 Std. à 10,– DM	1 000,– DM
Abschreibungen + Zinsen für Anlagen (z. B. Lagerung) und Maschinen	500,– DM
Verpackungsmaterial	1 000,– DM
Werbekosten	2 000,– DM
Gesamt	7 700,– DM

Deckungsbeitrag je Familien-Akh 23,60 DM
(Arbeitsbedarf = 200 Std./ha)

Aufgrund des unterschiedlichen Verpackungsaufwandes (und auch, weil der Verbraucher ja bei der Abnahme größerer Mengen „belohnt" sein will) werden natürlich kleinere Kartoffelverpackungen relativ höherpreisiger verkauft als größere Säcke. Natürlich ist die Kartoffelvermarktung arbeitsaufwendig: Zwischen 200 und 300 Stunden Arbeitszeit für Produktion und Vermarktung von Speisekartoffeln muß man einplanen.

Wer seinen Markt pflegt, hat aber auch eine günstige Ausgangslage, seine Arbeitsstunde mit 40,– bis 50,– DM Deckungsbeitrag einzusetzen.

Was darf ich, was nicht?

Normalerweise gelten für die Vermarktung von Speise- und Frühkartoffeln die deutschen Handelsklassenvorschriften. Diese gelten nicht für den Landwirt, der die Kartoffeln ab Hof an den Verbraucher verkauft.

Auf allen anderen Absatzwegen gelten die Handelsklassenvorschriften (wenngleich zum Teil in unterschiedlichem Ausmaß).

Sie schreiben nicht nur vor, nach welchen Qualitätsmerkmalen und Größensortierungen die Kartoffeln in den einzelnen Handelsklassen angeboten werden dürfen, sondern beispielsweise auch, daß

- die Kartoffeln nur in Packungen von 50, 25, 12,5 kg oder Kleinpackungen mit 5, 2, 1,5 und 1 kg angeboten werden dürfen
- das Verpackungsmaterial immer neu sein muß (Ausnahme) Einkellerungskartoffeln, nicht jedoch Frühkartoffeln)
- die Ware gekennzeichnet werden muß mit

  a) „Speise- oder Speisefrühkartoffeln"

  b) Handelsklasse

  c) Sortenbezeichnung

  d) Kochtyp (festkochend, vorwiegend festkochend, mehligfestkochend)

  e) Einfüllgewicht

  f) Name und Anschrift des Abpackbetriebes.

Wenn lose verkauft wird, müssen die genannten Angaben von a) bis d) auf einem Schild neben der Ware stehen; Speisekartoffeln, die in 50 kg-Säcken frei Keller geliefert werden, müssen nur mit den Bezeichnungen b, c, d und f gekennzeichnet sein.

Wie fange ich es an?

Ein den Verwendungsansprüchen und der Saison angepaßtes Sortiment sind die Grundvoraussetzung. Wer noch keinen Kundenstamm für die Einkellerung von Kartoffeln hat, dem bleibt wohl nichts anderes übrig, als „die Klinken zu putzen": Man stellt sich freundlich vor, übergibt den Verbrauchern einen Zettel mit der Anschrift und dem Sortiment, informiert sie darüber, wann man die Kartoffeln bringen will und notiert die Bestellmenge!

Wer einen Wochenmarktstand bekommen kann, sollte die Gelegenheit auf keinen Fall vorbeiziehen lassen. Verbraucher auf den Betrieb ziehen kann man wohl nur, wenn man in der Einkellerungszeit massiv in den Tageszeitungen Werbung betreibt (ähnlich wie bei Erdbeeren). Am Ort des Verkaufs selbst kann man viel tun, um die Verbraucher von der Qualität der Ware zu überzeugen: z. B. gute Präsentation der verschiedenen Packungsgrößen, Schilder mit Informationen, Aufschneiden der Ware, Sauberkeit, Bereitstellung von Transportmitteln wie z. B. Sackwagen.

Wie spreche ich den Verbraucher an?

Wer Kartoffeln ab Hof vermarktet, sollte vor allen Dingen mit Hinweisschildern nicht sparen. Denn Kartoffeln kann man über einen längeren Zeitraum anbieten und man muß die vorbeikommenden Autofahrer aufmerksam machen.

Daneben sind natürlich auch die übrigen Werbemittel wie Handzettel, Anzeigen, Prospekte usw. einsetzbar, je nachdem, welchen Absatzweg man einschlägt.

Ist die Kartoffel ein langweiliges Produkt? Bei weitem nicht, es gibt genügend Interessantes darüber zu erzählen. Zumindest darüber, warum der Verbraucher die Kartoffeln gerade bei Ihnen kaufen soll, z. B. weil Sie

- die neue Ernte haben
- die Einkellerungszeit da ist
- verschiedene Kartoffelsorten für die verschiedenen Verwendungszwecke haben
- auch Kartoffeln in verarbeiteter Form (Pommes Frites, gewürfelte, geschnetzelte Kartoffeln) anbieten

- natürlich für den Kunden das Lagern übernehmen
- verschiedene Sorten und Größen angeboten werden
- selbstverständlich auch die Lieferung frei Haus übernehmen.

Und auch hier schadet ein wenig Kreativität Ihrem Ansehen nicht:

„Unsere tollen Knollen"

„Ihre Kartoffelkiste steht bei uns!"

„Ohne Runzeln und Falten unsere Kartoffeln bis zum Frühjahr halten"

„Wir bringen immer schneller die Kartoffeln in den tiefsten Keller"

„Lieber Kartoffeln im Keller als Geld auf der Bank"

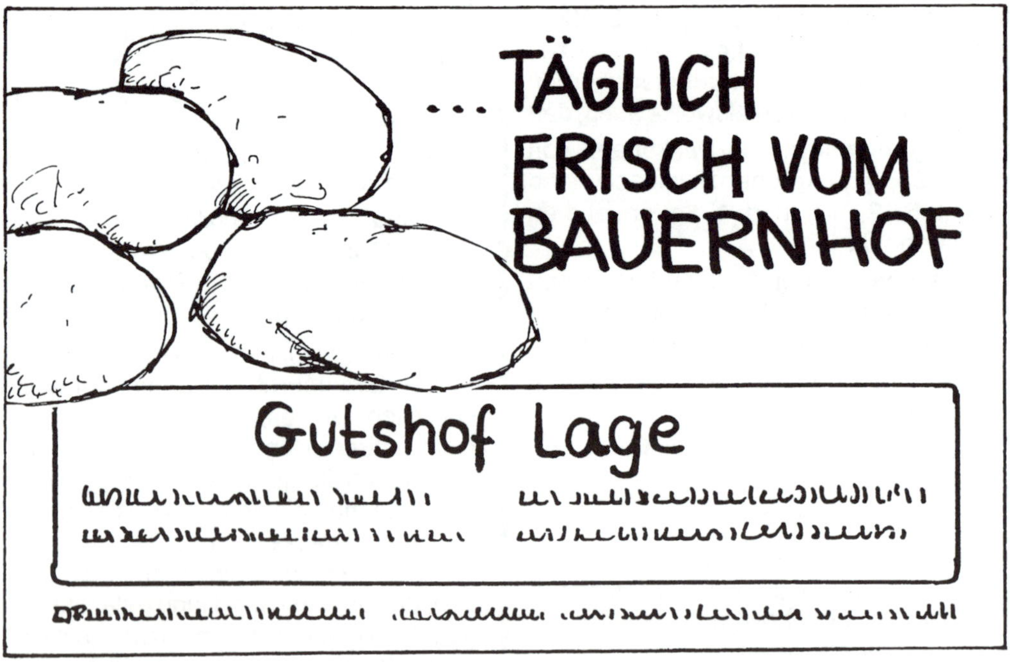

So, und jetzt texten Sie selbst einmal Ihre Anzeige!

Sie haben verschiedene Möglichkeiten, über Ihr Produkt und über Ihren Betrieb etwas zu sagen. Gehen Sie einfach von den verschiedenen Seiten heran!

1. Welche Eigenschaft hat mein Produkt (Frische, geschmackliche Besonderheit, Reife usw.)?

____

____

____

2. Welchen Nutzen hat der Verbraucher, wenn er das Produkt bei mir kauft (Aufbereitung der Ware, längere Haltbarkeit usw.)?

____

____

____

3. Welche Zusatznutzen biete ich dem Verbraucher (Bauernhof-Erlebnis, Angebote für die Kinder usw.)?

____

____

____

4. Was macht der Wettbewerb, wo bin ich besser als der Wettbewerb (Produktionstechnik, Auswahl der Produkte, spezielle Sorten usw.)?

____

____

____

5. Woran könnte der Kunde besonderen Spaß haben, wenn er zu Ihnen kommt?

____

____

____

Checkliste

Und jetzt nichts wie ran an die Planung!

Wieviel will ich im Jahr, im Monat, in der Woche verkaufen?

Wieviel Kunden brauche ich dafür?

Wie viele dieser Kunden wohnen im engeren Einzugsgebiet?

Wo kann ich sonst Kunden herbekommen?

Welche Investitionen sind notwendig?

Wie finanziere ich diese Investitionen?

Weiß ich, welche rechtlichen Bestimmungen ich einhalten muß? Bei wem kann ich mich informieren?

Werde ich gewerblich? Was muß ich tun?

Wie kann ich dem Verbraucher mein Sortiment schmackhaft machen?

Was kann ich ihm zusätzlich verkaufen?

Wieviel Geld will ich in die Werbung stecken?

Wie mache ich meine Werbung interessant?

Wie will ich den Erfolg am Jahresende kontrollieren?

Fleischkaninchen

Absatzmöglichkeiten und Probleme

Fleischkaninchen gehören zwar nicht zum Standard-Speiseplan des deutschen Haushalts, sie lassen sich aber zur Bereicherung des Essenplans zunehmend besser verkaufen. Ein durchschnittlicher Haushalt mittleren Einkommens mit 4 Personen (zwei Kinder, zwei Erwachsene im Alter zwischen 30 und 45 Jahren) läßt sich durchaus für 6 Kaninchen pro Jahr gewinnen.

Die Produktion einer Häsin muß damit auf etwa 6–8 Haushalte verteilt werden.

Da das Produkt für viele Haushalte relativ neu und auch nicht im täglichen Bewußtsein ist, muß die Gewinnung der Kunden durch den intensiven direkten Kontakt des Landwirts zum Verbraucher erfolgen. Wer dabei (ähnlich wie beim Schweinefleisch) 100 bis 150 Haushalte erreicht, kann über diese 20 bis 25 Häsinnen auslasten.

Damit sind die Vermarktungsmöglichkeiten an Privathaushalte wohl für die meisten Betriebe erschöpft. Für zusätzliche Produktion benötigt man zusätzliche Absatzwege (z. B. Großverbraucher, die man selbst beliefert, oder aber Schlachtereien, die natürlich wesentlich weniger pro Kaninchen bezahlen).

Produktion

Die wirtschaftliche Mast von Stallkaninchen ist nur mit Hybriden möglich, die über spezielle Zuchtgesellschaften bezogen werden können.

Eine Häsin liefert etwa 40 bis 45 Kaninchen mit einem Gewicht zwischen 2,5 und 3,5 kg lebend.

Die Kaninchen werden 12 Wochen alt und können mit einem Ausschlachtungsgrad von 55 bis 65 % verkauft werden.

Die Haltung größerer Bestände macht nicht unwesentliche Investitionen in der Haltungstechnik notwendig:

- Drahtkäfige (Grundfläche = 55 x 75 cm)
- Entmistungsanlage und Stallklimatisierung.

Bau und Einrichtung eines Häsinnenplatzes können durchaus 350,– bis 450,– DM an Investitionskosten verursachen. Diese sind aber notwendig, wenn man ökonomisch und mit geringen Verlusten produzieren will.

Nach etwa 3–5 Wochen werden die Jungen (bei einem Gewicht von etwa 450 g) von der Mutter weggenommen und mit energie- und proteinreichem Pelletfutter gemästet (Futterverwertung = etwa 1 : 3).

In größeren Beständen werden die Häsinnen in der Regel künstlich besamt.

Vorsicht: Auch Stallkaninchen sind durch Mixomathose gefährdet. Da Stallkaninchen generell anfällig für Krankheiten sind (die aber häufig auf Hygienemängel und Haltungsfehler zurückzuführen sind), ist man speziell in größeren Beständen auf die Betreuung durch einen Tierarzt angewiesen.

Kalkulation

Die Kosten pro Häsin sind mit etwa 380,– DM zu veranschlagen (variable Produktionskosten ohne Entlöhnung der Arbeitsstunden für die Produktion und ohne die Vermarktungskosten).

Der Vermarktungserlös bei 40 Mastkaninchen liegt bei ca. 550,– DM. Um einen Deckungsbeitrag von etwa 5 000,– DM pro Jahr zu erzielen, müßten an über 200 Haushalte über 1 300 Kaninchen verkauft werden!

Kalkulation: Fleischkaninchenmast

Erlöse pro Häsin:		
40 Mastkaninchen, 2,8 kg Lebendgewicht, 60 % Ausschlachtung = 67,20 kg × 8,– DM	537,60 DM	
0,5 Althäsin, 4 kg Lebendgewicht (= 2,4 kg Schlachtgewicht × 8,– DM : 2)	9,60 DM	
	Gesamt	547,20 DM
Kosten pro Häsin:		
Bestandsergänzung (0,5 Häsin)	20,– DM	
Futterkosten		
Häsin	60,– DM	
Jungtiere	200,– DM	
Tierarzt, Medikamente, Besamung	20,– DM	
Abschreibung, Zinsen (Stall, Käfige)	50,– DM	
Energie, Strom, Wasser	10,– DM	
	Gesamt	360,– DM
Deckungsbeitrag pro Häsin:		187,20 DM
Deckungsbeitrag je Familien-Akh (Bedarf = 10 Std./Tier und Nachzucht/Std.)		18,72 DM

Was darf ich, was nicht?

Stallkaninchen unterliegen der Fleischbeschau! Werden die Kaninchen auf dem Betrieb geschlachtet, muß der Schlachtraum den Bedingungen der Hygieneverordnung (für Fleisch) entsprechen.

Lediglich, wenn das Kaninchenfleisch zum eigenen Genuß verwendet oder unmittelbar an einzelne Personen zum eigenen Verbrauch abgegeben wird, kann der Direktvermarkter von diesen Regelungen befreit werden (allerdings muß das Fleisch absolut in Ordnung sein).

Im übrigen existieren keinerlei Richtlinien zur Klassifizierung der Fleischqualitäten. Sie als Direktvermarkter sollten allerdings bestrebt sein, Ihren Kunden stets Spitzenqualität zu liefern.

Wie fange ich es an?

Ein kleines Taschengeld läßt sich mit der Fleischkaninchenmast immer verdie-

nen. Wer aber umfangreicher in die Produktion einsteigt, muß für einen überregional weitgestreuten Absatz sorgen. Er kann und darf dabei nicht nur Privatkunden zum Käuferpotential zählen, sondern muß sich vor allen Dingen auch an Hotels, Gaststätten, Kantinen und ähnliche Einrichtungen wenden.

Wie erreiche ich den Verbraucher?

Ähnlich wie bei Schweinefleisch:

- Sprechen Sie gezielt einzelne Haushalte an, pflegen Sie Ihre Stammkunden!
- Suchen Sie zusätzliche Absatzwege (Hotels, Gaststätten, Kantinen)!
- Helfen Sie Ihren Kunden bei der Lagerung (einfrieren) und Zubereitung der Ware, sie werden es Ihnen danken!

Bei der Bewerbung von Kaninchenfleisch kann man auf folgende Vorteile bauen:

- Kaninchenfleisch ist hochwertig, gesund, Diätfleisch, mager, eine Delikatesse
- Kaninchenfleisch sorgt für Abwechslung auf dem Speiseplan.

Und die meisten Hausfrauen wissen wenig über die Qualität, die Verarbeitung und die Zubereitung!

In der Werbung sollten Sie den Verbraucher vor allen Dingen auffordern, einmal etwas anderes auf den Tisch zu bringen:

„Bringen Sie Abwechslung auf den Tisch – probieren Sie unsere saftigen Fleischkaninchen – fettarm, superzart, köstlich"

„Fleischkaninchen ... jede Woche mit einem neuen Rezept!"

„Nieder mit der Langeweile ... Kaninchen auf den Tisch!"

„Man kann mich nicht beschreiben, man muß mich erleben!"

So, und jetzt texten Sie selbst einmal Ihre Anzeige!

Sie haben verschiedene Möglichkeiten, über Ihr Produkt und über Ihren Betrieb etwas zu sagen. Gehen Sie einfach von den verschiedenen Seiten heran!

1. Welche Eigenschaft hat mein Produkt (Frische, geschmackliche Besonderheit, Reife usw.)?

2. Welchen Nutzen hat der Verbraucher, wenn er das Produkt bei mir kauft (Aufbereitung der Ware, längere Haltbarkeit usw.)?

3. Welche Zusatznutzen biete ich dem Verbraucher (Bauernhof-Erlebnis, Angebote für die Kinder usw.)?

4. Was macht der Wettbewerb, wo bin ich besser als der Wettbewerb (Produktionstechnik, Auswahl der Produkte, spezielle Sorten usw.)?

5. Woran könnte der Kunde besonderen Spaß haben, wenn er zu Ihnen kommt?

Checkliste

Und jetzt nichts wie ran an die Planung!

Wieviel will ich im Jahr, im Monat, in der Woche verkaufen?

Wieviel Kunden brauche ich dafür?

Wie viele dieser Kunden wohnen im engeren Einzugsgebiet?

Wo kann ich sonst Kunden herbekommen?

Welche Investitionen sind notwendig?

Wie finanziere ich diese Investitionen?

Weiß ich, welche rechtlichen Bestimmungen ich einhalten muß? Bei wem kann ich mich informieren?

Werde ich gewerblich? Was muß ich tun?

Wie kann ich dem Verbraucher mein Sortiment schmackhaft machen?

Was kann ich ihm zusätzlich verkaufen?

Wieviel Geld will ich in die Werbung stecken?

Wie mache ich meine Werbung interessant?

Wie will ich den Erfolg am Jahresende kontrollieren?

Damwild

Absatzmöglichkeiten und Probleme

Abgesehen davon, daß für die Einrichtung eines Damwild-Gatters eine behördliche Genehmigung notwendig ist (die zu erlangen heute immer schwieriger wird), ist der Markt für Wild in Deutschland noch relativ unerschlossen. D. h. die Verbraucher müssen gezielt und mit Nachdruck auf die Vorzüge der Produkte aufmerksam gemacht werden. Man muß zunächst einmal davon ausgehen, daß das Fleisch nicht allzuhäufig in den einzelnen Haushalten verzehrt wird, sondern eher als Spezialität für bestimmte Anlässe gekauft wird. Damit ist die Absatzmöglichkeit (bezogen auf den einzelnen Haushalt) zwangsläufig begrenzt. Die Mehrzahl der Haushalte wird vielleicht für ein halbes Tier zu gewinnen sein, mehr als 1 Tier wird aber in der Regel nicht unterzubringen sein. Voraussetzung hierfür ist, daß erst einmal entsprechende Haushalte zum Kauf des Damwildes gewonnen werden können. Man tut gut daran, den Anteil der für dieses Produkt in Frage kommenden Haushalte nicht höher als auf 5 % zu schätzen. 50 bis 60 kaufwillige Haushalte zu finden, dürfte aber in jedem Einzugsgebiet für die Landwirte nicht schwierig sein, die sich etwas intensiver um den Verkauf kümmern.

Und dann gibt es ja auch noch Hotels und Gaststätten, die Wert auf Qualität legen und davon zu überzeugen sind, daß sie diese Qualität nur vom Direktvermarkter erhalten können.

Produktion und Verarbeitung

Die Produktion von Wild (ob Damwild, Muffel oder Rotwild) wird man in erster Linie auf „Restflächen" planen. Entweder sind dies Flächen, die sich aufgrund ihrer ungünstigen natürlichen Bedingungen nicht für die Rinderhaltung eignen oder aber auch Flächen, die beispielsweise durch die Milchkontingentierung frei geworden sind.

Grün- und Brachland für die Wild-Haltung zu nutzen, ist dann sicherlich eine interessante Alternative im Vergleich beispielsweise zur Haltung von Koppelschafen oder Mutterkühen.

Leicht ist der Einsteig in diese Produktion mit Sicherheit nicht. Die Haupthindernisse liegen aber weniger in der Produktion (häufig auch nicht in der Vermarktung), sondern in der Genehmigung zur Errichtung eines Geheges.

Gehalten werden die Tiere unter folgenden Bedingungen:

Ideale Voraussetzungen bieten hügelige Flächen mit Pflanzen-/Baum- und Strauch-Bestand, möglichst in ruhigen Lagen und mit einem natürlichem Gewässer durchzogen.

Die Mindestgröße eines Geheges beträgt 1 ha; auf dieser Fläche können 10 Tiere gehalten werden.

Das Gatter ist mit einem 2 m hohen Zaun zu begrenzen; der Zaun muß entweder in die Erde eingegraben werden oder aber mit Heringen auf die Erde gedrückt werden, damit weder die Tiere entlaufen, noch Hunde eindringen können.

Eine Unterteilung des Geheges in Koppeln ist ratsam, um das Wild umtreiben zu können, die Hirsche während der Brunftzeit zu separieren und möglicherweise auch die Heubergung für die Winterfütterung auf einem Teil der Fläche zu ermöglichen.

Im Gatter sollte ein offener Unterstand vorhanden sein, damit die Tiere gegen Wind, Regen geschützt sind und auch an heißen Sommertagen Schatten finden.

Mutter- und Vatertiere zur Bestandsergänzung erhält man von Spezialbetrieben, die sich auf die Vermehrung und Zucht spezialisiert haben.

Etwa 15 Muttertiere werden zusammen

mit einem Vatertier gehalten; die Kälber werden im Juni/Juli geboren und 15 bis 18 Monate später als „Spießer" geschossen und vermarktet (also zwischen September und Dezember des Folgejahres).

Das Durchschnittsgewicht der vermarktungsreifen Spießer beträgt zwischen 25 und 30 kg Schlachtgewicht (= 60 % Ausschlachtung).

Die Fütterung erfolgt primär über das Grundfutter von der Weide (je ha ca. 300–500 kStE); sinnvoll ist darüber hinaus die ausreichende Versorgung mit Rauhfutter (gutes Heu, womit auch dem Verbeißen des Bewuchses im Gehege entgegengewirkt werden kann).

Die notwendigen Mineralstoffe können über Lecksteine verabreicht werden; zusätzlich erhalten die Tiere Kraftfutter (Hafer, Gerste, Fertigfutter), nach Verfügbarkeit wird auch häufig Treber zugefüttert.

Wild unterliegt dem Jagdrecht, es wird also nicht geschlachtet, sondern geschossen. Hierfür sollten getrennte Gatter eingerichtet werden, damit die Tiere von der übrigen Herde abgetrennt werden können und nicht zu viel Unruhe entsteht.

Zum Produktionsverfahren „Wild" gehört neben der Fleischproduktion auch der Verkauf der Decke. Damit sind 10,– bis 20,– DM zu erzielen (Preis des Fells abzüglich der Gerbekosten).

Im übrigen lassen sich aus Wild auch hervorragend Wurst- und Fleischwaren-Spezialitäten herstellen. Die produktionstechnischen Grundlagen, Rezepturen usw. können über die Verbände erfragt werden, in denen sich die Wildhalter zusammengeschlossen haben.

Kalkulation: Damwild

Marktleistung:		
Kalb, 15 bis 18 Monate, 26 kg Schlachtgewicht × 14,– DM/kg, 85 % Aufzuchtergebnis	309,40 DM	
Verkauf der Rohdecke, gesalzen	10,– DM	
Anteil Alttier (28 kg : 15 Jahre = 1,9 kg × 8,50 DM/kg	16,15 DM	
	Gesamt	335,55 DM
Kosten:		
Bestandsergänzung	50,– DM	
Kraftfutter, Mineralfutter, Grundfutter	100,– DM	
Tierarzt, Medikamente	8,– DM	
Vatertierhaltung	15,– DM	
Wasser, Strom und andere Hilfsmittel	6,– DM	
Vermarktung (Schlachten, Fleischbeschau)	30,– DM	
	Gesamt	209,– DM
Deckungsbeitrag:		
DM/Muttertier und Nachzucht		126,55 DM
DM pro Jahr ca.		91,48 DM
Deckungsbeitrag je Familien-Akh (bei 5 Std. pro Jahr und Tier)		18,29 DM

Kalkulation

Das Kalb einer Damwild-Kuh muß bis zu 18 Monate alt werden, bis es verkauft werden kann. Es bringt dann einen Erlös von ca. 400,– DM. Da man nicht bei allen Tieren mit einem 100prozentigen Aufzuchtergebnis rechnen kann, muß man über die Jahre und über die gesamte Herde verteilt mit einem Aufzuchtergebnis von ca. 80 bis 85 % rechnen. Daraus ergibt sich (hinzugerechnet die anteilige Marktleistung für das Alttier, der Verkauf der Rohdecke), eine Marktleistung von 350,– bis 370,– DM.

Dem stehen variable Produktionskosten von etwa 200,– DM gegenüber, so daß sich ein Deckungsbeitrag von 150,– bis 170,– DM (für das 1½jährige Kalb) errechnet, bezogen auf das Jahr von 100,– bis 120,– DM. Bei 7 Tieren je ha wären dies ca. 700,– bis 840,–DM je ha.

Wer also die Wild-Haltung nicht nur als Hobby betreibt, sondern damit Geld verdienen will, benötigt schon ein größeres Gehege (mindestens 10 ha). Damit aber erhöht sich zwangsläufig wieder das Vermarktungsrisiko: 200 bis 300 Damwild-Hälften zu verkaufen, ist natürlich nicht jedermanns Sache.

Was darf ich, was nicht?

Wer ein Wild-Gehege einrichten will, tut gut daran, sich rechtzeitig über die verschiedensten rechtlichen Grundlagen schlau zu machen:

Man braucht auf jeden Fall zunächst eine Genehmigung zur Einrichtung eines Geheges. Und diese ist nicht immer leicht zu bekommen. Erteilt wird sie von den unteren Jagdbehörden bzw. den Landesämtern für Naturschutz und Landschaftspflege.

Bevor die Genehmigungsbehörde ihre Entscheidung trifft, holt sie in der Regel Stellungnahmen von den Ämtern ein, die in der jeweiligen Region für Fragen der „Naturhaushalts-Belastung", der „Tierökologie" und des „Tierschutzes" zuständig sind, also vom Amt für Landwirtschaft, vom Tierzuchtamt, vom Veterinäramt bzw. den unteren Naturschutzbehörden.

So scheiden beispielsweise Flächen wegen zu großer Nässe (Feuchtbiotope), aber auch Trockenbiotope, Wald, Flächen, die schutzwürdig sind und für den Artenschutz Bedeutung haben, für die Anlage von Gehegen aus. Die Tiere müssen artgerecht gehalten werden (= wildgerecht).

Auch die Erstellung des erforderlichen Flechtzaunes in Höhe von 2 m ist ein Eingriff in Natur und Landschaft, denn sie geht über den Rahmen der üblichen Weidetierhaltung hinaus. Nicht überall bekommt man also für diesen Zaun die erforderliche Genehmigung.

Wildgerecht heißt z. B., daß die Einrichtung mindestens 1 ha Fläche (nicht in Koppeln eingeteilt) umfaßt, mindestens 5 Tiere (1 Hirsch und 4 Kühe) zusammengehalten werden, der Besatz nicht größer ist als 10 Tiere je ha, das Gehege ausreichend Schutz gegen Wind, Regen, Hitze bietet.

Schwierig ist es beispielsweise auch, in Landschaftsschutzgebieten Gehege einzurichten. Hier verbieten die Landschaftsschutzbestimmungen alles, was den Charakter des Landschaftsschutzgebietes verändern könnte und dem Landschaftsschutz abträglich ist.

Spezielle Vorschriften sind darüber hinaus auch häufig noch in den regional aufgestellten Landschaftsrahmenplänen enthalten.

Die Genehmigungsbehörden können mit der Genehmigung zusätzliche Auflagen verbinden, die eingehalten werden müssen, z. B.

- Höchstzahlen für den Tierbestand
- Sicherstellung tierärztlicher Betreuung
- Einrichtung von Quarantäne-Gattern
- Bestandsführung in schriftlicher Form
- Maßnahmen zum Schutz der Landschaft, des Baumbestandes
- Sicherheitsleistung (z. B. für den Fall, daß das Gehege aufgelöst wird).

Bezüglich der Vermarktung sind folgende Bestimmungen wichtig:

Die Tiere gehören zur Gattung Wild, sie unterliegen also dem Jagdrecht. Tötung erfolgt durch Abschuß und zwar am besten durch einen Trägerschuß (Schuß auf den Hals, damit das Tier in kürzester Zeit stirbt, Fleisch und Decke nur geringfügig beschädigt werden).

Normalerweise benötigt man dafür einen Waffenschein. Wer diesen nicht besitzt, kann im Rahmen eines mehrtägigen Kurses einen „Waffensachkundenachweis" erwerben, der ihn berechtigt, Tiere im Gehege zu schießen.

Bezüglich Schlachtung und Vermarktung sind die im übrigen auch für Fleisch generell geltenden Bestimmungen zu befolgen.

Wie fange ich es an?

Wie in der Fleischkaninchen-Mast (und in der Gänse-Mast) lassen sich kleinere Produktionsmengen wohl relativ leicht im lokalen Markt unterbringen. Soll die Produktion erweitert werden, um höhere Gewinne als 5 000,– bis 8 000,– DM zu erwirtschaften, so müssen auf jeden Fall überregionale Absatzmöglichkeiten gesucht werden. Dies können Gaststätten, Kantinen und ähnliche Großabnehmer sein.

Wer seine Ware an die Gastronomie bzw. über einen Metzger verkauft, sollte bedenken, daß

- diese häufig das halbe Tier nicht zerlegen können bzw. wollen
- diese häufig nicht den gleichen Preis bezahlen, wie die Verbraucher (mit bis zu 5,– DM weniger je kg muß man unter Umständen rechnen)
- man ihnen helfen muß, den Absatz an ihre Kunden sicherzustellen (z. B. durch Information, Werbung)
- häufig das Personal in den Geschäften bzw. Gaststätten bzw. der Koch nicht genügend Interesse hat.

Hier hilft nur intensive Beratung. Mit Rezepten und Hilfestellungen bezüglich der Zubereitung und Aufbewahrung des Fleisches kann man dem mangelnden Interesse durchaus abhelfen.

Das Wichtigste, was der Wild-Vermarkter benötigt, ist ausreichendes Informationsmaterial, und zwar über

- Tiermaterial und Haltungsformen
- Lagerung und Zubereitungsmöglichkeiten
- Vorteilsargumentationen (z. B. gegenüber Wild aus der freien Wildbahn).

Die ersten Kunden kann man noch im persönlichen Gespräch überzeugen, dann wird es schon etwas schwieriger. Aber es gibt durchaus Möglichkeiten, über die ersten 20 bis 30 Kunden hinaus zu kommen:

- Warum laden Sie nicht einfach einmal Verbraucher zu einem Probeessen ein?
- Haben Sie den Mut, sich selbst und Ihr Produkt an der Haustür vorzustellen!
- Machen Sie durch Anzeigen auf sich aufmerksam!

In den Aussagen zum Produkt/in der Werbung sollten folgende Vorteilsargumentationen hervorgehoben werden:

- Wild heißt Abwechslung
- weil dieses Wild anders als normales gehalten und verarbeitet wird, ist es mild und kann häufiger verzehrt werden
- die Tiere kommen sehr jung zum Abschuß, das Fleisch ist also kurzfaserig (= zart) und deshalb ein besonderer Genuß
- fettarmes Fleisch ist gesund
- Geschmack und Qualität durch die Frische
- kontrollierte Haltung/tierärztliche Kontrollen bieten Sicherheit und Verläßlichkeit für das Angebot.

Wer in verstärktem Umfang die Gastronomie bzw. das Metzgerhandwerk beliefern will, benötigt einen sogenannten „Verkaufs-Folder“. Dies ist ein Katalog mit den wichtigsten Argumenten und Informationen zum Einkaufen, in dem beispielsweise folgende Fragen beantwortet werden:

- Was ist das Besondere an meiner Ware?
- Was hast du, Kunde, davon, wenn du diese Ware kaufst?
- Was kannst du mit der Ware machen?
- Wie helfe ich dir, Kunden zu finden und diese zufrieden zu stellen?
- Wie stelle ich mir die Abwicklung vor?

Auch Kalkulationsbeispiele, Hilfestellung bei der Schulung des Personals, kleine Werbegeschenke können sehr hilfreich im Verkauf sein.

Und auch hier zum Schluß noch einige Hinweise für die Aussagen in der Werbung:

„Ihr Wildspezialist empfiehlt: ..."
„Wildspezialitäten von Gut ..."
„Wie der Rehrücken auch Ihnen gelingt"
„Kommen Sie auf den Wildgeschmack!"
„Wildern ... brauchen Sie bei uns nicht"
„Damwild für alle!"
„Das Schönste am Damwild ist der milde Geschmack!"

So, und jetzt texten Sie selbst einmal Ihre Anzeige!

Sie haben verschiedene Möglichkeiten, über Ihr Produkt und über Ihren Betrieb etwas zu sagen. Gehen Sie einfach von den verschiedenen Seiten heran!

1. Welche Eigenschaft hat mein Produkt (Frische, geschmackliche Besonderheit, Reife usw.)?

____

____

____

2. Welchen Nutzen hat der Verbraucher, wenn er das Produkt bei mir kauft (Aufbereitung der Ware, längere Haltbarkeit usw.)?

____

____

____

3. Welche Zusatznutzen biete ich dem Verbraucher (Bauernhof-Erlebnis, Angebote für die Kinder usw.)?

____

____

____

4. Was macht der Wettbewerb, wo bin ich besser als der Wettbewerb (Produktionstechnik, Auswahl der Produkte, spezielle Sorten usw.)?

____

____

____

5. Woran könnte der Kunde besonderen Spaß haben, wenn er zu Ihnen kommt?

____

____

____

Checkliste

Und jetzt nichts wie ran an die Planung!

Wieviel will ich im Jahr, im Monat, in der Woche verkaufen?

Wieviel Kunden brauche ich dafür?

Wie viele dieser Kunden wohnen im engeren Einzugsgebiet?

Wo kann ich sonst Kunden herbekommen?

Welche Investitionen sind notwendig?

Wie finanziere ich diese Investitionen?

Weiß ich, welche rechtlichen Bestimmungen ich einhalten muß? Bei wem kann ich mich informieren?

Werde ich gewerblich? Was muß ich tun?

Wie kann ich dem Verbraucher mein Sortiment schmackhaft machen?

Was kann ich ihm zusätzlich verkaufen?

Wieviel Geld will ich in die Werbung stecken?

Wie mache ich meine Werbung interessant?

Wie will ich den Erfolg am Jahresende kontrollieren?

Bauernbrot

Absatzmöglichkeiten und Probleme

Brot kauft der Verbraucher selbstverständlich gerne auf dem Lande. Die Absatzmöglichkeiten sind gut, wenn das Brot frisch angeboten wird, eine wirkliche Spezialität vom Lande ist (wichtig für Rezeptur, Produktionstechnik).

Wieviel kg Brot kann man in der Woche verkaufen?

Von 100 Kunden, die in einer Woche auf einen landwirtschaftlichen Betrieb kommen, sollten wenigstens 50 mindestens 1 Brot mitnehmen.

Durch das Angebot verschiedener Brotsorten kann man die Einkaufsintensität pro Kunde, aber auch die Zahl der einkaufenden Kunden noch erhöhen.

50 Brote in der Woche macht 2 500 Brote im Jahr. Das wäre schon eine ganz schöne Leistung.

Da das Brot immer frisch angeboten werden sollte und gerade zum Wochenende die meisten Kunden kommen, empfiehlt es sich, das Angebot auf den Donnerstagabend, Freitag und den Samstag zu beschränken. Hierdurch steuert man sicherlich das Einkaufsverhalten des Kunden ein wenig (d. h. Kunden, die früher auch an anderen Tagen kamen, verlagern ihre Einkaufszeit, aber auch das kann ja nicht ungünstig sein).

Brot ist (Wochenmärkte sind hier eine Ausnahme) kein Artikel, den man allein verkaufen kann. In der Regel sollte man Brot als einen „Kundenzieher" betrachten, der darüber hinaus noch ganz beachtliche Einnahmen bringen kann, aber nicht immer muß.

Produktion und Verarbeitung

Was braucht man zum Brotbacken?

Mehl, Sauerteig, Salz, Wasser, eine Knetmaschine, einen Backofen und Zeit.

„Echtes" Bauernbrot hebt sich deutlich von gewerblich gebackenem Brot ab, wenngleich dies heute immer schwieriger wird, da sich auch die Bäckereien mehr und mehr durch das Angebot von Spezialbrotsorten (auch Bauernbrot) von ihren Wettbewerbern zu differenzieren versuchen.

Qualität in diesem Sinne kann man dem Verbraucher nur anbieten, wenn man das Brot absolut frisch zur Verfügung hat, nach alten Hausrezepten, mit anderen Produktionstechniken (z. B. Steinofen, Holzfeuerung) arbeitet.

Kalkulation

Zwischen 3,50 DM und 4,50 DM/kg liegen die Preise, die Direktvermarkter für selbst gebackenes Brot erzielen.

Wer 50 Brote je Woche backt (2 kg) erzielt also eine Marktleistung von etwa 400,– DM.

Davon abzuziehen sind die variablen Kosten für das Material (Mehl setzt man hier zum Getreidepreis ein, hinzugerechnet werden muß der Lohn für die Mühle, wenn man dies nicht selbst macht). Sie liegen bei etwa 250,– DM für diese 50 Brote.

8 bis 10 Stunden etwa wird man für Zubereiten und Backen der Brote benötigen, so daß ein Erlös von ca. 10,– DM je Arbeitsstunde durchaus realistisch ist. Hiervon müssen aber auch noch die Kosten für die Investitionen (insbesondere in Knetmaschine und Backofen) gedeckt werden: Zwischen 20,– und 50,– DM für die 50 Brote.

Was darf ich, was nicht?

Wer Brot produziert, muß vor allen Dingen auf eines achten: Er darf nur selbst erzeugtes Getreide verwenden.

Kalkulation: Brot

Marktleistung:		
500 Brote (à 2 kg) × 4,– DM/kg		4 000,– DM
Kosten:		
750 kg Mehl à 1,20 DM	900,– DM	
50 kg Sauerteig à 1,– DM	50,– DM	
Hefe, Gewürze	25,– DM	
Wasser, Strom, Energie	15,– DM	
Abschreibungen/Zinsen, (Backraum, Knetmaschine, Backofen) 17 % von 5 000,– DM	850,– DM	
Packmitel, Werbung	750,– DM	
	Gesamt	2 590,– DM
Deckungsbeitrag:		1 410,– DM
Deckungsbeitrag je Familien-Akh (bei 150 Stunden Aufwand)		9,40 DM

Darüber hinaus ist die Verarbeitung von Mehl zu Brot (ebenso, wie das Mahlen selbst) eine gewerbliche Tätigkeit, wie beispielsweise auch das Herstellen von Wurstwaren.

Als Handwerksbetrieb gilt dagegen bei der Handwerkskammer (mit der Konsequenz der Einstellung eines Bäckermeisters) nur der, der diese Tätigkeit nicht mehr in „unerheblichem" Sinne durchführt (was er tun würde, wenn er beispielsweise Umsätze damit erzielt, die deutlich über 50 000 DM hinausgehen; hierbei sind aber die regional unterschiedlichen Freigrenzen zu beachten).

Solange dies nicht der Fall ist, wird die Brotproduktion als „handwerklicher Nebenbetrieb" angesehen.

Selbstverständlich sind darüber hinaus die Hygieneverordnungen zu beachten, denen sich auch die Bäckereien unterordnen müssen. Und diese werden auch von der Lebensmittelkontrollbehörde überprüft. Es geht dabei vor allen Dingen um die Hygiene der zum Brotbacken verwendeten Gegenstände, um das Gesundheitszeugnis für das Personal und die Einrichtung der „Backstube".

Wer Brot verkaufsfertig abpackt, muß – das versteht sich von selbst – auch die Bestimmungen der Fertigpackungsverordnung beachten. Hierauf wurde an anderer Stelle hingewiesen.

Wie fange ich es an?

Man muß zunächst einen Raum für das Brotbacken herrichten und sollte hierfür Kontakt zur Lebensmittelkontrollbehörde aufnehmen, da diese ja sowieso später kontrollieren kommt.

Wer keinen Backofen mehr hat, muß hierfür etwa 5 000 bis 6 000 DM einkalkulieren, eine gebrauchte Knetmaschine kann man möglicherweise von einem Bäcker für etwa 1 000 DM erwerben.

Da Brot in erster Linie ein Zusatzartikel in der Direktvermarktung ist, wird man Brot zunächst seinen Stammkunden anbieten. Diese werden es gerne mitnehmen und darüber in ihrem Nachbarschaftskreis erzählen. So lassen sich auch mit dem Brotverkauf schrittweise neue Kunden gewinnen.

Ein Schild auf dem Hof bzw. im Laden sollte deutlich auf den Brotverkauf hinweisen, damit die Kunden die Einkaufsmöglichkeit zur Kenntnis nehmen und Geschmack daran bekommen (wozu auch hervorragend der Duft aus der Backstube beiträgt).

Wenn Brot als Zusatzartikel beim Ab-Hof-Verkauf angeboten wird, wird man hierfür sicherlich nicht sehr viel Werbung machen müssen. Die Verbraucher lernen sehr schnell, daß sie das Brot jede Woche frisch kaufen können (und sie vergessen dies auch nicht).

Die erwähnten Hinweisschilder auf dem Hof, im Laden genügen in der Regel, um den Verbraucher aufmerksam zu machen. Es fragt sich darüber auch, ob man mit dem Brotbacken zusätzlich Reklame in der Öffentlichkeit machen sollte. Erfahrungsgemäß wehren sich dann sehr schnell die Bäckereien, die ja Umsatzeinbußen erwarten. In diesem Fall sollte man sich schon hin und wieder an den Spruch erinnern: „Es kann keiner in Frieden leben, wenn der Nachbar es nicht will!"

Falls Sie sich dazu entschließen sollten, Ihr selbst gebackenes Brot mit Anzeigen zu bewerben, sollten Sie den Verbraucher vor allen Dingen auf folgende Aspekte hinweisen:

- Frische des Brotes
- hergestellt nach speziellen, überlieferten Rezepten
- Natürlichkeit aller Zutaten
- evtl. verwendete Produktionstechniken

Das läßt sich ganz einfach „umsetzen":

„Diese Pracht ist selbstgemacht"

„Brot, wie nur die Natur es liefert"

„Das beste Brot für Sie aus unserem Steinofen!"

„Damit Ihr alle seid zufrieden,
steh'n wir längst schon auf vor 7!"

„Jeden Freitag und Samstag ofenfrisches Bauernbrot"

„Eßt dieses Brot ... und Ihr hört nie auf!"

„Zurück zur Natur"

„Herrliches Bauernbrot, im Steinofen gebacken"

So, und jetzt texten Sie selbst einmal Ihre Anzeige!

Sie haben verschiedene Möglichkeiten, über Ihr Produkt und über Ihren Betrieb etwas zu sagen. Gehen Sie einfach von den verschiedenen Seiten heran!

1. Welche Eigenschaft hat mein Produkt (Frische, geschmackliche Besonderheit, Reife usw.)?

2. Welchen Nutzen hat der Verbraucher, wenn er das Produkt bei mir kauft (Aufbereitung der Ware, längere Haltbarkeit usw.)?

3. Welche Zusatznutzen biete ich dem Verbraucher (Bauernhof-Erlebnis, Angebote für die Kinder usw.)?

4. Was macht der Wettbewerb, wo bin ich besser als der Wettbewerb (Produktionstechnik, Auswahl der Produkte, spezielle Sorten usw.)?

5. Woran könnte der Kunde besonderen Spaß haben, wenn er zu Ihnen kommt?

Checkliste

Und jetzt nichts wie ran an die Planung!

Wieviel will ich im Jahr, im Monat, in der Woche verkaufen?

Wieviel Kunden brauche ich dafür?

Wie viele dieser Kunden wohnen im engeren Einzugsgebiet?

Wo kann ich sonst Kunden herbekommen?

Welche Investitionen sind notwendig?

Wie finanziere ich diese Investitionen?

Weiß ich, welche rechtlichen Bestimmungen ich einhalten muß? Bei wem kann ich mich informieren?

Werde ich gewerblich? Was muß ich tun?

Wie kann ich dem Verbraucher mein Sortiment schmackhaft machen?

Was kann ich ihm zusätzlich verkaufen?

Wieviel Geld will ich in die Werbung stecken?

Wie mache ich meine Werbung interessant?

Wie will ich den Erfolg am Jahresende kontrollieren?

Milch

Absatzmöglichkeiten und Probleme

Milch ist ein alltägliches Produkt und trotzdem gehört sie zu den landwirtschaftlich erzeugten Gütern, die in der Direktvermarktung die größten Probleme bereiten.

Es sind verschiedene Gründe, die den Verkauf von Milch ab Hof (neben den rechtlichen Hindernissen) schwierig machen:

Die Milch, die der Verbraucher im Geschäft einkauft, erfüllt hinsichtlich der Verpackung, Frische, Konsistenz und Qualität recht gut die Wünsche des Verbrauchers. Warum sollte er also dafür zum Landwirt gehen?

Ein Großteil der Milch wird heute schon als H-Milch eingekauft. Diese Milch wird im voraus in großen Kartons sehr preisgünstig eingekauft. Damit kann der Direktvermarkter kaum konkurrieren.

Eine Hausfrau, die mehrfach in der Woche Milch einkaufen muß (möglicherweise noch früh morgens, damit sie frisch auf den Tisch kommt), muß relativ viel Aufwand betreiben, wenn sie diese Milch regelmäßig vom Landwirt holt. Die Vermarktung von Milch verlangt also nach Super-Standorten. Die Hausfrau darf nicht mehr als 10 Minuten Zeit aufwenden müssen, um den Landwirt zu erreichen.

Die Verbraucher sind sehr sensibel. Gerüche auf dem Hof, im Stall, die Sauberkeit auf dem Hof, das gesamte Umfeld des Milcheinkaufs müssen stimmen. Schon kleine negative Einflüsse (wie insbesondere Gerüche) können nachhaltige Erlebnisse festsetzen: Plötzlich schmeckt die Milch nach Heu, Stroh, nach Silage, obwohl dies objektiv gar nicht der Fall ist.

Also selbst, wenn man einen günstigen Standort hat, sollte man die Erwartungen nicht so hoch schrauben. Maximal 10 % der Haushalte in einem festen Einzugsgebiet sind voraussichtlich erreichbar. Aufgrund der notwendigen räumlichen Nähe muß man wohl Einzugsgebiete auf 1 000 bis 5 000 Haushalte begrenzen. Man kann also etwa 100 bis 500 Haushalte erreichen. Nur ein Teil dieser Haushalte kauft regelmäßig, die anderen kommen unregelmäßig. Deshalb geht man bei einer vorsichtigen Schätzung am besten davon aus, den Bedarf der Haushalte nur mit 50 % des Einkaufswertes anzusetzen.

Wenn also in einem durchschnittlichen Haushalt (2 Erwachsene, 2 Kinder) pro Woche 5 bis 6 l Milch benötigt werden, die Haushalte 3 l beim Landwirt einkaufen, wären dies bei 100 Haushalten 300 l pro Woche.

Produktion und Bearbeitung

Die Produktion von Rohmilch, die ab Hof verkauft wird, unterscheidet sich nicht wesentlich von der normalen Milchproduktion. Allerdings sind verschiedene rechtliche Rahmenbedingungen zu beachten.

Schwieriger ist es da schon, wenn man „Vorzugsmilch" produziert. Hier gelten scharfe Vorschriften, die hohe Investitionen nach sich ziehen und nur für wenige Landwirte attraktiv sind. Außerdem benötigt man für Vorzugsmilch spezielle Absatzwege. Man muß ja die gesamte Produktion des Stalles absetzen. Das geht selbstverständlich nicht mehr auf dem direkten Wege zum Endverbraucher, sondern man benötigt qualifizierte Absatzmittler wie Drogerien, Bio-Shops, Kantinen, Krankenhäuser, Reformhäuser.

Viel Geduld und genügend Rückgrat zum Tragen der Markterschließungskosten gehören dazu.

Kalkulation: Rohmilch

Verkaufserlöse:		
Ca. 500 l je Woche an 80–100 Haushalte		
= 25 000 l × 0,90 DM		22 500,– DM
+ Kalb und Anteil Schlachtwert		4 000,– DM
	Gesamt	26 500,– DM
Kosten (5 Kühe):		
Bestandsergänzung		2 000,– DM
Futter		
Kraftfutter/Mineralfutter		4 200,– DM
Grundfutter		4 000,– DM
Tierarzt/Tierseuchenkasse		1 500,– DM
Betriebskosten		1 000,– DM
Abschreibung und Zinsen für Stall und Geräte		300,– DM
	Gesamt	13 000,– DM
Deckungsbeitrag	Gesamt	13 500,– DM
	je Kuh	2 700,– DM
Mehrerlös (DB) gegenüber Absatz an Molkerei	Gesamt	5 000,– DM
	je Kuh	1 000,– DM
davon zu finanzieren:		
Afa + Zinsen für Verkaufs- und Bearbeitungsraum/-anlagen (15 % von 8 000,– DM)		1 200,– DM
Deckungsbeitrag je Familien-Akh (bei 250 Stunden Mehraufwand gegenüber herkömmlichem Absatz)		15,20 DM

Kalkulation

Wo ein Markt vorhanden ist, läßt sich Rohmilch vom landwirtschaftlichen Betrieb mit einem Abschlag von etwa 10 Pfennig pro l gegenüber dem Frischmilchpreis im Handel kundengerecht anbieten. Die Produktionskosten sind nicht wesentlich höher (es sei denn, die Hygiene-Bestimmungen erfordern Investitionen) als die bei der Produktion normaler Milch. Lediglich in Abfüllanlagen und Verkaufsraum hat man evtl. höhere Investitionen zu tätigen.

Was darf ich, was nicht?

Seit Einführung der Milch-Kontingentierung brauchte der Direktvermarkter eine sogenannte „Direktvermarktungs-Referenzmenge", die das zuständige Hauptzollamt durch Bescheid im Rahmen der Garantiemengenregelung festsetzt bzw. festgesetzt hat. Über die Direktvermarktung kann man also nicht Milchmengen absetzen, die über die festgelegte Garantiemenge hinausgehen.

Wer also keine Direktvermarktungs-Referenzmenge hat, kann diese entweder nur von einem anderen Landwirt erwerben; oder aber er muß versuchen, einen Teil der Ablieferungsmenge an die Molkerei in eine Direktvermarktungs-Referenzmenge umwandeln zu lassen.

Wer einen Markt und ein Kontingent hat, muß folgende Bedingungen einhalten:

Milch darf direkt an den Verbraucher nur als „Rohmilch" abgegeben werden. Dies muß dem Verbraucher auch sehr deutlich sichtbar gemacht werden (Schild = „Rohmilch, vor Gebrauch kochen").

Die Rohmilch darf nur auf der Betriebsstätte und nur unmittelbar an den Verbraucher, an Privathaushalte, aber auch an Gastwirte, Krankenhäuser, Anstalten und Großküchen abgegeben werden, d. h. auf dem Weg vom Erzeuger zum Verbraucher dürfen weder eine Molkerei noch ein Handel zwischengeschaltet sein. Eine Lieferung an Verkäufer ist nicht erlaubt.

Die Milch muß unter anderem folgende Anforderungen erfüllen:

- Geruch, Geschmack und Aussehen müssen normal sein
- der pH-Wert darf 6,8 nicht über- und 6,5 nicht unterschreiten
- die Zahl der aeroben Keime (Gesamtkeimzahl) darf 500 000 je ml nicht überschreiten
- Salmonellen und Hemmstoffe dürfen nicht nachweisbar sein
- koliforme Keime dürfen in 0,1 ml und Streptokokken dürfen in 1 ml nicht nachweisbar sein.

Der Betrieb muß regelmäßig vom Tierarzt überprüft werden. Die Räumlichkeiten müssen bestimmte Anforderungen an Größe, Helligkeit, Zustand erfüllen. Das Wasser, beispielsweise zum Reinigen der Euter, muß Trinkwasserqualität haben.

Alle, die mit der Milch in Berührung kommen, müssen ein Gesundheitszeugnis haben.

Der Landwirt darf aus seiner Rohmilch auch Butter („Landbutter"), Buttermilch, Käse, Sauermilch und Joghurt herstellen. In diesem Falle gelten die gleichen Hygienevorschriften wie für die Rohmilch-Abgabe. Er muß dabei aber bestimmte Bedingungen der Butterverordnung und der Käseverordnung einhalten.

Es würde zu weit führen, diese Detailbestimmungen hier aufzuführen. Da der Landwirt sowieso für die Produktion von Rohmilch und Milchverarbeitungsprodukten die Unterstützung des Veterinäramtes gebraucht, sollte er im Vorfeld hierzu Kontakt aufnehmen und sich über die notwendigen Voraussetzungen aufklären lassen.

Noch wesentlich strenger sind die Vorschriften für die Vorzugsmilch-Produktion. Die Aufzählung erübrigt sich deshalb an dieser Stelle. Die Vorzugsmilch-Produktion ist wirklich nur etwas für Spezialisten und verlangt intensivste Zusammenarbeit mit den Veterinärbehörden. Dort erfährt man schon früh genug, was man zu tun und zu lassen hat!

Wie fange ich es an?

Wie beispielsweise der Vermarkter von Schweinefleisch kann der Rohmilchvermarkter auch klein anfangen:

- er stellt ein Schild auf, um Kunden auf den Einkauf von Milch aufmerksam zu machen
- er spricht Bekannte an und läßt über diese wieder Mund-zu-Mund-Propaganda machen
- er schaltet einige Anzeigen in den Tageszeitungen.

So findet man schnell 20 bis 30 Kunden, evtl. auch 50 und mehr. Zunächst werden diese unregelmäßig kommen und es kommt darauf an, dem Kunden deutlich zu machen, daß man die Milch permanent anbietet. Alles Weitere ist dann im wesentlichen eine Frage der guten und intensiven Stammkunden-Betreuung: Freundlich sein, evtl. zusätzliche Produkte anbieten, für absolut einwandfreie Hygiene sorgen usw.

Wesentliche Vorteile der Milch, die man beim Landwirt kauft, sind

- Frische
- keine Verarbeitung
- natürliche Produktionsmethoden.

Hierauf sollte sich die Vorteilsargumentation konzentrieren. Wer regelmäßig Milch anbietet und nicht nur Stammkunden hat (die kann er ja immer persönlich ansprechen), sollte auch regelmäßig Kleinanzeigen in die Tageszeitungen setzen. Mindestens 1 Jahr muß man so eine Maßnahme durchziehen, damit sie die notwendige Durchschlagskraft hat. Die Anzeigen müssen nicht sehr groß sein, aber originell gestaltet sein. Einspaltige, 70 bis 80 mm hohe Anzeigen reichen schon aus. Denn man benötigt ja nicht

viel Text, um seine Produkte dort bekannt zu machen: Präsent sein ist alles!

Und machen Sie dem Verbraucher ein wenig Spaß zu kommen:

„Das ist sie: Die Milch von grünen saftigen Weiden!"

„Gönnen Sie sich jeden Tag einen Schluck Natur!"

„Das ist ein Knüller, Milch vom Bauern Müller"

„Bei uns kommt die Milch nicht aus der Tüte!"

„Wer mich mag, der kann mich mal ... abholen beim Bauern ..."

So, und jetzt texten Sie selbst einmal Ihre Anzeige!

Sie haben verschiedene Möglichkeiten, über Ihr Produkt und über Ihren Betrieb etwas zu sagen. Gehen Sie einfach von den verschiedenen Seiten heran!

1. Welche Eigenschaft hat mein Produkt (Frische, geschmackliche Besonderheit, Reife usw.)?

____

____

____

2. Welchen Nutzen hat der Verbraucher, wenn er das Produkt bei mir kauft (Aufbereitung der Ware, längere Haltbarkeit usw.)?

____

____

____

3. Welche Zusatznutzen biete ich dem Verbraucher (Bauernhof-Erlebnis, Angebote für die Kinder usw.)?

____

____

____

4. Was macht der Wettbewerb, wo bin ich besser als der Wettbewerb (Produktionstechnik, Auswahl der Produkte, spezielle Sorten usw.)?

____

____

____

5. Woran könnte der Kunde besonderen Spaß haben, wenn er zu Ihnen kommt?

____

____

____

Checkliste

Und jetzt nichts wie ran an die Planung!

Wieviel will ich im Jahr, im Monat, in der Woche verkaufen?

Wieviel Kunden brauche ich dafür?

Wie viele dieser Kunden wohnen im engeren Einzugsgebiet?

Wo kann ich sonst Kunden herbekommen?

Welche Investitionen sind notwendig?

Wie finanziere ich diese Investitionen?

Weiß ich, welche rechtlichen Bestimmungen ich einhalten muß? Bei wem kann ich mich informieren?

Werde ich gewerblich? Was muß ich tun?

Wie kann ich dem Verbraucher mein Sortiment schmackhaft machen?

Was kann ich ihm zusätzlich verkaufen?

Wieviel Geld will ich in die Werbung stecken?

Wie mache ich meine Werbung interessant?

Wie will ich den Erfolg am Jahresende kontrollieren?

Pilze

Absatzmöglichkeiten und Probleme

Man braucht mit Pilzen nicht erst Erfahrung zu sammeln, um sich vorstellen zu können, daß die Vermarktung von Pilzen kein leichtes Unterfangen ist. Pilze zeichnen sich vor allen Dingen durch ihre gute Produktionsleistung aus. Einmal angefangen wachsen sie in solchen Mengen, daß man Probleme hat, ihrer wieder Herr zu werden.

Ob Champignons, Braunkappen, Steinpilze oder Baumpilze (Shii-Takes), der Verkauf an den Endverbraucher stößt schnell auf Grenzen. Und dann: Wohin damit?

Wohin mit 50 bis 100 kg Pilzen, wenn ein einzelner Haushalt nur etwa 1 bis max. 2 kg im Monat gebraucht. Da muß man schon Ausschau nach Campingplätzen halten, Hotels ansprechen und evtl. auch einen Teil über Großhändler absetzen (was jedoch sehr schwierig ist).

Auch bezüglich des Absatzes über Gaststätten und Hotels darf man nicht zu optimistische Prognosen machen. Mit 3 bis 5 kg Pilzen pro Tag ist ein Hotel häufig schon gut versorgt.

Wohl dem, der einen Wochenmarktstand hat und hier einen Teil seiner Produktion verkauft. Aber versuchen Sie es doch evtl. auch einmal bei einem guten Obst- und Gemüsegeschäft. Frische Ware wird ein gutes Geschäft niemals ablehnen, wenn Sie sich mit dem Besitzer preislich vernünftig einigen können.

Produktion

Die Produktion von Pilzen ist im Grunde genommen nicht so problematisch. Verrotteter Pferdemist, Strohballen, Holzstämme für Shii-Takes oder Austernpilze lassen sich leicht besorgen; für einige Sorten eignet sich auch Torf. Das Pilzbrutmaterial kann man im Samenhandel kaufen.

Einzelheiten zum Produktionsverfahren können Sie von spezialisierten Züchtern bzw. von den Gartenbauberatungsstellen erfahren.

2mal am Tag werden die Pilze geschnitten, sie müssen dann gereinigt werden, was viel Arbeit macht.

Frisch verkauft, schmecken die Pilze am besten und bringen auch die besten Erlöse. Was man nicht verkauft, muß man halt einfrieren (um sie dann später gefroren weiter zu verarbeiten).

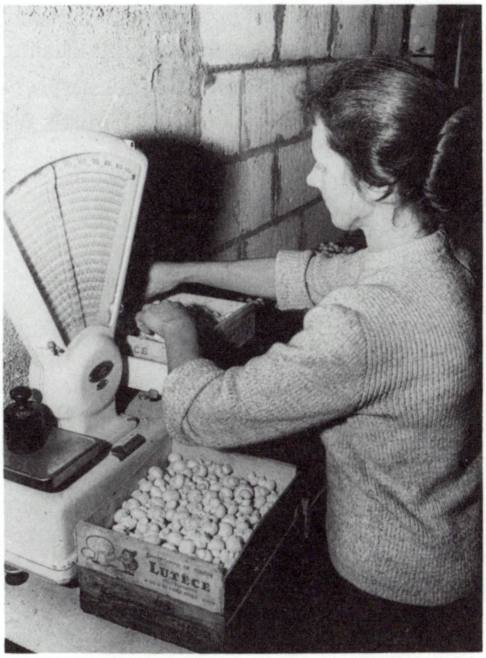

Kalkulation

Die wichtigsten Investitionen sind die für die Pilzbrut, für Stroh und evtl. für eine Beregnungsanlage.

Wer beispielsweise Braunkappen auf 100 Ballen Stroh produziert, erhält davon 150 bis 300 kg Pilze, die er zwischen 5,– DM und 8,– DM je kg verkaufen kann.

Die variablen Kosten schwanken zwischen 700,– DM und 800,– DM, so daß hierfür ein Deckungsbeitrag von 100,– DM bis 1 600,– DM überbleibt.

Was darf ich, was nicht?

Siehe Gemüse (Seite 196).

Kalkulation: Pilze

Verkaufserlöse:		
1 200 kg Pilze × 6,50 DM		7 800,– DM
Kosten:		
Pilzbrut	2 000,– DM	
Stroh/Unterlage	800,– DM	
Afa Zinsen auf Anlage (z. B. für Sortieren und Bewässern)	500,– DM	
Verpackungsmaterial	500,– DM	
	Gesamt	3 800,– DM
Deckungsbeitrag		4 000,– DM
Deckungsbeitrag je Familien-Akh (Arbeitsaufwand Produktion für Pflücken, Putzen, Sortieren, Verkaufen = 300 Stunden)		13,33 DM

Wie fange ich es an?

Auf jeden Fall mit aller Vorsicht!

Auch für Pilze gilt: Zunächst nach dem Absatzmarkt suchen, dann erst mit der Produktion beginnen.

Man muß bei Pilzen schon eine gute Planung machen:

Wo überall sind Hotels und Kantinen?

Wo kann ich einen Wochenmarktstand ergattern?

Habe ich Abnehmer, die die Pilze evtl. auf einer Tour bzw. auf dem Wochenmarkt für mich verkaufen?

Wo in der Nähe gibt es gute Gemüsefachgeschäfte, die ich beliefern kann?

Welcher Händler gibt mir zumindest für einen Teil der Ware einen Abnahmevertrag?

Ist in der Nähe ein Großmarkt, den ich beliefern kann?

Warum sollte ich nicht die Pilze in einem weiteren Radius verkaufen, wenn ich dort die vorgenannten Bedingungen besser finde als bei mir zu Hause?

Gibt es Veranstaltungen, bei denen ich einen Stand aufbauen kann?

Wo in der Nähe sind Campingplätze, Urlaubsziele, die eine gute Absatzchance bieten?

Dann steigt man vorsichtig ein und erweitert die Produktion. Auch hierbei gilt: Etwas vielseitiger produzieren, macht zwar mehr Arbeit, senkt aber das Risiko.

Da die meisten der Abnehmer gewerbliche Kunden sind, konzentriert sich die Werbung natürlich auf Material, daß ich im Zusammenhang mit den Verkaufsgesprächen benötige:

- Informationen zur Ware
- Informationen zum Betrieb
- Informationen über Belieferungs- und Abwicklungsmodalitäten.

Lagerungs-, Be- und Verarbeitungshinweise und selbstverständlich auch interessante Rezepte können für die Abnehmer darüber hinaus so interessant sein, daß sie bereit sind, mit mir zusammenzuarbeiten.

An solchen Werbemitteln sollte man auf keinen Fall sparen.

Auch auf das Angebot von Pilzen kann man auf originelle Weise aufmerksam machen:

„Wat will'ze? Natürlich Pilze!"

„Fliegenpilze haben bei uns keine Chance! Für Genuß und Qualität unserer Pilze übernehmen wir jede Garantie!"

„Es gibt nichts Schöneres auf Erden,
als mit Pilzen verwöhnt zu werden"

„Es wird der schönste Braten,
mit unseren Pilzen erst geraten!"

So, und jetzt texten Sie selbst einmal Ihre Anzeige!

Sie haben verschiedene Möglichkeiten, über Ihr Produkt und über Ihren Betrieb etwas zu sagen. Gehen Sie einfach von den verschiedenen Seiten heran!

1. Welche Eigenschaft hat mein Produkt (Frische, geschmackliche Besonderheit, Reife usw.)?

2. Welchen Nutzen hat der Verbraucher, wenn er das Produkt bei mir kauft (Aufbereitung der Ware, längere Haltbarkeit usw.)?

3. Welche Zusatznutzen biete ich dem Verbraucher (Bauernhof-Erlebnis, Angebote für die Kinder usw.)?

4. Was macht der Wettbewerb, wo bin ich besser als der Wettbewerb (Produktionstechnik, Auswahl der Produkte, spezielle Sorten usw.)?

5. Woran könnte der Kunde besonderen Spaß haben, wenn er zu Ihnen kommt?

Checkliste

Und jetzt nichts wie ran an die Planung!

Wieviel will ich im Jahr, im Monat, in der Woche verkaufen?

Wieviel Kunden brauche ich dafür?

Wie viele dieser Kunden wohnen im engeren Einzugsgebiet?

Wo kann ich sonst Kunden herbekommen?

Welche Investitionen sind notwendig?

Wie finanziere ich diese Investitionen?

Weiß ich, welche rechtlichen Bestimmungen ich einhalten muß? Bei wem kann ich mich informieren?

Werde ich gewerblich? Was muß ich tun?

Wie kann ich dem Verbraucher mein Sortiment schmackhaft machen?

Was kann ich ihm zusätzlich verkaufen?

Wieviel Geld will ich in die Werbung stecken?

Wie mache ich meine Werbung interessant?

Wie will ich den Erfolg am Jahresende kontrollieren?

Puten, Gänse

Absatzmöglichkeiten und Probleme

Wieviel Puten braucht der Mann? Wieviel Gänse verputzt die Frau? Schauen Sie sich einmal in Ihrem Bekanntenkreis um, und Sie werden sehr schnell feststellen, daß die folgenden Zahlen nicht übertrieben sind.

Einem „normalen" Haushalt (4 Personen) kann ein Direktvermarkter schätzungsweise folgende Geflügelmengen im Jahr verkaufen:

- 15 bis 20 Hühner/Hähnchen
- 1 bis 2 Puten (in Teilstücken)
- 1 Gans

Man kann damit sein Absatzpotential leicht abschätzen. Und er kennt das Problem: Wer gewinnt schon auf die Schnelle 500 bis 1 000 Haushalte für dieses Geflügel? Die Bäume wachsen also nicht in den Himmel. Wer „richtig" einsteigt, muß sich sehr intensiv zunächst um die Vermarktungsmöglichkeiten kümmern, besonders bei Gänsen, die ja nur zu ganz bestimmten Zeiten (Kirchweih und Weihnachten) in größeren Mengen abgesetzt werden können.

Wehe, wenn da der Verkauf nicht in kürzester Zeit (in wenigen Tagen) über die Bühne geht!

Wer also in größeren Einheiten produzieren will, sollte auch danach Ausschau halten, ob er nicht zum Abfangen des Risikos zusätzliche Absatzwege findet (z. B. über Metzgerläden, an Kantinen und Gaststätten oder aber an spezialisierte Schlachtereien).

Ein Problem darf man dabei nicht übersehen: Die Geflügelschlachtereien sind über die Direktvermarktung der Landwirte nicht gerade erfreut, besonders dann nicht, wenn diese größeren Umfang annimmt. Es ist also möglich, daß man Probleme mit dem Absatz „überständiger" Ware bekommt, daß man die Tiere in der Schlachterei nicht mehr geschlachtet bekommt und daß man evtl. Schwierigkeiten auch mit dem Bezug von Küken hat.

Produktion und Verarbeitung

Über die Hühner- und Hähnchenproduktion muß man dem Landwirt nicht viel erzählen. Die Produktionsverfahren sind im wesentlichen bekannt. Neuland betritt dagegen jemand, der mit Puten oder Gänsen anfängt.

Deshalb hierzu einige Hinweise:

Puten

Sie werden in der Regel im Bodenauslauf auf trockenem Stroh gehalten. Es gibt spezielle Putenzuchtbetriebe und Brütereien, von denen man entweder Eier zum Ausbrüten oder aber Küken beziehen kann. Küken sind nicht billig, sie kosten zum Teil erheblich über 10,– DM. Eintagsküken brauchen viel Wärme (ca. 30 °C), was entsprechende Stallbaumaßnahmen (Wärmeisolierung) nach sich zieht. Man kann aber auch ältere Tiere kaufen (beispielsweise 50 Tage alte Tiere mit etwa 1 Pfund Gewicht).

Gefüttert werden die Tiere mit Fertigfutter (in der Anfangsmast eiweißreich, später stärkereich).

Die Tiere benötigen zusätzlich ständig fließendes Wasser.

Mit 25 bis 30 Wochen sind die Tiere schlachtreif; Hähne dürfen länger leben und erreichen auch ein etwa doppelt so hohes Gewicht wie die Hennen.

Vor und nach der Schlachtung wird der Gesundheitszustand der Tiere durch einen Tierarzt vom Veterinäramt begutachtet.

Das Schlachtgewicht beträgt bei Hennen etwa 6 kg, bei Hähnen 12 bis 15 kg. Veredeln kann man die Puten dann, indem man sie in einer Gewürz-Lake ziehen läßt und anschließend im Räucherschrank (Heißrauchverfahren) räuchern und garen läßt.

Erfahrene Putenmäster wissen auch, daß es viel einfacher ist, Teilstücke und fertige Produkte aus Putenfleisch zu verkaufen (z. B. panierte Putenschnitzel und ähnliches), weil der normale Bedarf der Haushalte natürlich nicht groß genug ist, um eine so große Menge Fleisch auf einmal zu verzehren. Wer nicht einfrieren will, muß also einfach häufiger kommen.

Für diesen Kunden müssen Kleinportionen zur Verfügung stehen.

Gänse

Auch die Gänsemast hat durchaus ihre Tücken. In der Regel werden die Tiere auf der Weide oder in Laufställen gehalten.

Von Spezialzüchtern bzw. Brütereien kann man entweder Bruteier oder Küken erhalten. Schon mancher Landwirt ist beim Kauf von Eiern hereingefallen, die Tiere haben sich später schlecht entwikkelt usw. Man sollte deshalb Küken oder Bruteier nur von bekannten, seriösen Anbietern kaufen (mit „garantierter Schlupfrate").

Mastgänse erhalten in der 1. bis 4. Woche Kükenfutter, dann ein spezielles Kraftfutter.

Sie werden mit 27 Wochen schlachtreif und haben dann ein Schlachtgewicht von 5 bis 6 kg.

Vermarktet wird nicht nur das Fleisch, sondern selbstverständlich auch die Federn, die schon zum Teil während der Mastzeit gerupft werden können.

Gänse können sowohl ausgenommen als auch „geschlossen" (mit Därmen und Innereien) vermarktet werden.

Kalkulation

Beim Verkauf von Puten oder Gänsen sollte man vom Verbraucher etwa 10,– bis 12,– DM je kg erhalten. Wer die Tiere an Schlachtereien verkauft bzw. an die Gastronomie, erzielt natürlich wesentlich weniger. Er kann etwa mit 6,50 bis 8,– DM rechnen.

Zuzüglich 5,– DM für die Federn bei den Gänsen, 6,– DM für das Räuchern der Puten, kommen Deckungsbeiträge von etwa 25,– DM bis 30,– DM je Tier heraus.

Kalkulation: Gänse

Marktleistung je Gans:	
Schlachtgewicht ca. 5 kg × 14,– DM/kg	70,– DM
Erlös der Federn	7,– DM
	77,– DM
Variable Spezialkosten:	
Futter 22 kg à 0,45 DM/kg	9,90 DM
Gössel	8,50 DM
Energie-, Gerätekosten, Einstreu	2,50 DM
Weidepflege	0,50 DM
Medikamente, Hygiene	0,50 DM
Schlacht- und Rupfkosten	7,– DM
Vermarktung	2,– DM
Nutzungskosten der Weide	7,– DM
Spesen, Werbung, Zinsen, Verluste	1,– DM
	38,90 DM
Deckungsbeitrag:	38,10 DM
Deckungsbeitrag je Familien-Akh (Arbeitszeitbedarf = 2,5 Std.)	15,24 DM

Was darf ich, was nicht?

Die entscheidenden rechtlichen Regelungen betreffen das Geflügelfleisch-Hygienegesetz mit verschiedenen Durchführungsverordnungen, als wichtigste die Geflügelfleisch-Ausnahmeverordnung.

Nach dem Geflügelfleisch-Hygienegesetz darf frisches Geflügelfleisch entweder nur ab Hof verkauft werden oder aber an der Haustür und vom Wagen aus an den Verbraucher abgegeben werden, wenn es vorbestellt ist (es sei denn, es stammt aus einem amtlich zugelassenen Schlachtbetrieb und wurde dort kontrolliert).

Nach der Geflügelfleisch-Ausnahmeverordnung darf Geflügelfleisch auf **Wochenmärkten** oder aber an einzelne **Einzelhandelsgeschäfte** verkauft werden, wenn

- der Betrieb nicht mehr als 1 000 Stück Geflügel (Legehennen, Jungmastgeflügel, Enten) oder nicht mehr als 2 500 Puten oder Gänse hat
- der nächstgelegene Wochenmarkt nicht weiter als 50 km vom Betrieb entfernt ist
- in einem Jahr nicht mehr als 6 000 kg frisches Geflügelfleisch aus dem eigenen Betrieb verkauft werden
- das Fleisch längstens 4 Tage vor der Abgabe an den Verbraucher gewonnen und in ganzen oder unzerteilten Tierkörpern angeboten wird (Puten dürfen geteilt werden)
- sichergestellt ist, daß das Fleisch eine Kerntemperatur von 4 °C nicht überschreitet, aber auch nicht gefroren ist.

Frisches Geflügelfleisch, das zur Lieferung an den Einzelhandel bestimmt ist, muß mit durchsichtigen und farblosen Schutzhüllen versehen sein, die Packung muß so gekennzeichnet sein, daß die Herkunft des frischen Geflügelfleisches

Kalkulation: Puten

(Ausgangslage: Lebendgewicht Hahn 16,0 kg, Henne 8,0 kg)

Marktleistung

	Hahn	Henne
Schlachtgewicht	ca. 13,2 kg × 4,80 DM/kg 63,36 DM	ca. 6,4 kg × 4,30 DM/kg 27,52 DM

Variable Spezialkosten

	Hahn	Henne
Futter	ca. 56 kg à 0,70 DM = 39,20 DM	ca. 22 kg à 0,72 DM = 15,84 DM
Küken	5,40 DM	2,85 DM
Verlustanteil (Ausfall)	1,50 DM	0,60 DM
Heizung, Licht, Wasser	1,– DM	0,60 DM
Einstreu	0,70 DM	0,50 DM
Desinfektion	0,20 DM	0,20 DM
Fremdlöhne (Ausstallungslöhne, Aushilfskräfte etc.)	0,53 DM	0,53 DM
Zinsanspruch	0,72 DM	0,24 DM
Sonstiges (Vitamine, Medikamente)	0,80 DM	0,60 DM
Schlachtkosten	ca. 3,– DM	ca. 3,– DM
	53,05 DM	24,96 DM
Deckungsbeitrag	10,31 DM	2,56 DM
Arbeitszeitbedarf = ca. 10 Min.		
Entlohnung	Ak/Std.	

bis zur Abgabe an den Verbraucher leicht feststellbar ist.

Darüber hinaus wird der Betrieb regelmäßig vom Amtstierarzt hinsichtlich der Einhaltung der Hygienerichtlinien überprüft.

Neben diesen Bestimmungen gelten für den Verkauf von Geflügel und Geflügelteilen auf dem Wochenmarkt, im Reisegewerbe und an den Einzelhandel die Vorschriften der Handelsklassen-Verordnung für Geflügel.

Wie fange ich es an?

Zunächst einmal müssen die hygienischen Voraussetzungen im Betrieb für Schlachten, Be- und Verarbeiten des Geflügels stimmen. Wer diese Voraussetzungen nicht erfüllt, muß das Geflügel beim Metzger oder in Schlachtereien schlachten lassen.

Mit einer kleinen Produktion baut man sich einen ersten Kundenstamm auf, der dann systematisch durch Mund-zu-Mund-Propaganda, durch Kleinanzeigen in Zeitungen, durch Schilder und ähnliche Hinweise erweitert werden kann.

Systematisch und gezielter muß man

selbstverständlich vorgehen, wenn man Puten und Gänse zu bestimmten Zeiten verkaufen will. Hier einen größeren Kundenstamm zu finden, ist zunächst sehr aufwendig. Man muß auf jeden Fall alle einmal verfügbaren Adressen sammeln, um die Kunden rechtzeitig zu informieren und die Nachfrage zu erkunden.

Darüber hinaus darf man auf keinen Fall versäumen, vor den entsprechenden Festtagen rechtzeitig die Gastronomie, den Metzger und ähnliche Betriebe anzusprechen.

Nur so läßt sich das Absatzrisiko mindern.

Geflügel vom Landwirt kauft der Verbraucher, weil es

- frisch ist
- natürlich gemästet ist
- zart und saftig ist.

Hierauf muß sich die Werbeaussage konzentrieren.

Und man kann natürlich auch dem Verbraucher helfen, das Geflügel richtig herzurichten.

Auch hierzu ein paar Tips für Ihre Werbung:

„Gans, ganz einfach!
Wir sagen Ihnen natürlich, wie Sie unsere Gans zu einer Delikatesse auf Ihrem Tisch machen!"

„Auf Gänsebraten, Putenschenkel ... freut sich der Opa, auch der Enkel!"

„Gans, ganz frisch und zart!"

„Alles Gute von der Pute"

„Rann an die Pute!"

„Auch die Gans freut sich auf Weihnachten!"

„Lieber 'ne Pute im Topf, als 'ne Taube auf dem Dach!"

So, und jetzt texten Sie selbst einmal Ihre Anzeige!

Sie haben verschiedene Möglichkeiten, über Ihr Produkt und über Ihren Betrieb etwas zu sagen. Gehen Sie einfach von den verschiedenen Seiten heran!

1. Welche Eigenschaft hat mein Produkt (Frische, geschmackliche Besonderheit, Reife usw.)?

____

____

____

2. Welchen Nutzen hat der Verbraucher, wenn er das Produkt bei mir kauft (Aufbereitung der Ware, längere Haltbarkeit usw.)?

____

____

____

3. Welche Zusatznutzen biete ich dem Verbraucher (Bauernhof-Erlebnis, Angebote für die Kinder usw.)?

____

____

____

4. Was macht der Wettbewerb, wo bin ich besser als der Wettbewerb (Produktionstechnik, Auswahl der Produkte, spezielle Sorten usw.)?

____

____

____

5. Woran könnte der Kunde besonderen Spaß haben, wenn er zu Ihnen kommt?

____

____

____

Checkliste

Und jetzt nichts wie ran an die Planung!

Wieviel will ich im Jahr, im Monat, in der Woche verkaufen?

Wieviel Kunden brauche ich dafür?

Wie viele dieser Kunden wohnen im engeren Einzugsgebiet?

Wo kann ich sonst Kunden herbekommen?

Welche Investitionen sind notwendig?

Wie finanziere ich diese Investitionen?

Weiß ich, welche rechtlichen Bestimmungen ich einhalten muß? Bei wem kann ich mich informieren?

Werde ich gewerblich? Was muß ich tun?

Wie kann ich dem Verbraucher mein Sortiment schmackhaft machen?

Was kann ich ihm zusätzlich verkaufen?

Wieviel Geld will ich in die Werbung stecken?

Wie mache ich meine Werbung interessant?

Wie will ich den Erfolg am Jahresende kontrollieren?

„Alternativ" erzeugte Produkte

Absatzmöglichkeiten und Probleme

Über „Bio-Produkte" und „alternative" Produkte wird in der heutigen Zeit sehr viel geredet. Mancher Landwirt, der überhaupt nicht nach den festgelegten Methoden des alternativen Landbaues arbeitet, schmückt sich mit dem Mäntelchen bzw. reitet auf der „grünen Welle".

Wenn wir uns hier mit alternativen Produkten beschäftigen, dann mit „echten": Mit Produkten also, die nicht nach dem konventionellen Landbau erzeugt werden, sondern unter den kontrollierten Bedingungen „biologisch-dynamischer", „organisch-biologischer", „naturnaher" Wirtschaftsweisen.

Mengenmäßig haben alternativ erzeugte Produkte heute noch keine große Bedeutung: Der Anteil am gesamten Lebensmittelverbrauch liegt schätzungsweise noch unter 1 %.

Experten gehen davon aus, daß etwa 3 % aller deutschen Haushalte gegenwärtig zu den „Intensiv-Verwendern" gerechnet werden können.

Diese Zahlen sollten bei der Berechnung von Absatzmöglichkeiten berücksichtigt werden, denn sie zeigen ein großes Problem: Man muß die betreffenden Kunden aus einer relativ großen Verbraucherschicht herausselektieren, man muß sie erst einmal finden.

Dabei hilft natürlich, daß diese Verbraucher ein so großes Interesse daran haben, alternative Produkte zu kaufen, daß sie sich selbst darum bemühen (und auch schon häufig zusammengeschlossen haben), mit den anbietenden Landwirten in Kontakt zu kommen.

Man kann wohl auch davon ausgehen, daß die Käuferschicht gegenwärtig deshalb noch nicht größer ist, weil das Angebot noch nicht präsent genug ist.

Denn Interesse an Produkten aus dieser Produktionsrichtung haben weitaus mehr Haushalte, als man heute an Käufern findet. Dies haben verschiedene Marktforschungsstudien gezeigt. Wie sollte es auch anders sein? Gesundheitsbewußt ist wohl in irgendeiner Form jeder Einkäufer. Und darauf setzt ja der Anbieter alternativ erzeugter Produkte.

Vorteilhaft ist dabei auch, daß die meisten Konsumenten nicht ganz unvorbereitet sind: Sie haben schon einmal was von biologischen Produkten gehört, werden jeden Tag im Fernsehen, in der Tageszeitung mit ökologischen Problemen konfrontiert und können mit den Begriffen etwas anfangen, die in diesem Zusammenhang genannt werden.

Der gegenwärtige Trend zur „Biowelle" ist also mehr als nur eine Modeerscheinung. Das Umweltbewußtsein und Gesundheitsbewußtsein der Verbraucher wächst. Damit ändern sich (wenn auch häufig langsam) die Eßgewohnheiten und auch die Einkaufsgewohnheiten.

Produktion

Im alternativen Landbau werden heute im wesentlichen folgende Produktionsrichtungen unterschieden:

Der biologisch-dynamische Landbau

Bei der biologisch-dynamischen Wirtschaftsweise werden kosmische Konstellationen bezüglich der Saatzeit, des Bearbeitungs- und Erntezeitpunktes berücksichtigt. Dadurch und mit Hilfe spezieller Präparate sollen die Kulturen gegen Schadorganismen widerstandsfähig gemacht werden, soll ein positiver Einfluß auf das Pflanzenwachstum bewirkt werden. In der Produktion wird beispielsweise Wert auf folgende Bedingungen gelegt:

- statt chemischer Düngung kompostierter Mist bzw. Kompost von Ernterückständen
- geringer Viehbesatz je ha (bodenunabhängig)
- vielfältige Kulturen und Fruchtfolgen
- keine chemischen Pflanzenschutzmittel, die Unkraut- und Schädlingsbekämpfung wird mechanisch, thermisch oder durch die Fruchtfolge gelöst.

Biologisch-dynamisch produzierte Lebensmittel werden häufig unter dem Namen **Demeter** verkauft. Dies ist das von der Vereinigung „Forschungsring für biologisch-dynamische Wirtschaftsweise e.V." vergegebene Markenzeichen an Mitglieder, die sich den von dem Verein gesetzten Bedingungen unterwerfen.

Der organisch-biologische Landbau

Grundlage dieser Anbaumethode ist der Gedanke der notwendigen Erhaltung der Bodenfruchtbarkeit. Hauptmerkmale sind:

- umfangreiche Humuszufuhr
- eine flache Bodenbearbeitung
- vielseitiger Anbau mit gut durchdachter Fruchtfolge
- wirtschaftseigene Dünger, aber auch Hornmehl, Blutmehl, Vogelmist, Gesteinsmehle, in Ausnahmefällen auch Thomasmehl und Patentkali (verboten sind leicht wasserlösliche, auf die Bodenmikroflora ätzend und brennend wirkende Mineraldünger)
- keine chemischen Pflanzenschutzmittel (jedoch in Ausnahmefällen, bei starkem Krankheits- und Schädlingsbefall zugelassen).

Organisiert sind die organisch-biologischen Betriebe in der „Fördergemeinschaft organisch-biologischer Landbau e. V.”. Diese vergibt auch das Zeichen **Bioland,** unter dem die Produkte häufig verkauft werden.

Nach ähnlichen Methoden arbeiten auch die Landwirte, die beispielsweise im Biokreis Ostbayern und im Naturland (Verband für naturgemäßen Landbau) zusammengeschlossen sind.

Diese Organisationen haben sich zusammengeschlossen und allgemein gültige Rahmenrichtlinien für die Erzeugung von landwirtschaftlichen Produkten aus ökologischem Landbau in der Bundesrepublik Deutschland erstellt. Diese werden von der „Stiftung ökologischer Landbau”, Kaiserslautern, herausgegeben.

Erwähnenswert ist darüber hinaus noch die „Arbeitsgemeinschaft für naturnahen Qualitätsanbau von Obst, Gemüse und Feldfrüchten” (ANOG), deren Mitglieder stärker nach den Prinzipien des Integrierten Landbaues wirtschaften und deren Ziel es vor allen Dingen ist, Obst, Gemüse und Feldfrüchte mit einer optimalen inneren Qualität zu erzeugen. Im Rahmen dieser Produktionsweise werden auch wesentlich größere Zugeständnisse an die „Chemie” gemacht.

Der Direktvermarkter, der alternative Produkte erzeugt, muß also seinen Betrieb vollkommen umstellen (mit Ausnahme der **ANOG**-Betriebe); er muß die „Philosophie” seiner Wirtschaftsweise ändern. Alles andere ist nur „pseudo-biologisch”.

Er benötigt dafür die richtige Einstellung und viel Beratung. Und es ist deshalb nur jedem zu raten, sich an die entsprechenden Stellen/Verbände zu wenden.

Kalkulation

Bei der Produktion alternativer Lebensmittel werden in der Regel

- höhere Preise (30 bis 50 % und mehr) als beim konventionellen Landbau erzielt
- weniger zugekaufte Düngemittel benötigt
- weniger Pflanzenschutzmittel benötigt.

Auf der anderen Seite aber zeigen bisher die Erfahrungen, daß

- die Erträge in der Regel geringer sind
- der Arbeitsaufwand sehr viel höher ist
- hin und wieder auch höhere Maschinenkosten durch die vielseitigere Betriebsorganisation entstehen.

Die Wirtschaftlichkeit ist also im wesentlichen eine Frage des richtigen Standorts und der Gewinnung einer entsprechend großen Zahl von Kunden. Wer seine Produkte nicht direkt an den Verbraucher absetzen kann, ist auf die Vermarktung über den Handel (z. B. Bioläden) angewiesen und muß dann natürlich auch Zugeständnisse an die Preise machen.

Was darf ich, was nicht?

Für die Vermarktung gelten grundsätzlich die gleichen rechtlichen Bedingungen, wie sie im allgemeinen Teil bzw. zu den einzelnen Produkten genannt wurden. Zusätzlich sind natürlich für die Vermarkter dieser Produkte die von den jeweiligen Organisationen festgelegten Bedingungen zu beachten.

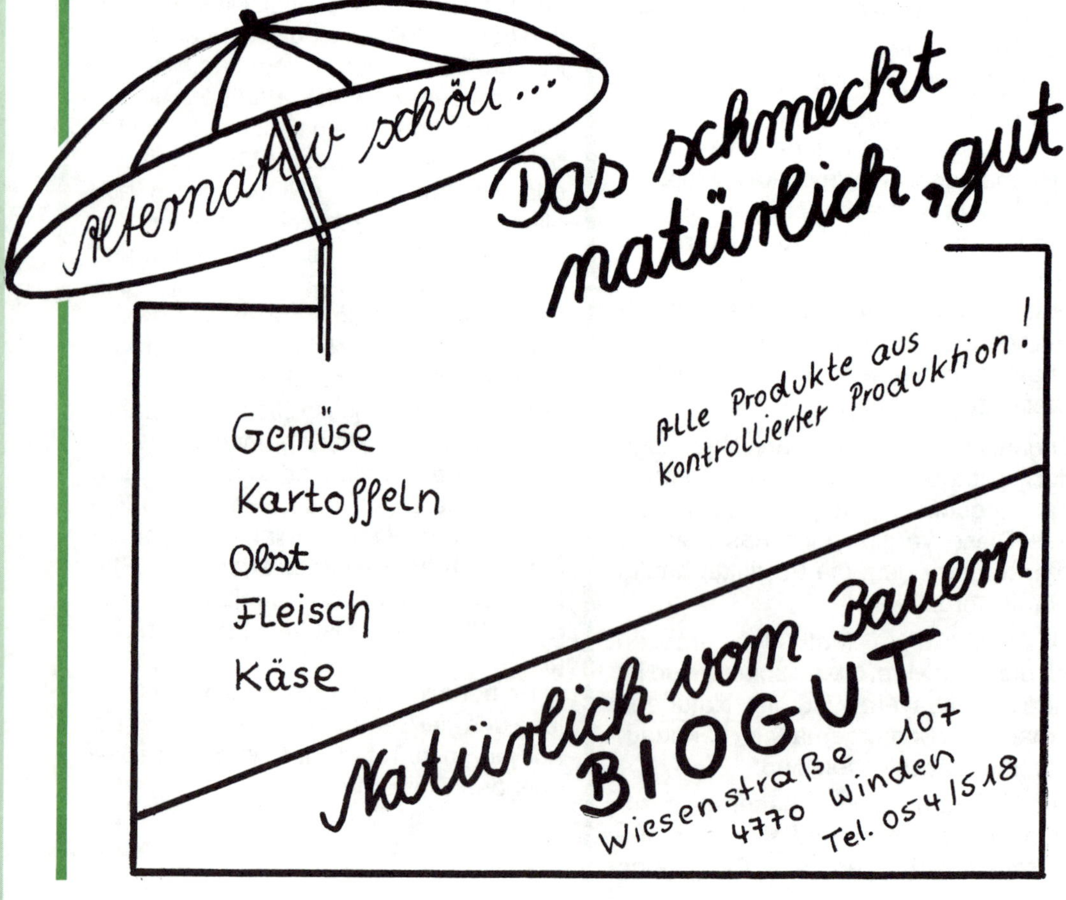

Wie fange ich es an?

Es gibt nur einen Weg, diese „Schiene“ erfolgreich zu beginnen und zu betreiben: Wenden Sie sich an die für Ihre Produktionsrichtung zuständigen Vereinigungen. Sie werden Ihnen Rat und Hilfestellung geben.

Und auch dazu einige Tips:

"Biologisches vom Land,
aus bester Hand!"

"Natürlich gut!"

"Das andere Einkaufen"

"... aus kontrollierter Produktion!"

"Das schmeckt natürlich, gut!"

So, und jetzt texten Sie selbst einmal Ihre Anzeige!

Sie haben verschiedene Möglichkeiten, über Ihr Produkt und über Ihren Betrieb etwas zu sagen. Gehen Sie einfach von den verschiedenen Seiten heran!

1. Welche Eigenschaft hat mein Produkt (Frische, geschmackliche Besonderheit, Reife usw.)?

____

____

____

2. Welchen Nutzen hat der Verbraucher, wenn er das Produkt bei mir kauft (Aufbereitung der Ware, längere Haltbarkeit usw.)?

____

____

____

3. Welche Zusatznutzen biete ich dem Verbraucher (Bauernhof-Erlebnis, Angebote für die Kinder usw.)?

____

____

____

4. Was macht der Wettbewerb, wo bin ich besser als der Wettbewerb (Produktionstechnik, Auswahl der Produkte, spezielle Sorten usw.)?

____

____

____

5. Woran könnte der Kunde besonderen Spaß haben, wenn er zu Ihnen kommt?

____

____

____

Checkliste

Und jetzt nichts wie ran an die Planung!

Wieviel will ich im Jahr, im Monat, in der Woche verkaufen?

Wieviel Kunden brauche ich dafür?

Wie viele dieser Kunden wohnen im engeren Einzugsgebiet?

Wo kann ich sonst Kunden herbekommen?

Welche Investitionen sind notwendig?

Wie finanziere ich diese Investitionen?

Weiß ich, welche rechtlichen Bestimmungen ich einhalten muß? Bei wem kann ich mich informieren?

Werde ich gewerblich? Was muß ich tun?

Wie kann ich dem Verbraucher mein Sortiment schmackhaft machen?

Was kann ich ihm zusätzlich verkaufen?

Wieviel Geld will ich in die Werbung stecken?

Wie mache ich meine Werbung interessant?

Wie will ich den Erfolg am Jahresende kontrollieren?

Bildnachweis:

Golze GmbH, Ladenbau + Systembau, Steinenbronn

Landwirtschaftliches Wochenblatt Westfalen-Lippe, Münster

Dr. Wolfgang Schiffer, Bergisch-Gladbach

Sigg Oberflächentechnik GmbH, Jastetten

Wanzl Metallwarenfabrik GmbH, Leipheim

top agrar – Das Magazin für moderne Landwirtschaft, Münster

Produkt + Markt, Wallenhorst